教师的挑战

孩子从一百个不配合到心甘情愿守规矩

[美] 鲁道夫 德雷克斯 著

田媛 译

开明出版社

图书在版编目（CIP）数据

教师的挑战：孩子从一百个不配合到心甘情愿守规矩 /（美）鲁道夫·德雷克斯著；田媛译 . -- 北京：开明出版社，2023.9

ISBN 978-7-5131-7876-1

Ⅰ . ①教… Ⅱ . ①鲁… ②田… Ⅲ . ①教育心理学 Ⅳ . ① G44

中国国家版本馆 CIP 数据核字（2023）第 056758 号

责任编辑：卓　玥　张慧明

书　名：教师的挑战：孩子从一百个不配合到心甘情愿守规矩
出版人：陈滨滨
著　者：[美]鲁道夫·德雷克斯
译　者：田　媛
出版社：开明出版社（北京市海淀区西三环北路25号青政大厦6层）
印　刷：保定市中画美凯印刷有限公司
开　本：710mm×1000mm　1/16
印　张：21.5
字　数：272千字
版　次：2023年9月 第1版
印　次：2023年9月 第1次印刷
定　价：68.00元

印刷、装订质量问题，出版社负责调换。联系电话：(010) 88817647

序

无论哪个年龄段的孩子，除了接受学校教师的现有教育以外，他们当中的绝大多数还需要其他方面的帮助和指导。心理咨询师被委派至学校，与孩子、教师和家长们共同合作，协助孩子克服他们在社交及学业进步中的困难。于是一门新的学科出现了：儿童精神病学。该学科基于一个我们不能苟同的假设——需要帮助的孩子都出现了"情感障碍"。事实上，他们当中很少有人真正患病，只是大部分孩子没有得到正确的引导。那么谁最有资格来帮助他们呢？——教师、父母、心理咨询师、精神病医生、社会工作者、牧师，还是其他成年朋友或亲戚呢？据我们的经验，上述人群中的任何一个都可以有效地影响孩子，并帮助孩子进行调整。出现情感障碍的孩子对自己及生活产生了错误的认知，并且使用了社会不可接受的手段来寻找自己的位置。任何能够赢得孩子信任、理解孩子并能为他提供多种选择方向的人，都能改变孩子。

教师在所有这些人中独具一个优势，她[①]能召集全班的群体之力，协助每个孩子做出调整，并得到改进。然而，我们的教师不知道如何着手，因而在面对有问题的孩子时，越来越感到力不从心。教师们正处于一个过渡期——她们被过去的专制型教育方法所束缚，同时面对着当代各种观念的冲突。如果教师们能熟知心理学方法和群体互助法，那她们就能对孩子产生强有力且有效的影响，预防孩子的适应不良行为，同时加以纠正。应用心理学方法促进孩子进行行为调整，并不会使教师变成心理治疗师；同样，采用群

---

① 本书设想的教师角色采用人称代词"她"（she），泛指所有教师。——译者注

体动力学和群体讨论法克服孩子的缺陷，也不会让她变成团体治疗师。然而，在教室实施的群体动力学过程，在很多情况下都可能帮助孩子朝着积极正确的方向发展，避免将来接受精神治疗。

如今，教师们几乎接触不到适用于课堂情境的心理学方法的训练。因此，我（本书作者）所教授的课程主要针对那些积极投身教学一线的教师，为其提供独特的教学体验。本书就是希望将这些体验呈现给广大读者。

本书第一部分呈现了心理学方法应用于课堂情境的理论前提。有关人的特定概念构成了所有教育哲学的基础。我们的概念基于民主哲学及其暗示的人人平等原则，以及阿尔弗雷德·阿德勒心理学[①]中的社会目的论方法。在这种理论框架下，人被视为一种社会存在，行为具有目的性和针对性，其人格是一种独特且不可分割的实体。我们的研究具有目标分析导向，主要关注孩子行为背后的目的以及必要时改变这些目的的方式。

本书第二部分讨论了精选的案例报告。这些案例报告来自有问题的孩子参与的真实课堂。大部分报告由加里公立学校教育集团的教师们提供。他们都参与了我在印第安纳大学西北分校（加里）的进修培训课程。还有部分报告来自西北大学教育学院的学生。这些报告反映了教师们在初步努力中存在的很多缺陷；我们采用这些报告，主要用于教学目的，以便更清楚地分辨出正确的方法和无效的方法。

我由衷感谢以下教师对我的充分配合，他们明知道在学习中写出的这些报告往往招致他人批判，但仍旧愿意发表，以便其他人能从他们的经验中获益。这些教师包括：

---

① 阿尔弗雷德·阿德勒（Alfred Adler，1870-1937），奥地利精神病学家。人本主义心理学先驱，个体心理学的创始人，是精神分析学派内部第一个反对弗洛伊德的心理学体系的心理学家。阿德勒的人性观认为，人的行为有目的性，并不是由潜意识决定的。过去、现在和未来通过生活目标组成一个整体，强调人们的行为有其目的，认为人们的未来远比过去重要。——译者注

詹姆斯·E.安德森，多利斯·贝尔，多利斯·博斯，阿尔泰亚·布拉克，哈里特·科恩，博尼思·柯林斯，梅布尔·B.考克斯，艾奥纳·克里斯曼，卡尔·L.德克尔，约翰·法利，伯纳德·法克斯，伊芙琳·弗格森，依内科斯·福克斯，菲利斯·弗兰兹曼，露丝·戈肖恩，安·格雷森，约瑟夫·雅各布，约翰·詹克赛，琼·詹达，阿蕾拉·约翰逊，玛丽·约翰逊，伊芙琳·约瑟夫，琼·金瑟，索尼娅·莱斯科，马里恩·利维、薇薇安·麦克雷，露丝·马丁代尔，马克斯·A.梅森，埃莉诺·蒙尼克斯，多丽丝·纽顿，玛丽·F.佩肯堡，安·罗兰，尼尔·罗兰，海伦·斯科特，格拉迪斯·史密斯，索菲·索勒，安娜·梅·托马斯，露丝·汤普森，多丽丝·特拉维斯，露丝·范利乌，埃尔西·温特，多萝西·韦布洛，霍华德·威廉姆斯，乔治·T.伍德。

我还希望向穆里尔（Muriel）和弗雷德里克·里德（Frederick Reed）致以特别的感谢，感谢他们从教育工作者的视角孜孜不倦地对本书的素材做出宝贵的评价。他们在本书的案例选择、案例分析及其呈现上提供了极有价值的指导。

感谢来自牙买加的亲爱的朋友们，他们是来自哈特蒙特市（Hartmont）的哈罗德·惠勒夫妇（Harold Wheeler）以及圭亚那（Paradise）的理查德·坦普尔（Richard Temple）夫妇，衷心感谢他们为本书素材做的汇编整合工作。

此外，还要感谢伯尼斯·格伦瓦尔德（Bernice Grunwald）女士为本书修订版做出的贡献。

鲁道夫·德雷克斯

导论

在我们日常与孩子的接触中，无论是在愉悦的相处还是不安的冲突中，抑或在对孩子满意的经历或苦恼的挣扎里，通过孩子的外显行为及其性格特征，以及观察到的他的能力与不足，我们都感受到了孩子的个性。但是，这些印象并不足以使我们直接得出结论：推动孩子行为背后的心理机制是何样的，或影响孩子性格发展的历史因素是什么。相反，与孩子的密切接触几乎使我们不可能了解孩子行为背后的深层原因和潜在的动机以及过去经历的影响。在实际生活中，我们与孩子打交道时，一想到这些问题，我们的思想就会受到束缚，或困惑不堪。无论是在宠爱孩子或被他惹恼时，我们总会冲动行事，从不充分思考，也不加以分析。我们自己陷入越深，就越不能、也不愿意客观地思考。我们与孩子很多的接触就包括这种即时的、冲动的和情绪化的人际反应，还有彼此性格上的交锋或冲突以及不计后果评估的行为。

父母和教师对这种做法已经习以为常。如果我们对孩子满意，喜欢他，与他相处融洽，那我们就没必要打乱这种自然随性的关系。然而，当我们遇到困难，当我们与孩子的关系变得不愉快，或者当我们面临着想要改变的缺陷或过失时，倘若仍旧按照主观意愿和冲动行事，非但徒劳无功，甚至是危险的。因为这样做，可能会强化孩子的错误态度和意图，增强过去经历产生的破坏性影响，还会使孩子不断受到打击，其缺陷也会继续存在下去。我们的冲动反应通常满足了孩子那些有意识或无意识的目的。

此外，这种对孩子的冲动反应，还会阻碍我们理解孩子行为背后的动机。在愤怒的那一刻，我们并不想知道这些。因此，我们需要换种心态，才愿意去了解孩子。首先必须消除愤怒、烦恼、反感及类似的敌对情绪，只有这样，我们才能去思考原因并得出建设性的结论，从而采取相应的措施。除非我们理解了孩子的个性以及导致困扰行为的因素，否则任何纠正孩子行为或个性的努力，都不可能取得多大成功。这种对孩子的理解，需要情绪上的准备、较好的理解力以及足够的知识。只有做好这样的准备，我们才能真正理解孩子，并明白我们自己在当前挑战中所扮演的角色。

我们必备的心理学知识，包括对孩子基本需求的认知，对影响其发展因素的洞察，以及对孩子当下目的和动机的客观的认识途径。

要想了解孩子的基本需求，就须考虑孩子的方方面面。首先，他是一个具有生物机制和需求的生理机体。此外，他还是一个遵循心理动力学的心理实体。但最重要的，他是一个想要在群体生活的社交环境中找到归属并采取行动的社会存在。只有当他有机会在以上三个方面充分发挥作用时，才能满足他在任何年龄段的基本需求。

理解孩子发展的先决条件，不仅是对他所经受的刺激和挫折有所认识，更重要的是，需了解孩子对这些刺激——无论是在生理、心理还是社会层面的——所做出的反应。孩子的当前状况是他从过去到现在发展的一种必然结果，构成了连接他的过去与未来的纽带；这种现状只是孩子不断发展过程中的一部分。

没有人会对这种理论持有异议。然而，我们在为制定教育方法寻找依据的具体原则时，却遇到了困惑和争议。因为迄今为止，有关个体人格发展因素的科学调查并没得出明确的结论。我们还未能对孩子的基本需求、影响其发展的因素及发挥作用的心理机制取得令大众普遍接受的评估结论。当代知识存在的这种不幸状况，对心理学原理在教育领域的应用及其有效性产生了不利影响。一些教育工作者试图通过只关注一些不可争议的事实，来避免造成理论上的混乱，也避免提出一些技术上相互矛盾的建议，而这限制了他们所掌握数据的范围和价值。还有一些教育工作者不去分析影响儿童发展的各种因素，反而满足于去观察大多数特定年龄段的儿童的发展阶段，仅仅是对之加以描述。他们不从孩子身上寻找更深层次的心理动力学原因，而是试图依靠系列测验所得的结果，将儿童个体与基于大多数儿童的平均化的"标准"进行比较。

人们往往强调确定的数据，局限于接受已经证明且为多数人同意的观点，这总会妨碍我们对重要的心理机制进行理解。在科学发展的现阶段，我们不可能提出一种能被所有研究人员接受的更深层的心理动力学理论，但缺乏普遍接受的方案并不一定意味着拖延或阻碍科学研究的进展。我们需要的只是一种勇敢的开拓者精神。某些观察结果虽然尚未被普遍接受或得到统计证明，但仍然可以作为研究假设，通过我们自己的经验来验证这些观察结果的有效性。因此，每一位教育工作者都成了实验者。

我们正目睹着教育领域的一场革命。在美国，整个学校体制的观念和方法正以不同的程度发生着迅速改变。我们的人际关系和社会环境发生着变化，这些变化反映了一种意义深远的民主进程。随着男权优越、白人至上以及资本家之于劳动者的压迫不断瓦解，传统的成年人对孩子的权威也正在迅速消失。民主化意味着平等化。因此，在我们日益增强的民主氛围中，不可能再藐视孩子的地位。父母和教师再也不能"强迫"孩子遵守规矩或完全服从；来自外部的压力已经失去了效力，必须用来自内部的刺激取代。

由于传统方法已经失去了效力，我们必须找到新的方法，以在民主环境中取得成效。教师们已经意识到这一需求，但不幸的是，在探索民主方式的过程中，他们往往困惑不已。许多教师会错误地认为，做到民主只需停止专制。他们并没意识到，避免专制的做法并不能让教师真正民主，反而只会制造混乱。民主氛围是一种自由与秩序的结合。因此它不是没有自由的专制，也不是没有秩序的自由。

这种社会关系的过渡状态不可避免地会导致有关教育政策的混乱。一方面，教师们面临着新生代与成年人群体斗争中与日俱增的独立和反叛。另一方面，教师们还受到了社会中所有试图扼杀民主进步的势力的批判，因为这些人看到了民主进步对社会现状的威胁。裹挟在孩子们的反抗、学校的施压、焦躁不安的家长们的各种要求中，教师们还受到来自并非总是心怀善意的公众的监督。教师陷入一种岌岌可危的境地。因此，必须竭尽全力缓解这种困境。

　　本书致力于向教师们呈现我们在这方面进行的努力，提供给教师这些能提升教育教学效果的信息。它呈现了在处理需要帮助的孩子群体的问题时，所进行的精神病学观察和实践操作经验。教师肩负着整整一代人的负担，并为人类的未来铺平道路。更好地理解其中所涉及的心理动力学理论以及相应的实践方法，会对教师这份工作大有裨益。

目 录

第一部分　基本原理

第一章　教师的角色

　　1. 教师与孩子的冲突 004

　　2. 教师与父母的冲突 008

　　3. 教师与校长的冲突 010

　　4. 教师与自己的斗争 012

第二章　理解孩子

　　1. 遗传、环境和创造力 015

　　2. 生活方式的形成 016

　　3. 自卑感的心理动力学 019

　　4. 家庭氛围 021

　　5. 家庭系统排列 022

　　6. 训练方法 024

　　7. 孩子不当行为的四个目的 026

　　8. 儿童时期的三个阶段 031

第三章　具体的纠正方法

　　1. 观察孩子 035

　　2. 心理调查 037

　　3. 识别孩子的目的 039

　　4. 心理学披露 053

第四章　一般的纠正方法

1. 赢得孩子 059
2. 鼓　励 063
3. 教师和孩子之间的沟通 067
4. 考虑群体的影响 068
5. 作为群体领导者的教师 069
6. 课堂氛围 071
7. 专制型领导还是民主型领导? 073
8. 班级的团结 076
9. 竞争与合作 078
10. 班级讨论 079
11. 民主课堂组织 082

第二部分　实践应用

第五章　鼓　励 086

第六章　自然结果 104

第七章　理解孩子的生活方式 121

第八章　改变孩子的目的 150

第九章　群体讨论 209

第十章　群体状况 262

第十一章　有效的方式 279

后记 329

第一部分
基本原理

第一章　教师的角色

在过去，教师的角色是"教学"，去传授孩子们应该吸收的知识。如果孩子们没能学会，那学习的过程就此终止。然而，外部压力能够促进孩子们全心地投入学习。在一个专制的社会中，这种教育方法效果甚好。因此，大部分处在这种学校环境中的孩子都取得了进步，并掌握了一些知识。

但在今天，这些教学方法不再能带来预期的效果了。我们的学校培养出了越来越多的文盲，而我们的很多孩子干脆拒绝学习。因此，为了更有效地教学，教师必须了解所教科目以外的知识。在过去，教材如何呈现无关紧要，孩子们被迫去学。而如今，孩子们决定是否去学。迫使他们学习经常会徒劳无功，还会加剧他们对学习的抵触情绪。

人们现在广泛承认了这种问题的存在，也正做出补救的努力。在改进教学方法方面，我们已经取得了一些进展，但远远不能满足人们的需求。学生已极少能在我们的课堂上体悟到对某事茅塞顿开的乐趣了。我们面临着对学习过程认识不足的问题，然而，有迹象表明，在学习理论方面做出重大的突破才是当务之急。孩子们入学前可以轻松地学习，这与其入学后进步缓慢形成了巨大反差。意识到这点，就可能在很大程度上推进取得这种突破。我们正在浪费着孩子们巨大的学习潜能。教学方法需要变革，而这可能在不久的将来会有所进展[1]。

---

[1] 我们可能也须修正目前所采用的课程形式。卡尔顿·沃什伯恩（Carlton Washburn）《灵活的教育哲学》一书中建议，摒弃死板课程的最好方式之一，是对所有的课程教材进行一次严格筛查，即判定它能否引导孩子体会到它的价值和学习的必要性，以及孩子是否有掌握教材知识的热情。

毋庸置疑的是，好的教学方法将会提高教师传授知识的能力。但是，除非她深谙孩子们的学习动机，并知道在必要时如何提高，否则任何技术程序都无法帮助她克服孩子们对学习的抵触。每一位教师都能通过学习心理动力学及群体动力学来获取这方面的知识，但是有些教师不学自通。她们就是所谓的天赋教师。仅凭着直觉和同理心，她们就能知晓孩子们需要什么和想要什么。然而，我们不能仅仅依赖这些天赋异禀的教师，因为她们寥寥无几。因而，所有教师都应该掌握这些基础知识，这就意味着我们需要改革教师人才在本科和研究生阶段的培养模式。

　　而人们总会听到反对这一建议的声音。教师们本已在工作上负担过重，现如今又怎能要求她们承担额外的责任呢？毕竟，养育孩子是家庭的责任，父母有义务把孩子培养成具有恰当的学习动机、努力学习并表现良好的人。教师面临的是儿童早期阶段在家庭中已然形成的行为模式、特质和缺陷。她能消除孩子在家庭和社区中持续受到的有害影响吗？根据我们的经验，她可以。

　　如果教师不能花时间去理解一个孩子，并扭转他的错误目的，那她将花费更多的时间来面对这个她无法触及或影响的问题孩子。如果她已经掌握了克服孩子厌学的技巧，那实际上她就能帮助孩子消除校外的不利影响。

　　我们不能因为教师未能成功地教学而对之求全责备，那是因为她们没有得到成功教学所必备的工具。只要孩子们好好学习，举止得体，她们就称得上是优秀的教师。但如果孩子们不配合，她们几乎不知道该如何应对。教师们还面临着许多其他方面的压力、紧张感和要求，但她还没有做好准备。我们将在本章研究教师主要面临的四类冲突——教师与孩子、家长、校长及其自己之间的冲突。

1.教师与孩子的冲突

大多数教师都热衷于教学和激励孩子学习。当她们接到教学任务时,目标很明确。过去,孩子们入学后明白他们必须学习。而在今天仍然是这样吗?可以有把握地说,不是。从对权威的顺从到不断强化的反抗和自主权,孩子们的这种发展可能是渐进的,与民主的演变息息相关。

我们的孩子为什么去上学?绝大多数孩子上学,是因为这是法律规定的义务。还有一些人则是因为他们的朋友在那里读书。越来越多的孩子"上学"似乎只有一个目的:尽可能让教师的生活变得悲惨。对这些孩子来说,挑战教师的权威就像一场游戏。还有些孩子去学校是为了学习,但他们的目的却是错误的。他们学习是因为想超越别人,对那些学习不如他们的孩子嗤之以鼻;或者,他们学习是为了取得好成绩考入大学,这样就能赚更多的钱。有些孩子真正喜欢学习,他们上学单纯是为了学习,但这种情况在低年级更为常见。**到小学五年级左右,学业后进生的抵触情绪就来了,达到了第一波高峰。孩子们不再对学习感兴趣,学习只为勉强通过考试。后来,他们对学习的抵触情绪继续加剧,最终辍学**。到此阶段,他们已学会的是,如何逃避学习的技巧。

无论教师是否想要,也不管她能否意识到,她通常都会卷入一场无法摆脱的权力之争。这场战争,在我们的学校里正在进行。

代际战争宛如我们的文明一样古老。但是,对年长者控制年幼者所郁积的反抗并没有蔚然成风,因为那时的社会一直承认的是年长者的权威。随着民主进程的发展,以及伴随而来的人人平等意识的加强,年长者的权威正在逐渐减弱。这种平等意识表现为每个人的自主权,年幼者不再屈服于年长者的独裁要求。第二次世界大战后，所有以往被压迫的群体——妇女、有色人种、体力劳动者，还有孩子——都开始主张享有被平等对待的权利。现在，这些冲突公开盛行，还伴随着不断增多的暴力行为，因此，只有我们学会平等相处的方法，才会减少这些冲突。目前，只有少数教育工作者认识到这才是我们在处理孩子问题上陷入困境的原因。

怀尼肯是一位德国教育家，同时是维克斯多夫免费学校社区的创始人。他在1910年[①]指出，我们当今的校园生活频繁遭受来自教师和学生两个"武装"阵营的影响，他们不同程度地对对方怀有敌意，互相对抗。这在美国和德国都是如此。1950年，玛丽亚·蒙台梭利[②]去世前不久，提出了一个感人肺腑的请求，即恳请孩子和成人之间休战。[③]她看到了教育中的这场战争，这场强大者与弱小者、成年人与孩子之间的战争。教师通常是孩子的"迫害者"，尽管她并没意识到。这种冲突也不局限于学校：它无处不在，甚至存在于家庭里。科瓦拉西亚斯[④]谈到，我们的孩子是"违反规范行为的连续体"。在这个连续体的一端，是这样一个孩子：早上不按时起床，晚上不按时入睡，从不爱惜自己的财物，与兄弟姐妹吵闹打架，吃得太多或吃得过少，不爱洗澡，不肯做作业等等——换句话说，他是那个"正常"的美国孩子。而这个连续体的另一端则是少年犯，他们公然与社会交战。这两端之间只有量的差异，只不过其中一端的反抗更为激烈。

[①] 古斯塔夫·怀尼肯（Gustav Wyneken）：《学校与青少年文化》（*Schule und Jugendkultur*），耶拿：迪德里奇出版社，1920年版。

[②] 玛利娅·蒙台梭利（意大利语：Maria Montessori, 1870年8月31日—1952年5月6日），意大利幼儿教育家，意大利第一位女医生，意大利第一位女医学博士，女权主义者，蒙台梭利教育法的创始人。——译者注

[③] 玛利娅·蒙台梭利（Maria Montessori）：《解除教育中的武装斗争》（*Disarmament in Education*），《蒙台梭利》杂志（Disarmament in Education）1950年第4卷，第9—12页。

[④] W.C.科瓦拉西亚斯，《犯罪行为》（*Delinquent Behavior of Washington, D.C.*），华盛顿特区：美国国家教育协会（National Education Association），1959年版。

教师在课堂上发觉，孩子的这种对抗阻碍了她那良好的初心，破坏了她刚入职时的理想主义。她感到，即使尽自己最大的努力，仍然受挫。教师与孩子的冲突可能从一年级，甚至幼儿园时便已开始，当教师遇到无法安静地坐着或不能集中注意力的孩子时，冲突已然进行。（永远不要说孩子"无法"安静地坐着；教师唯一知道的是他没有安静地坐着或集中注意力，只因这是孩子的天性。）对于理解行为不端的孩子的行为动机，很少有教师接受过任何有关方面的培训，而渴望"理解"是人类的天性，因此使用似乎能解释孩子行为的标签，已成为一种普遍的做法。结果，我们会把孩子称为：不成熟、懒惰、消极好斗、爱做白日梦、兴趣不广泛等。但这些标签并不能"解释"孩子的行为，只是对之进行了描述。

最近的研究对教师在接触某些孩子时遇到的困难增添了一系列"阐释"。首先，是对低智商现象的担忧。智商测试仍然是评估孩子最常用的方法。常规采用的测试法，表面上似乎提供了一些重要信息，而实际上它是有害的。如果孩子的测试分数很低，人们就不再对他抱有过高期望，因此教师便会强化孩子本有的沮丧之情。而当孩子的分数很高时，倘若他没有发挥出自己的全部潜力，教师就会感到气馁。事实上，目前的测试方法几乎无法测量孩子的真实能力、创造力和自发性，甚至无法对孩子的真实智力进行有效的评价。**如果我们能明智而审慎地利用智商测试，并了解其局限性，那测试结果才是有帮助的。**

还有许多其他方面的研究结果为教师未能成功教好某些孩子提供了一些安慰。一项研究发现，由于男孩发育较慢，他们在六岁时还未能较好地阅读。因此，我们考虑将针对男孩的阅读指导推迟到八岁。然而在其他一些国度的文化中，所有男孩从四岁起就开始阅读了。而我们认为，那些国家的人们还不知道男孩发育是缓慢的！但是，今天我们发现，孩子开始学习阅读和书写的合适年龄可能是两岁半或三岁。

尽管一些教师能成功地让所有一年级的孩子学会阅读，但其他一些教师并没做到这点。她们发现了所谓的"诵读困难症"，特别是偏科的影响，从中得到了些许心理安慰。如果孩子过度活跃且无法控制，那么他可能患有轻微的脑损伤，对此教师自然无能为力。最近以来，我们在遭受"文化剥夺"①的孩子当中发现，他们存在着极大的学习障碍。一旦教师学会理解孩子的行为动机，他的"个人逻辑"、他的目的以及如何改变这些目的，任何一种诊断孩子学习缺陷的尝试是否还能继续，就非常值得怀疑了。这样，教师就不会再因孩子对自己工作的蓄意破坏而感到沮丧，反而会发现她可以如何去施加影响，无论这个孩子可能有哪种形式的障碍。

这便让我们想到教师在处理学生问题时经常面临的一种两难处境。她们应该严格些，还是宽容些？这里存在一种摇摆不定的倾向，且认为我们应该找到一个中庸之道。然而，这并非解决办法。建立在相互尊重基础上的民主课堂既不允许犹豫不决，也不提倡中庸之道。最重要的是，教师要学会适应孩子，与之成为配合良好的伙伴，这样她就不会再被那些与自己作对的孩子打败了。

目前，大多教师倾向于按照旧式的分而治之的专制原则来处理学生的问题。她们站在听话的学生一边，对抗那些叛逆的学生，和"好"学生一起对抗"坏"学生，这样反而延长了对抗的时间。她们与班上某些学生的矛盾冲突，导致了学生们之间产生相互的憎恶和敌意。

许多教师担心，如果不"强制"孩子遵守规则，就会爆发混乱。但是，这种迫使孩子们服从的做法并不明智，反而造成了无数困难。我们无法通

---

① "文化剥夺"儿童又称文化贫乏儿童或文化匮乏儿童。指生长于文化刺激贫乏环境里的儿童。文化剥夺理论指在儿童认知过程中，某些必要的刺激被剥夺。文化剥夺理论强调种族的、人种的和社会阶层的差异；指出环境因素对视觉辨别、听觉辨别、概念形成以及语言形式的质与量上都有影响。曾被用以描述富裕家庭儿童与贫穷家庭儿童之间的差别性环境，尤指少数民族儿童与黑人儿童的家庭文化环境。——译者注

过羞辱和压迫孩子们来获得他们的配合，这只会使他们变得更具挑衅性。在没意识到这一点的情况下，教师更感兴趣的只是自己的权威，而非学生的利益。一旦她变得怨恨、沮丧、恼怒，她就不再是一个领导者和教育者，而只是一个好斗之人，为自己的权利、地位、威望和优越感而战的人。于是，她就不可能了解当时的形势和自身的状况，也就意识不到自己的某些行为可能要对孩子负责了。

2.教师与父母的冲突

每位教师都试图会见所有学生的父母，尤其是低年级学生的父母。如果孩子表现良好，这种会见是愉快的。但如果孩子表现不好，接下来便可能是一场互相推诿责任的"拔河"比赛。一方面，教师可能会因孩子难以调教而责怪家长。她经常要求家长发挥影响力，以促进孩子学业进步，或改善其行为举止。**教师通常把这个责任推给家长，让他们负责孩子的学习，尤其是完成家庭作业。教师这样做，只会加剧家庭气氛的不和谐，也增加了孩子的厌学情绪。**如果家长知道如何对孩子施加有益的影响，就不会出现目前的困难。**家长通常最不适宜承担帮助孩子改掉缺点的责任，因为他们往往把情况搞得更糟。**另一方面，家长们又觉得教师没有尽到她们的义务。他们希望教师知道如何教学，最重要的是，他们希望教师利用自己的影响力，让孩子取得好成绩。他们还希望教师知道当孩子行为不端时该如何处理。

在这里，我们见证了教师和家长互相推卸责任的老把戏。通常来说，父母之间有这样一种规律：母亲越不知道该如何对待孩子，她就越清楚父亲该做什么。这同样适用于教师和家长之间的关系。如果教师自己能够有效地应对学生，就不必抱怨家长缺乏合作。然而，她真正期待的合作是什么样的呢？**不幸的是，教师只会对家长们提出要求，却不能告诉家长们如何去做，才能成功地符合这些要求。**除非教师了解并接受了亲子教育方面的培训，否则她们就无法为家长提出可行性建议。教师一旦掌握了针对家长的用以影响孩子的方法，她就是最有希望为家长们提供相关教育的人。社会文化的变革使得传统养育孩子的方法已经过时，家长们必须熟悉在民主文化环境中有效培养孩子的方法。没有人比熟知影响孩子有效方法的教师更有能力帮助家长们完成这项艰巨的任务了。[1]

教师经常抱怨家长与之缺乏配合，这是可以理解的。我们知道，教师越试图影响的那些家长，反而越不喜欢与教师正面沟通。一种使家长必然对抗教师的做法就是教师发给家长的那些"小报告"，我们称之为"充满爱意的信"。"约翰尼没带家庭作业""约翰尼无法安静地坐着""约翰尼总做白日梦""约翰尼跟某某孩子打架了"。给家长写这样的便条是一种人们普遍接受的做法。为什么？如果你问一位教师，她会告诉你，家长想要得到这些信息。但教师做的事总是家长想要的吗？当然不是。教师会说家长应该知道这些。为什么？教师真的希望家长改善这种状况吗？如果教师扪心自问，她就会知道什么都不会改变。毕竟，她以前可能给同样的家长写过很多次类似的便条，但什么也改变不了。那她为什么还要这么做呢？在我们与教师的讨论中，这一点已经非常清楚了。**教师感到她在班上被这些孩子打败了，所以要给这些孩子在家里也添点麻烦。在这点上，教师成功做到了。**但这并没有改善教师与家长之间的关系，而是迫使家长们觉得有必要继续与孩子在家里做斗争。

---

[1] 鲁道夫·德雷克斯（R.Dreikurs），薇娅·索尔兹（V.Soltz）：《儿童：挑战》（*Children: The Challenge*），纽约：Duell, Sloan & Pearce，1965年版。

3.教师与校长的冲突

除了行政职责外，校长还须监督课程和教学过程。对教师来说，更重要的是在她处理棘手的问题学生时，校长可以予以帮助。当她感到自己无法应付时，就把这个孩子送到校长那里。但是，校长又能做什么呢？

目前，大多数校长的处境都岌岌可危。由于他们没有接受过儿童心理学方面的训练，也不知道如何有效地施加正向的影响以纠正孩子的错误，只是试图用传统的训斥、说教、恐吓以及惩罚的方式来维持纪律。校长似乎是这个社会中最后残留的专制者，他有权利也有义务去发号施令并执行规则。很多校长接受了这种角色，并且坚信孩子们需要管教，这一点就是他们在很大程度上接受这种"专制者"角色的有力证明。

毫无疑问，这种严厉的方法有时确实会产生有益的效果，至少在表面上如此：孩子进步了，不过只是暂时的。然而，人们通常会忽视这种做法的危害。显然，表面上的好结果只是一种假象，否则就无须重复这种做法了。更糟糕的是，这种对权力的炫耀只会强化孩子的一种观念，即权力是生命中最重要的东西。在校长施展权力之后，孩子便学会更加有效地利用自己的权力来对付教师，直到教师绝望地把他再次送到校长那里。

很明显，校长在理解和纠正孩子行为方面应像学校心理咨询师一样接受培训。在过去，人们认为这仅是学校心理咨询师和顾问的职责。他们被委派来帮助个别孩子，并就孩子的需求向教师提供建议。而今，校长和教学主任似乎比心理咨询师更重要。如果他们很好地掌握了影响孩子的有效方法，他们就最有可能帮助教师去应用这些方法。这样，教师就有理由从校长那里得到有益的建议，而不是害怕因无法管住这些问题学生而受到领导的指责。

无论校长是否意识到这点，他都无法逃避自己夹在教师与孩子中间。校长的处境和被教师告发其孩子有不当行为的悲愤的母亲别无二致。这位母亲要么支持孩子去反对教师，要么支持教师去反对孩子。不管这位家长站在谁的一边，其影响只会使情况变得更糟。校长也会这样做，他会选择只支持其中一方，尽管通常他不会公开表明。他还可能做出和面对着吵架孩子的父母一样的事情——指出谁是对的，谁是错的，好像这样做会起到一些作用。在任何冲突中，双方都有对有错。在这种特定情况下，探讨孰是孰非并不会减少争执的发生。

这就让我们谈到了校长的关键职能。他需要营造学校的基本氛围：他可以带来和平，也可能带来摩擦。为了共同目标来整合所有的力量，这种能力对校长和课堂中的教师同样重要。教师所需知晓的群体技巧，对校长来说也同样重要。如果校长不能定期与教职工进行讨论，他会发现很难对教师施加自己的影响。教师们面临着一种艰巨挑战：去教那些不愿学习且与之对抗的学生，这时她们需要做的不是指责和审查，而是理解和支持。

如果让教师独自处理教学任务、秩序维持以及相关事务中的重重困难，她往往越来越担心受到校长和教学主任的批评。反过来，她可能会对校长期望过高，希望得到校长可能提供不了的帮助；若校长不去解决她与孩子、家长之间的冲突，她便可能失望至极，满心斥责。因此，校长成为众矢之的，教师和孩子以及教师和家长都来针对他。即使校长尽最大的努力去解决这些冲突，但由于缺乏训练，结果往往只能暂时缓解矛盾。通常情况下，双方的战线会被拉得更长，双方的对抗及不信任也会加剧。于是，校长禁不住会对给他惹麻烦的这些教师和家长心怀怨恨。相反，校长也几乎得不到任何人的鼓励，这就形成了一种恶性循环。

4.教师与自己的斗争

教师们面临着教学职业上的瓶颈。教师的权威经常受到学生的挑战。于是她觉得有必要去维护自己的权威。然而,她并没意识到,在当今这个时代,教师的权威不再被学生所承认,而是遭到他们的反抗。当教师不再有任何手段"驱使"孩子学习或规范行为时,她知道自己应该为每个孩子的失败或不可控的行为负责。她可以通过一定方法来激励孩子学习或表现良好,但教师们并不了解大多数有效的方法。此外,对于仅仅是缺乏必要知识的事实,她常常将之(不能应对课堂的挑战)解释为自己能力不足,认为这标志着个人职业的失败。

这种对失败的恐惧是教师职业中的另一个瓶颈。在我们这个充满焦虑的社会中,这种现象很典型:没有人能确信自己足够优秀,每个人都试图变得更优秀,害怕落后于他人。这种衡量成败、优劣的标准,在我们当代的教育体系中更为根深蒂固。教师近乎强迫地把这种标准强加给她的学生。她自己怎么能从中解脱出来呢?然而,如果她想成为自由的个体,就必须摆脱这种束缚。对完美的渴望使得自发性和创造性几乎变得不可能,因为它们意味着犯错的风险。如果教师在日常生活中必须时刻小心翼翼,害怕出现不完美的瑕疵,那么她又如何有勇气接受不完美的自己和学生呢?

除非教师能容忍犯错,否则就不会具备自发性的品质,而自发性是与孩子打交道时的必要特质。因为孩子们天生就具有自发性,且富有创造力,尽管他们经常用自己的创造力与教师对抗。此外,教师经常甘愿让自己成为孩子们攻击的对象,因为孩子天生就有能力让她产生毁灭性的失败感。

只要教师在乎的是自己作为一名教师够不够优秀,她就会一直非常脆弱。实际上，她有可能成功地做一名好教师，引导学生好好配合，认真学习，并顺从于她。然而，如果她在尝试中受挫，发现不管如何努力，自己也不能成为一名好教师，她可能会成为极差的那类教师，与学生作对，并对之施暴。这时唯一的解决办法就是开除学生或把他转到另一个班。我们经常观察到教师身上的这种矛盾。这些矛盾都源自教师过度的野心，而大多数教师都过于雄心勃勃。她们不能容忍一个天赋异禀的孩子不竭尽全力，就好像尽力而为是孩子理所应当的事情。

因此，教师可能很难公正公平地对待每个孩子。然而，要做到正确地分析和理解这种情况，就需要教师们怀有一种超然心态。带着愤怒、烦恼或挫败情绪的教育工作者只会冲动行事，为自己辩护防守，变得以自我为中心，而不是以学生为中心。

在教师与同事、校长、家长的交往中，我们还会发现类似的冲突和紧张关系。她把自己视作一个权威，认为别人要对之言听计从，这时她就会认为每个批评都不可容忍，是对自己的一种侮辱。冲突不可避免，但如果还涉及个人价值、声望和地位，冲突会继续恶化，最终完全无法解决。如果一位教师不再只关注自己，转而考虑当时情况所需，还是有可能摆脱上述忧虑的。**只要教师不计结果，她就可以忘却自己，转而专注于手头的任务**。但对教师来说，这确实是项艰巨的任务。但是，如果教师能让自己获得内心的自由，就可以将这种自由传递给她的学生，从而让他们也拥有健康的人生哲学。

本章要点回顾(最触动您的文字有):

....

....

....

....

....

....

....

....

....

....

....

....

....

....

第二章　理解孩子

理解孩子、影响孩子并纠正他们的缺点，需要掌握人格发展方面的知识。根据我们对人性的理解，尤其是对人的成长经历以及他们如何成为现在这个样子的了解，我们会采取差异化的方式对待不同的孩子。

渴望成为群体的一员，是每个人的基本需求。人是一种社会存在，只有在一个群体中才能充分发挥作用。只要他有所归属，就可以全力以赴，以满足各种具体情况的需要。一个人归属感的程度及范畴取决于阿德勒所称的"社会兴趣"的发展状况。一个人生来就具有成为一个社会人并拥有足够的社会情感的潜力。这种潜力如若能得到充分的发展，就意味着他不仅拥有了成为群体成员的意识，还能够在生活中发挥建设性的作用。这种状态被称为"常态"的基础，是人际合作和实现成就的基础。社会兴趣方面发展的不足会制约社会功能的充分发挥。

1.遗传、环境和创造力

孩子会经历两种刺激：一种源于他自己的身体，即生理功能及遗传；一种来自成长环境和周围的人，首先是他的母亲。

对于遗传和环境这两种刺激的探讨，人们经常提出这样一个问题：在塑造个体成长方面，哪一种刺激更重要？这样的讨论忽略了一个关键：人不仅仅是一个只会对内外环境产生被动反应的有机体，还是一个解决自身内在矛盾和外部冲突的积极参与者。他的行为和发展并不直接受内部环境或外部环境的影响，而是受个体对内外环境的感知和评价的影响。早在孩子能有意识地思考或者能用语言表达之前，他就已经有能力对所经历的事情采取自己的态度进行解释——或许以一种模糊的方式，从而得出结论了，这些结论是他的行为基础。孩子不仅做出反应，还采取行动。**一个人的天生特质是什么，远不如他后来如何发挥这些特质更重要。**

一个人的观念总是略带价值观的色彩——他的期望、要求、对于自己与他人相比较的评价。例如，一个跛脚的孩子并不认为自己只是在身体上有缺陷，尽管他的生理条件的确如此。他的生理缺陷也不会单纯在生理方面"引发"他随后的个体发展。他可能把自己的这种生理缺陷看作一种自卑，一种被所在群体完全接受及参与群体活动的障碍，也可能将之看作使他拥有特权的资本。在感知到这种自卑后，他便会采取各种不同的态度。**这些态度，而非最初的缺陷，决定了最终的行为结果。**根据他基于当前形势对自己所做的评价，以及他的勇敢程度，他将采取相应措施，如补偿甚至过度补偿措施，或者绝望地放弃自己，并保持永久性的缺陷状态[①]。

孩子遇到任何困难时，会出现气馁、怨恨和挫败感这三种反应，这些并非来自外部条件，而是来自个人对自己克服困难能力的评价。这种评价是主观的，还可能是错误的。因此，不能把孩子过去的经历视为决定因素，而只应看作一种挑战。

2. 生活方式的形成

当孩子对内部环境和外部环境的体验进行解释时，他会得出一些结论：

[①] 鲁道夫·德雷克斯：《生理残疾的社会心理动力学》(The Socio-psychological Dynamics of Physical Disability)，《社会问题》(*Journal of Social Issues*) 1948年第4卷第4期，第39—54页。

什么样的社会生活方式才是有效的。他对待生活的态度大体上构成了他的生活方式或生活模式，这对每个人的人格形成都至关重要。它形成了一个人人格的统一体；他所有的行为和态度都只是这种一般生活方式在各个方面的表现而已，都是基于这个人对自身及其能力的核心评价。一般来讲，危险和失望在生活方式的形成中起着重要作用。这种生活方式使人形成了一定的行动计划，并设立给自己带来安全感的行动目标，希望逃避未来某刻的羞辱，但这种安全感只是一种假想而已。例如，一个孩子因为弟弟或妹妹的降生而感到自己在家中的地位受到了威胁，他可能把自己的地位当作生活中的首要目标。只有处处第一，他才会有安全感。在另一种情形里，家中最小的孩子让其他年龄大或更强壮的人为他效劳，以此成功地弥补了他在家中的弱小地位。这样，他就会认为获得他人的支持、帮助和保护，是他余生中很重要的事情。感觉被忽视和被排挤的孩子可能得出这样一种结论：只有让人们为他感到遗憾，他才能成为群体的一员。他的"殉道者情结"成了他的基本指导原则，使他在道德上超越了生理更强壮和社交更出色的人。基于童年的早期印象，一个孩子可能认为取悦他人是获取他人接受的唯一方式，另一个孩子则可能将打架作为争取群体地位的唯一方法。

在孩子努力参与群体生活（他的第一个群体即家庭）的过程中，他会受到家庭成员言行经验的影响及引导。而且这种影响是动态的，不是机械的。人与人之间的关系建立在互动基础上，而这种互动大多是在人们无意识的情况下发生的。任何两个人间的因果关系均是由双方同时积极建立起来的。远在孩子的思维意识成熟之前，他就已经选择了自己与他人相处的方式。

意识与言语表达相关，它在人类动机中的重要性往往被高估。过去，大多数教育方法都是从道德、语言和逻辑层面上来培养孩子的良知。尽管孩子接受社会规范和辨别是非很重要，但这些还远远不够。行为不仅源于理性思维，更源于对待生活的基本态度，只有一部分态度是有意识的。孩子的自我认知有可能妨碍他遵从社会的需求。对于自己在社会群体中的地位以及通过危害社会的手段争取群体地位的机会，孩子往往存有错误的印象。这种对社会生活的错误理解就导致了错误的行为方式。

孩子最初与他人交往时，会像做实验那样反复尝试。凡是他发现有效的方法，都会继续采用下去。一开始，孩子会逐个解决所有出现的问题。因此，在与父母、最喜欢的姑姑婶婶或兄弟姐妹等人打交道时，他可能会有不同的表现。随着年龄的增长，他会将这些人视为一个整体，并开始寻找一定的指导原则，作为他的总体行动方针。**通常到四五岁的时候，孩子已经将自己对群体生活的主观印象融入对生活的整体认知。这时，他的生活方式便确立起来了。他无须再去摸索和进行错误的尝试，而是根据已经确立的总体行动方针去行动**。从那以后，每一次新的经历都会融合到自己已稳定下来的理念框架中。他已形成了个人基本的主观概念，并以他独特的视角来感知和洞察新情况。因此，这个年龄段之后，想要改变孩子的性格会非常困难，且会随着孩子年龄的增长，变得难上加难。这是因为孩子的智力会随之发展，允许他坚持自己的主观臆断，即便有明显证据表明他的判断是错误的。因为这时他已学会了合理化解释，也就是说，他会从逻辑上合理化他本就错误的观点。

这样的基本假设在孩子身上很容易被识别出来，因为与成年人不同，孩子会公开表明自己的态度。想要发现成年人的基本生活方式，我们需要进行更深入的心理分析，因为成年人已经学会了如何将这种生活方式隐藏起来。**无论孩子还是成年人，他都没意识到自己具有基本的生活信念，无法认清自己的解读有误**。因为，一旦他认识到自己的错误，就无法继续坚持这些错误观念，而为了自身的逻辑自洽，坚持这些错误观念就显得很有必要。

3.自卑感的心理动力学

人最渴望的是被群体接受并参与其中，和成年人一样，对任何孩子来说，最痛苦的经历莫过于感觉自己不如别人。只要不意味着社会地位的降低，任何困难、悲剧、痛苦和麻烦，相对来说都是可以忍受的。只有当其感到自己在群体中的社会地位下降时，他的群体归属感才会被削弱。没有归属感对所有人来说，都是最大的痛苦。自卑感阻碍或抑制了对必要社会兴趣的培养。

不幸的是，我们没有让孩子感觉到，他们实际上已经足够好。我们担心这样做会阻碍他们的发展和进步。**促进孩子的成长有两种方式：一种是在垂直维度上，孩子能不断努力，提升自我；另一种是在水平维度上，通过贡献、发展和发现的渴望，向别人的方向前进，而不是超越别人**[①]。无论哪种方式，都可以让孩子取得进步。然而，垂直维度上取得成功的代价太大。如若没有外部世界提供的成就、权力、爱或其他任何东西，一个人就不会获得安全感。无论一个人已经获得了什么，他都可能感觉不满足，或者害怕失去它。目前我们养育孩子的方法，会让他们经历一系列的沮丧。这种方法剥夺了他体验自身力量的机会，而这种力量本身就能提供一种安全感，那就是，相信自己拥有直面任何事情的能力。

对自卑感影响的研究，因"自卑感"一词在语义理解上的困难而受到了限制。自卑感不应与实际的低劣相混淆。在某些方面实际低劣的人，可能根本认识不到他们的缺陷，因此不会产生自卑感。相反，许多有自卑感的人，没有客观的正当理由设想自己不够优秀：他们有可能是有着极高社会地位和成就的人。除了实际的低劣和自卑感之外，我们还必须认识到自卑的

---

① 莉迪亚·西歇尔（Lydia Sicher）：《自由教育》，《美国个体心理学》1955年第11卷，第97-103页。

一种表现形式，即所谓的"自卑情结"。这一术语指的是以真实的或假设的低劣为借口，作为得到特殊待遇或关照的要求；这是一种常见的精神病症的逃避机制。

区别自卑感和自卑情结具有一定的实际意义，因为两者的心理效应完全不同。无论有意识还是无意识的，自卑感都能促进人实施补偿性努力，还有可能发展其优秀品质并取得一些成就。而自卑情结就不一样了：它阻碍人的进步。无论自卑情结是局限于某一个社会活动领域，还是包含社会活动的整个领域，它都是一种自我绝望的最终定论。自卑感通常以一种模糊的方式被人感知，而自卑情结不仅让人充分感受到，还会让人公开地表现出来；一个人"知道"自己不够好或没能力做好某事，即使有客观证据表明他的这种假设可能并不成立。适应不良、机能失调或行为不端，有可能仅是一个人自卑情结的表现，但它们总可以追溯到一个人的自卑感，而个体通常意识不到。

每个孩子都在巨人的世界中长大，并痛苦地意识到自己的脆弱和渺小，这时他们都能体会到这种社会群体带来的自卑感。我们目前的教育方法非但没有减轻孩子的自卑感，反而加强了它。孩子对自己的社会地位没有信心，他不仅与他周围的成年人做比较，更多的还与他的兄弟姐妹或其他孩子的成就及能力做比较。

这种社会自卑感会影响孩子的人际关系，于是他会去寻求个人方面的补偿。他想要成为群体一员并参与其中的基本需求会被自我提升的欲望所转移。当然，自我提升也是归属需求的一部分。但是，赢得群体认可的能力，似乎首先需要个人对自卑感进行补偿。如果不能做到这点，那就只能完全退出参与了。

因此，我们看到，对任何自卑感的体验，有两种可能的反应。孩子要么尝试补偿，要么退出群体参与。这种补偿可以是直接的，也可以是迂回的：它可以通过对社会有用的方式，也可能通过阿德勒称之为"生活中无用的一面"的方式。关于孩子会采取哪种方式，并没有唯一的规则。

自卑感是一个人能力和性格发展的重要动力学因素。要想理解一个人选择某种特定生活方式的原因，就需了解孩子在其内部环境——生理体质和可能的机体缺陷，特别是外部环境中遇到的机会和困难，且需了解其障碍和优势。

4.家庭氛围

父母是最先为孩子提供体验氛围的人，在这种氛围中孩子们首次体验并认识到了社会生活的价值和习俗。孩子在社会生活中朝何种方向发展，源于他对家庭特有的社会条件所形成的态度。经济、种族、民族、宗教和社区的社会影响，均通过父母传递给孩子。父母通过他们的行为向彼此和孩子传达了上述所有的影响。他们不仅让孩子记住不同社会阶层的基本特征，还为孩子树立了人际关系的范例。

父母两人之间的关系，为家庭所有的人际关系树立了范式。如果父母之间是互相竞争的关系，家庭中所有成员的人际关系就将带有这种竞争精神的特征。例如，有人观察到，一对同卵双胞胎的父母之间存在竞争，他们为了争取自己的优越地位不断互相挑战，这就可能抵消这对双胞胎发展相似性格的自然倾向，两人会有迥然不同的性格。相反，如果父母之间是友好合作的关系，两个孩子将更有机会发展合作关系，在他们彼此相处以及将来与家庭之外的人打交道时，便会友好相待。无论父母是有条不紊还是杂乱无章，是合作的还是对抗的，家庭氛围都会作为一种生活标准将其特有模式呈现给孩子。

然而，家庭模式并不能决定孩子的行为。它可能会导致完全相反的行为模式。然而，同一个家庭中的孩子大体上会表现出相似的行为倾向，形成特有的价值观和道德观，尤其是父母双方都明确建立并接受这些观念时更是如此。因此，我们可以说，兄弟姐妹在性格特征上的相似性，是其家庭氛围的体现，而他们在性格特征上的差异性，则反映了每个孩子在所谓的家庭系统排列①中的特殊角色。

5.家庭系统排列

孩子的成长在很大程度上取决于他在家庭中的作用。在与家庭其他成员的早期关系中，每个孩子都建立了自己特有的与人相处的方式，以此在群体中获得自己的位置。出生顺序的差异会使每个孩子在家庭中形成不同的观点。作为独生子女、老大、最年幼或中间的子女，其不同的位置，会为他发挥自身影响力提供不同的机会，并给他带来特殊的挑战。孩子在家庭中的地位还可能受到更多因素的影响，如他（她）是家里唯一的男孩（其他均是女孩），家里唯一的女孩（其他均是男孩），体弱多病的孩子，还是前面孩子去世后出生的孩子等。身体特征与家庭中的某位杰出成员相似，或被认为具有显著的正面或负面的身体特征，都可能会影响孩子的发展。受父母的偏袒，父母对某个孩子的特殊关照也会影响孩子的发展。

在我们这个竞争的社会中，每个孩子都希望在群体中找到自己的位置，但这种需求愿望马上受到家里兄弟姐妹的巨大挑战。这种情况几乎经常发

---

① 家庭系统排列（Family Constellations）一般是指心理咨询与心理治疗领域一个新的家庭治疗方法，由德国心理治疗大师伯特·海灵格（Bert Hellinger）经30年的研究发展起来的。海宁格发现在家庭系统中，有一些隐藏着的、不易被人们意识或觉察到的动力操控着家庭成员之间的关系——爱的序位，并不跟随社会及文化的标准或规则运行，而是在这些标准或规则之上运行。——译者注

生在家中第一个孩子（老大）和第二个孩子（老二）之间。老大感到自己遭到了排挤，必须将母亲的部分时间和感情让给新来的孩子。他试图维持自己相对于"入侵者"的优势地位，而"入侵者"反过来不断挑战老大的地位及年龄优势。尽管这种竞争与手足之争有相似之处，我们必须将两者区分开来。手足之争意味着公开的竞争，为了即时的满足感而互相斗争；而因自己在家庭中的排行不同而产生的竞争，则可能不包含这种公开的怨恨、嫉妒和对抗。竞争对每个孩子都产生了更深刻的影响，会导致不同孩子发展为迥异的性格特征、能力、兴趣和气质。这是因为每个孩子都会在其他孩子的失败中寻求成功。这就解释了为何在大多数家庭中，老大和老二截然不同。

这种竞争不仅局限于家庭的前两个孩子。对排行中间的孩子来说，其地位尤其不稳固：他既不享有老大的优势，又没有弟弟或妹妹拥有的特权，于是感到自己受到了不公平待遇。在由此产生的竞争中，他既可能被另外两个孩子打败，也可能成功地把他们推向失败。

排行最小的孩子——在某些方面与独生子女相似——可以找到各种方法，来弥补自己在家庭中的地位，这种地位经常引起他的自卑感。他可能会以自己的无助和弱小，来索求他人的帮助；也可能通过自己的个人魅力，获得特别关注；或者他会成就非凡，光芒四射。无论他选择何种方式得到家庭地位的补偿，都反映出他在寻求自身价值、地位和意义时对他人的依赖。同样，任何获得特殊待遇和优待的孩子都会承受来自兄弟姐妹之间冲突的竞争和压力，同时，在这种与挑战者的互动中，发展出自己的人格。

孩子们已经形成了在家庭中找到自己位置的行为方式，并就此达成了一致，而父母却并没意识到他们的选择，反而继续强化了每个孩子的行为模式。他们会使好孩子更好，坏孩子更坏。老大可能会被父母惯坏，成为家里的宠儿，这便迫使老二不得不独自去寻找解决办法。老大接下来的发展方向并非取决于父母做了什么，而更多取决于弟弟妹妹的行动。如果老二独自发展出个人的力量和独立性，并能在生活中获得成功，那么父母对老大所有的爱和偏袒都会促使老大成为有缺陷的孩子。反之，如果老大在父母的帮助下变得更优秀，则可能使老二走向失败。孩子们在他们的互动中决定了自己在家庭中的位置，父母可以施加有益的影响，但在孩子们的无意识模式建立之后，父母必须从中解脱出来，而不是因此进一步强化。

因此，孩子们的人格特征是指他们对家庭群体中的权力关系与冲突所做出的反应的活动整体。家庭成员之间的关系几乎可以用他们存在的性格相似性和差异性进行大概的描述：它们表示了家庭成员之间的合作与竞争关系。在性格、兴趣爱好和成就方面差异最大的孩子，容易成为竞争对手，而那些相似的孩子就成了盟友。对每个孩子的发展影响最大的来自他主要的竞争对手，也就是与他差异最大的那个孩子。

因此，**每个孩子的问题都是家庭关系中必不可少的一部分，不能作为孤立的问题理解或解决。**当有问题的孩子取得进步时，他的竞争对手，也就是原来那个好孩子，总会变得更差。他们的发展是协同关联进行的。父母不是造成孩子们关系失调的根源；他们只是使之成为可能，并进一步强化了孩子的错误目的。

6.训练方法

家庭氛围通常给孩子的成长经历提供了一定的稳定性，因此促进了孩子的个人生活模式的发展。虽然在每个家庭中使用的训练方法构成了家庭总体氛围以及宗教、国家、种族或文化标准的一部分，但这些方法因人而异，甚至常常因情况而异。因此，孩子的态度和目的也会各不相同。孩子的行为，无论好坏，都只是他对父母回应的逻辑结果，而父母又会基于孩子的行为进行回应。父母往往不能辨别出孩子的意图，不知不觉就陷入了孩子挑衅的圈套，成为受害者。

当代社会结构的变化使养育子女变得越加困难。民主的发展需要新的方法来解决当下的冲突。过去的社会模式建立在支配—从属的关系基础上：统治者通过贿赂和威胁以及奖励和惩罚来维护他的统治地位。在民主环境中使用这些方法去训练孩子，并不会奏效。因为在民主环境中，每个人都可以在自己决定自由的基础上实现平等。**平等已成为一种现实。**当前的困难在于，我们不知道如何平等相处，因为没有传统做法来借鉴①。

平等者之间的关系需要尊重他人并尊重自己。如今，在养育孩子的过程中，父母所犯的大多数错误要么是成年人的自尊受到了冒犯，要么是侵犯了孩子应有的尊严。那些让孩子不受约束地"表达自我"的父母，不仅损害了自己的自尊，还"宠坏"了孩子。他们对民主和自由的理念有误解，让孩子扰乱家庭秩序，并把自己的意志强加给父母。溺爱是我们这个时代最常犯的错误，包括各种不明智的做法，如过度保护、放纵、过度关怀、崇拜等。**当这些方法无法激励孩子正当行为时，成年人很容易又回到羞辱和惩罚的老套方式上**，而这些方式是无视孩子尊严的，包括各种形式的过度管控、责骂、唠叨以及道德惩罚和身体惩罚等。

---

① "平等"一词已被广泛使用，但很少有人真正理解它的内涵。既然人们在性格、能力、身体素质等方面存在巨大差异，那么，在哪些情况下才能真正实现平等呢？平等可能涉及权利平等和价值平等（在其他语言中，这种差异用专门术语表达，如德语Gleichwertigkeit "相等"和Gleichberechtigung "平等"）。民主意味着两者的平等——但不是指机会均等，这从来都不存在，也不可能存在；它只是伪民主派别使用的一种伎俩，他们实际拒绝承认每个人的基本权利。无论在种族、性别、金钱、年龄、教育或任何其他个人特质或品质上存在着什么差异，个人享有的平等权利都必须得到承认和尊重，这体现在他拥有的自决权以及平等价值观。平等不是对未来的理想，也不是对未来的希望；它必须实实在在存在。平等意识激励着迄今为止所有受支配的群体，如妇女、有色人种、儿童以及穷人，他们要求得到平等对待。忽视这一要求，就会造成社会动荡。

很明显，这些方法并不能引导孩子尊重规则，而更难被认可的是，这些做法对孩子产生的心理效应是相似的。**溺爱和压制都会导致孩子丧失信心**。很明显，受到羞辱的孩子自信心的发展会受到影响。但人们通常并没意识到，溺爱孩子也会产生同样的结果。被宠坏的孩子被剥夺了体验自己的力量和能力的必要机会。此外，对孩子进行过度保护和放纵的必然结果是，父母和教师对孩子的能力、智力和责任感缺乏信心。许多成年人并没认识到孩子有能力在困难中照顾好自己。对孩子缺乏信心，同时也增加了孩子对自己的怀疑。

7.孩子不当行为的四个目的

孩子的每个行动都有目的。他的基本目的是在群体中占有一席之地。一个行为端正、适应良好的孩子通过遵守群体要求及做出有益的贡献，以获得群体的认可。但即使这个孩子行为不端、无视形势需要，也仍然相信这会帮他找到在群体中的位置。他可能试图引起他人的关注或证明自己的权力，也可能寻求报复，或展现自己的不足，以此获得特殊的好处或逃避自己的责任。**无论他认准这四个目的中的哪一个，他的行为都是基于一个信念，即只有这样做，才能在群体中发挥作用**。他的目的有时可能会因环境的变化而变化：某个时刻他的行为可能是为了寻求他人的关注，而另一时刻又去维护权力或寻求报复。他也可以通过不同的技巧来达到目的；相反，相同的行为模式可能出于不同的目的。这种现象的心理动力通常可以通过对别人的影响，以及别人的反应获得认可。

在青少年甚至成年人中也可以观察到这四个目的；只不过这四类目的并非完全体现出来。青少年还可以通过许多其他破坏性的方式找到自己的位置，如吸烟、性行为、大英雄主义和刺激性活动等。可悲的事实是，对于提升每个人都必要的社会地位和个人价值，通过无用的破坏性手段才更容易获得，而非通过个人的成就。

1. **寻求关注机制**（AGM：attention-getting mechanism）在大多孩子身上都可以发现。它所带来的优势，是我们的文化培养孩子的方式所产生的结果。人在小的时候，几乎没有机会通过有益的贡献建立自己的社会地位。为家庭利益做贡献的所有事情，都由哥哥姐姐或成年人包揽了。这只为孩子留下一种方式才能找到家庭的归属感，那就是寻求关注。既然无法通过自己建设性的贡献赢得地位，他便通过得到礼物、表达爱意，或者是寻求关注来证明自己被家庭接受。由于所有这些行为都不能增强他的独立自主和自信意识，**孩子需要不断寻求新的证据来证明自己没有被忽略或被拒绝**。起初，孩子可能会尝试通过家庭能接受且愉快的方式获得想要的结果。然而，当这些方法不再奏效，例如弟弟或妹妹占了上风，或者随着年龄不断增长，大人们希望孩子放弃"孩子气"行为时，他便会尝试任何其他可以想象的方法，让别人为自己服务或引人注意。羞辱、惩罚，甚至身体上遭受的疼痛等不愉快的附加结果，只要能实现他的主要目的，这些都无关紧要。只要不被忽视，孩子们宁愿被责骂、受惩罚，甚至挨打。

2. **成年人试图"控制"孩子的努力，会导致孩子和成年人之间对权力和优越感的斗争陷入僵局**。孩子试图证明，他可以做自己想做的事，却拒绝做自己应该做的事。父母或教师很可能取得不了最终的"胜利"。大多数情况下，孩子会"胜出"，只要他在反抗方法上不受任何责任感或道德义务的束缚。父母能取得"胜利"并压倒孩子的少数几次，只会让孩子更相信权力的价值，于是他会更坚决地反击，下一次使用更激烈的方式。

3. 父母和孩子之间的权力斗争还可能达到这样一种新程度：父母会倾尽所有办法来制服这个"罪犯"（孩子）。双方的敌意可能变得如此强烈，以致双方都抱有一个愿望：**去反击，为自己受伤的感觉去报复**。孩子不再只希望得到关注，甚至也不只是权力了；他感到自己不受欢迎，被人排斥，只有成功让自己被他人憎恨，才能看到自己在群体中的地位。这类孩子知道他们做什么能对父母产生最大的伤害，并可以有效地利用对手（父母）的弱点。被父母认为很邪恶，就是孩子们认为的一种胜利；既然这是他们唯一能获得的胜利，所以也成为他们寻求的唯一胜利。

4.一个消极的孩子，或者敌对情绪被父母成功击退的孩子，可能会灰心落魄，甚至不能指望这个世界还有什么意义。他只期待着失败，不再去尝试。他躲在真实或想象中的自卑后面，把自己隐藏起来。他将自己的无能视作一种保护，这样别人就不会对他抱有任何要求或期望。他从不积极参与或贡献力量，认为这样就能逃避更多羞辱和尴尬的经历。

在追求这些目的中的一个或多个时，这些行为不端的孩子可能是积极主动的，也可能是消极被动的，孩子可能——比如在寻求他人关注的情形中——使用建设性或破坏性的方式。**只有感到被接受，孩子才会使用建设性的方法；孩子的对抗情绪总是表达为破坏性的行为**。另一方面，孩子是积极应对还是消极接受，取决于他的自信心和勇气。这种主动或被动的基本模式是幼儿在早期建立起来的行为模式之一，并且很难改变。它反映了幼儿对自己的评价，也许是基于孕期和早期训练，或许还基于先天倾向。

随着孩子的成长，他的受挫感可能会使其对抗和反叛情绪减弱，但孩子的行为强度通常保持不变。

基于以上两个因素，可以形成以下四种类型的行为模式：

1.积极—建设性

2积极—破坏性

3.消极—建设性

4.消极—破坏性

我们在学龄儿童中发现的几类典型的行为模式，可以作为这四种基本行为模式的典型范例：积极—建设性的行为模式表现为力争在班上成为第一名的极度野心，通过成为"教师的宠儿"展示自己有用；积极—破坏性的行为模式是指班上的小丑，恃强凌弱的恶霸，粗鲁和挑衅的叛逆者的行为；消极—建设性的行为模式是指那些凭借自己的魅力和个人崇拜，设法得到特别关注和偏爱，而他们自己却什么也不做；消极—破坏性的行为模式是指懒惰和固执行事。

如图表所示，唯一一个四种行为模式都想实现的目标，是寻求关注（目标1）。权力（目标2）或报复（目标3）主要通过积极—破坏性和消极—破坏性的行为方式获得。（通过"善行"获得权力和实现报复的目的也是可能出现的，但在儿童中很少见。）对于缺陷的表现（目标4）自然只能通过消极—破坏性方式实现。

社交兴趣减弱 →

有用的		无用的		
积极—建设	消极—建设	积极—破坏	消极—破坏	
"成功" ---ⓐ---	"魅力" ---	"麻烦" ---ⓑ	"懒惰"	AGM
		ⓐ "叛逆"	"固执" ⓑ	权力
		"邪恶" ⓒ	"暴力消极"	报复
			"绝望"	假设无能

↓ 社交失望

最常见的恶化顺序是从积极—建设性寻求关注机制（AGM）退化到积极—破坏性寻求关注机制（AGM），再到积极—破坏性权力，进而退化到消极—破坏性报复（a线）。另一条常见的恶化路径是从消极—建设性寻求关注机制（AGM）到消极—破坏性寻求关注机制（AGM），再到展现自卑（b线）。

大多数情况下，这种路线是一种个人权力的消极展示，而非通过报复行为，我们称之为"暴力消极状态"（violent passivity）。有时，消极—建设性的行为可以直接转化为公开的无能展示（目标4）（c线）。对这些行为的改进，并不遵循同样的路线。即使是一个报复心强的孩子，且通常表现出最令人不安的行为模式，只要他确信自己被人喜爱并能做出贡献，也能得到充分的调整和改善。

个人生活方式和上述四个普遍目的之间的关系，可以通过两种最常见的人格模式来描述。一种情况是，孩子坚信自己必须第一个在群体中占有任何位置，因为他被弟弟或妹妹抢占了风头，而不得不为维持自己在家中的优势而努力，他可以尝试通过积极—建设性的寻求关注机制（AGM）来确立自己的优势地位。如果上述方法行不通，还有另一种方式，他会通过粗鲁、傻气、扮蠢相等方式来吸引他人的注意力。以上都是为引起关注而采取的积极—破坏性的方法。而后，他可能转而展示自己的破坏力：在变坏方面，他仍可以成为第一名。如果他转向报复，他可能尝试成为邪恶残忍的第一人，并可能取得成功。

另一方面，一个孩子可能认为他在群体中找到自己位置的唯一机会，是让别人帮助他，因为他是家里的独生子女，最小的或者是体弱多病的孩子。起初，他可能会通过消极—建设性的寻求关注机制（AGM）获得成功，如他表现得可爱、黏人。如果这些方法失败，他会采用破坏性的行为以获得关注和服务。消极—破坏性行为还可以帮他通过强迫他人与其共事、哄他的方式，以证明自己的权力。报复性的暴力消极行为或展现出极度的自卑和无能，同样能促使他人为自己服务。这类生活方式实质上源于这四个目的中的任何一种。

8.儿童时期的三个阶段

在迈向成年的路上，每个孩子都会经历不同的阶段。发展心理学描述了这其中的各种类型。此处，我们只讲述三个主要类型，它们具有根本的功能区别，即：学龄前儿童、学龄期儿童和青少年。

学龄前儿童主要在其直系亲属群体中发挥作用，包括他的近亲和邻居。在这个阶段，他试图找到自己作为独立个体在该群体中的位置。他学会了在生理和社交方面发挥作用，并把生理、思想和心理能力融合到自己的社会功能模式，也就是生活方式中。

当孩子进入小学，他便成为社会群体中的一员，并力图在具有不同的经济、文化、社会、种族和宗教背景的群体中找到自己的位置。此时，功课、作业任务和责任成为他生活的重要方面[①]。他个人的行为模式以及人际关系模式，已基本固定下来。教师和同龄人在激发他个人对社会生活的反应中起着重要作用。如今，有一种降低孩子入学年龄的趋势，这样，当孩子只有三岁甚至更小和上幼儿园时，学龄阶段特有的动力就可以开始产生作用。家庭越来越难以对孩子的情绪调整和社会适应方面提供足够的刺激，而学校教育成为这方面的必要补偿。

孩子叛逆始于童年早期，此时，父母的权威遭到了孩子的挑战，这种叛逆在青春期达到顶峰。在这个时期，孩子试图在全社会找到自己的位置，

---

① 过去，游戏和职责之间有着重要的区别。首先，孩子通过游戏来学习知识。当他到了上学年龄，他必须学会"工作"（学习），承担他的这项"职责"。学习对他来说，并没变得容易，因为那个时候，他永远不会学着去"学习"。职责，或多或少是一件需要完成的令人不快的任务。如今，我们仍然在学校里发现这种逻辑的残留痕迹。孩子越不喜欢学习，我们就越把学习这件事变得更令人不快。教年幼的孩子读和写的经历表明，孩子早期的学习可以作为自然发展的一部分，很容易进行，就像学说话和走路一样容易。当今天的孩子们不想学习时，我们没有办法像过去那样强迫他们去学。

这使他不可避免地与父母和教师发生冲突。他会对别人传达给他的观念产生质疑，尤其是上一辈人已确立的价值观。在我们这个时代，代际冲突已大大加剧和激化。青少年犯罪的增加只是反映了当今成年人和孩子之间普遍存在的对战状态。

当孩子进入青春期，父母便很难改变与孩子已经建立的关系了；对他们来说，他仍然"只是个孩子"。而这个孩子的身材不断壮大，能力不断发展，这些都促使陌生人把他当作一个成年人来对待。孩子对性方面的不解，进一步加剧了他对社会地位方面的困惑。他们对异性不断经历着新的感觉、新的欲望和新的印象。他们再也不把父母视为指导者，因为在社会模式的快速演变中，父母的价值观和道德观念往往显得过时。

在我们这个时代，女性取得了全新的社会地位，社会的性别模式也正在发生改变。青少年不仅对性行为那不可避免的不确定性困惑不已，也难以捉摸自由和放纵之间的细微差别。在每个性别所具有的特定社会功能方面，他不再能找到任何规则。如今自由主义盛行，每个男性和女性都必须建立起自己与异性的平衡。而为了找到这种适当的平衡状态，需要极大的勇气、常识和社会责任感。但是，我们这一代孩子由于普遍缺乏上述品质，还会进而受到更多的阻碍。在某种程度上，他们已经被惯坏了，受到了过度保护，因而他们更多学会的是去要求他人，而不是为他人做出贡献。于是，他们更倾向于寻求性行为带来的轻易快感。地位和刺激感正成为青少年最受推崇的价值观。无聊厌倦被当作缺少参与感的正当理由；为了寻求刺激，几乎什么行为都可能被默许。

还有一种教育和文化模式也给我们这一代青少年带来了负担。他们接受成年人的培养模式去参与竞争，如若不能战胜别人，就会感到自卑。父母和教师试图激发他们的雄心壮志，到了青春期则成为他们适应环境的最大障碍。他们都希望自己成为重要的、特别的人物。然而，在我们目前的文化氛围中，社区几乎不能给他们带来任何价值感。少数一些人很幸运，他们在上学时，在学习、体育或社交上获得了卓越的成就；而绝大多数人很少能找到有用的方式来体验个人的重要性。相反，只有在对秩序和纪律的蔑视违抗中，他们才能体会到某一点儿表象的权力和优越感。飙车、不义之财、赌博、酗酒和性行为是青春期孩子获得自认为的意义感的最简单的方式。反常的争强好胜，往往成为青少年犯罪的根本原因。但是，假如那些触犯法律的青少年没得到帮助和适当指导，他们就会遭遇更多的羞辱，这反过来又把他们推向错误的深渊。为他们提供有益身心的娱乐设施，让他们远离街头混混，并不足以解决他们的问题。除非社会找到途径让青少年在学校和社区中以平等的伙伴身份去承担责任；否则，灌输给这些青少年的欲望和野心，往往会合乎逻辑地、自然地以对社会毫无用处或不受欢迎的方式表现出来。况且，通过无用的手段和不当行为往往比通过成就获得社群地位要容易得多。

观察孩子在不同阶段如何对内心的目的做出反应，具有非常重要的意义。孩子从来没有意识到自己不端行为的目的，就像他并没意识到自己的生活方式和生活目标一样。如果以适当的方式接触十岁以下的孩子，并告知他的行为目的，他将表现出典型的"再认反射"，这种反射表明他认可我们解释的合理性[1]。不仅如此，这个年龄段的孩子一旦意识到某个特定行为的目的，就能放弃该行为（这里只是指个别的特殊行为，不是指他一般的生活模式）。换句话说，年幼的孩子可以很轻松地辨识他的目的并加以改变。当向青春期孩子解释他的行为目的时，他们对自己目的的认知没有多大困难，但要改变这些目的需要一定时间和反复训练；而成年人识别和改变自己的目的就会很困难。这便是"成熟"过程的结果，它使我们越来越强烈地想要建立起一道难以突破的防线，并使之合理化。

---

[1] 我们将在第三章对"再认反射"（"recognition reflex"）进行详细阐释。

本章要点回顾（最触动您的文字有）：

第三章　具体的纠正方法

如果我们不了解孩子的心理动力和内在动机，有没有可能与他们好好相处并予以引导呢？这个问题的答案是，可以。因为我们同时拥有具体的纠正方法和抽象的纠正方法。具体的方法针对一个特定孩子的需要，而抽象的方法适用于所有孩子。这包括：建立良好的人际关系，进行鼓励，采用群体方法，班级整合，以及最重要的分组讨论法。

任何一位教师都可以通过掌握相关知识及获得敏感度，去理解孩子的行为。有些教师天生就有感知孩子心理的能力，几乎能立即对任何情况做出反应；而其他一些教师需要培训获得这种能力。即便有些教师一开始觉得自己似乎无法把握孩子的内心，但只要他们想要，也是可以获得这些必要的技能的。

1.观察孩子

如果教师知道通过观察要发现何种信息以及如何解释所观察到的现象，对孩子的观察就可以提供十分有价值的信息。孩子的行为为我们提供了洞察其动机的机会。要正确理解一个孩子，必须认识到，他的每一个行为都是有目的的，并且这些行为表达了他的态度、目标和期望。教室是孩子展示这些内容的天然环境，展示方式包括与其他孩子的互动、孩子的仪态举止、孩子的合作与否、孩子的学业表现等。当教师能在孩子行为中找出共同特性，她就能判断出孩子的生活方式与其个性的统一性，及其行为所依据的基本理念。

通过系统性观察，你可能会发现，一个孩子只有在他最出色时才会参与课堂活动。在他擅长的科目中，他会表现得很好；而一旦落后了，他就会完全放弃努力。甚至当他看到班里有些孩子通过叛逆或其他方式扰乱课堂秩序，竟在班上崭露头角时，他会认为这才是在这群孩子当中成为领导者的好机会，于是他可能变得桀骜不驯、暴躁不堪。而对于那些不合群的孩子及单独行动的孩子，一个能细心观察的教师也同样可以理解他们的行为。由于这些孩子不相信自己能被别人喜欢和接受，尽管在学业上他可能表现出色，但由于不会与人合作，他仍然感到不安。通过有效的观察，教师便能注意到所有孩子之间任何互动的细节。许多教师只关注自己的事务，孤立地处理每个孩子的问题，而对整个班级内孩子们的相互作用关注很少。教师们需要通过培训来开阔视野，从而可以在任何时候关注到整个班级的孩子。如果能做到这点，教师就可以在麻烦初露端倪的时候有所察觉，而不至于酿成大问题，并能对孩子关注或权力的诉求做出有效的回应。

即使孩子什么也不做，他的态度也是显而易见的。他的坐姿和面部表情都表明了他的态度，值得令人注意。在一堂教师培训课上，我们做过一个实验：我们请来几个孩子，每次只让一个进入教室，并待上几分钟。我们建议师范学员们保持沉默，不做任何行动，同时密切观察孩子们的举动，来解释他们所看到的现象。必须承认，这是人为地让这些孩子处于尴尬的情境。大多数教师第一次面对这种情况，她们发现孩子离开教室后，很难对之做出任何解释。然而，训练有素的教师能够辨别出：其中有个孩子在努力寻求关注和帮助，另一个孩子在试图挑衅。他还注意到，有一个孩子只是无助地坐着，还有一个孩子在很短的时间内适应了这种情况，并自娱自乐起来。如果这样一种静态的情形都能透露出孩子的基本态度，那么在课堂上孩子与教师持续不断的互动中，该能提供多么多的信息啊！

2.心理调查

尽管对班上每个孩子进行详尽研究的时间是有限的，但教师还能通过很多其他途径来了解孩子们的背景。有时，仅仅是课间简短的谈话便可以给教师提供足够的信息来理解一个孩子的态度。教师能够也应该了解孩子的家庭结构、出生顺序以及他们的性格。通过这种方式，教师可以看到孩子家庭的内部关系、孩子受挫的根源以及孩子遇到的障碍。偶尔与孩子的母亲接触，也可以给我们留下一些印象。**由于母亲是孩子生活中最重要的人，且母亲与孩子的关系确立了孩子未来与他人的关系模式，因此母亲的行为可能会为教师了解孩子的性格和态度提供重要的线索**。孩子经常会模仿自己的母亲。他的固执、专横、自怜和正义、完美主义或者杂乱无序，可能只是他母亲个性态度的延续。但是，孩子也很可能与母亲的性格大相径庭。非常能干的母亲会在极大程度上导致孩子的无助和无能。母亲们经常感到困惑，她们自己做事干脆利索且高效，可为什么孩子却那么拖拉磨蹭呢？教师可以理解这种现象，甚至可以对此做出解释。

必须警告教师的是，切勿利用家庭对孩子的困难产生的影响，为自己对孩子的悲观主义态度作辩护。有关学生的家庭信息只有在用来了解孩子目前的个性态度时，才具有积极的作用。那么，孩子家庭的过去不再是障碍；有关家庭过去的不利影响的信息，可以指导教师采用更好的方法来处理现在的情况。教师清楚地了解了孩子的生活方式、生活态度，以及他在家庭环境中建立的目标，就可以向孩子提供新鲜的刺激和体验，让孩子重新思考自己的观念，并对自己以及在群体中找到自己位置的努力进行更恰当后，最终很可能变得极为沮丧，甚至再也不愿意做任何正确的拼写尝试了。

渴望权力最显著的标志就是孩子具有一定的攻击性。他们不遵守学校纪律、违反秩序、藐视权威甚至逃学。他们要么强行提出自己的要求，要么顽固地拒绝做任何老师期望他们所做的事。他们常常傲慢无礼。在社会上，他们可能是恶棍、帮派头目或孤独的流浪者。这样的孩子通常是虚荣的，有可能被权力的影响所左右。他们通常野心过大，以一种扭曲的心态热衷于生活中消极的一面。

在当前的教育条件下，这种对于权力的争夺最常见于青春期，这并不足为奇。在这个阶段，来自家长和教师的压力达到了巅峰，使权力的争夺几乎不可避免。当青少年寻求自己在社会中的地位，却发现无法找到任何具有社会意义的途径，于是这些年累积的所有与成年人的权力之争达到了巅峰。这些年轻人天生就喜欢质疑上一代人传达给他们的价值观，并审查和挑战生活中固有的标准和解决方式。对任何一个想要展示其道德或智力优势的教育者，这种年轻人都会让他们颇为头疼。当年轻人通过寻求社会谴责的方法获得了一定意义时，这种斗争变得更为激烈，甚至极为残酷。之后，孩子们很容易就被迫放弃了成年人所有的社会价值观和标准。

我们发现，七八岁以下的儿童出现不端行为，最常见的目的就是要求特别关注。然而，在过去十年间，这种情况已经发生了改变。成年人和孩子们之间的冲突已表现得更为激烈，并且这种斗争出现得比以往要早很多。在过去，这种权力之争主要出现在青少年和成年人之间，而今在儿童早期便已出现了。

❸ 寻求报复

最麻烦的孩子，是那些完全自暴自弃，认为自己不会被成年人认同和接纳的孩子。他们感到自己是——而很多情况下也是——那种不受欢迎、遭人虐待和伤害的孩子。他们并没意识到，实则是他们自己预期着这种待遇，才致使别人也如此对待他们。无论在学业还是行为上，他们都制造出最大的麻烦。他们会表现得残暴冷酷、郁郁寡欢或者咄咄逼人。虽然帮助他们的唯一方法，就是让他们相信自己是受欢迎的，但他们的做法总会阻碍人们的这种尝试，甚至往往不可能实现。他们受伤太深，不相信有人能真正欣赏他们。只能在他们所认可的唯一群体，即团伙中找到些许归属感。他们被"好"孩子排挤，只有通过伤害他人的方式找到自己的社会地位。少年犯就经常从这样的群体中产生，并成为这个群体的头目。

然而，青少年罪犯并不完全出自这类孩子。怀有过度野心的青少年遭遇挫折后，往往希望轻轻松松获得自己的价值，这也可能使他们目无法纪，做出非法的行为。这样一些违反法律和常规的行为，几乎在每个孩子身上都会发生。但在那些疾恶如仇的社会成员的反对下，或被执法部门抓获且定性为少年犯时，这些孩子可能会逐渐相信，他们再也不会在体面的人群中拥有任何地位。只要少年犯罪行为被视为堕落邪恶的表现，而没人看到这是孩子遇到困难、遭受挫折的结果，那么父母、教育者和社会权威人群就倾向于把他们列入无可救药的孩子之列。

❹ 表现自卑

这些孩子如此心灰意冷，甚至看不到任何成功的希望。因此，他们不再做出什么努力。他们的受挫感可能十分强烈，以至于他们成为真正的失败者。或者，他们可能只是在少数活动中表现出一些气馁。大多数学业上的失败者都属于这一类。通常情况下，孩子们的受挫感始于正式教育阶段。因而，一年级教师应负有重大的责任。有些孩子没有接受过独立做事的训练，因而无法相信自己有能力完成任何事情。每当他们遇到一点儿困难，都会彻底放弃。还有一些孩子可能因为与兄弟姐妹竞争时经常被打败，因而也总是带有失败主义情绪。当与某个孩子年龄最接近的兄弟姐妹特别聪慧且很成功时，我们经常发现这个孩子会表现出一种"伪低能"现象。即使在智力测试中，也很难辨别出这些孩子的错误的自我评估，因为他可能表现得就像真正的智力迟钝者。

孩子在阅读或拼写方面遇到的困难，可能源于寻求关注机制（AGM）或权力之争，而这通常会导致孩子完全丧失自信。寻找生理方面的原因是有误导性的。数学方面出现困难，最常见于那些怀疑自己缺乏解决问题能力的孩子中。与大家普遍承认的观点相反，对于孩子没有绘画能力或缺乏音乐天赋实则也是源于孩子的受挫心理。如果将一个从未学过唱歌的孩子放进一群会唱歌的孩子当中，他很可能得出结论：自己与其他孩子不同，唱歌的能力也差。在此基础上，他和其他人一样，都确信自己真的缺乏歌唱的能力。还存在一种情况，他可能与一个有着歌唱天赋的兄弟姐妹进行比较，对自己形成了类似的判断。我们可以有把握地说，**外在表现的好坏并不直接代表着孩子的潜力大小。**

（2）通过教师的自发反应

正如我们前面所看到的，孩子行为的意义可以通过它所展现的行为活动来理解。这种活动都指向一个目的。这种从外部观察的现象学研究法还可以由教师内省式的探索来补充。教师可以通过观察自己对孩子的行为或过失的即时自发反应，来验证自己对孩子目的的判断是否合理。教师感觉自己特别想做的、几乎总是带着强迫性冲动的第一反应，能帮助她了解孩子的行为意图。她的自发反应，通常与孩子期待她做的事情是一致的。如果教师感到恼怒，并通过责骂、训诫、哄骗等方式表达自己的恼怒，那么孩子主动或被动的不端行为，很可能只是为了引起教师的关注，让她忙于应付他。但如果她感到自己受到了挑战和威胁，并急于向孩子挑明："你不能这样对我"，那么，教师很可能正陷入与孩子的权力之争中。如果她感觉受到了深深的伤害，还十分愤怒，并想："怎么会有人对我如此刻薄"，那此时孩子很可能已成功地对教师实施了报复。如果教师想要举手投降，"我真不知道该怎么对付你了"，那么，孩子很可能是想让教师相信他的无能，这样就再也无须管他了。

教师学会观察自己对孩子不端行为的情绪反应是非常重要的。这样的观察不仅为她提供了理解孩子目的的一次训练机会，而且也是更恰当地处理孩子问题的不可或缺的先决条件。如果教师屈服于自己的冲动反应，没意识到冲动反应背后的意义，她就会强化孩子的错误目的，而不是去纠正它。

（3）通过观察孩子对纠正行为的反应

还有另一套观察方法，能帮助教师验证她对孩子意图的判断是否正确。**孩子将如何对待教师的纠正行为，取决于他的行动目的**。换句话说，孩子的行为是一种尽管无意识却朝着明确目的前进的行动；教师可以通过观察孩子的行动方向，来辨别其背后的行为目的。然后，教师可以通过内省方式，识别自己对孩子的冲动反应。最后，在接下来与孩子的互动中，教师对孩子最初目的的判断变得更为确定，甚至更为清晰地表达出来。这就是所谓的纠正性反馈。

举一个简单的例子：约翰尼总是扰乱班级秩序，要么胡乱说话，和邻桌同学聊天，要么随意离开自己的座位乱走动。正如我们所知道的那样，孩子外在表现的相似行为可能有着完全不同的目的：总体来说，是孩子的敌对、决心和挑衅的程度大小，决定了他的行为是为了报复还是权力的争夺，抑或仅是用来寻求关注。因此，教师的苦恼通常与孩子的行为目的是一致的。教师试图阻止约翰尼，而他的行为反应也将揭示出他的目的是什么。如果他只是想寻求关注，就会停止捣乱行为，尽管这种状态不会持续太久。

很快，他就尝试其他方法让教师忙于应付他。如果他想挑战教师的权力，那么教师纠正他的努力就会适得其反。教师所要做的，就是制止他现在的行为，然而，他却会变本加厉。教师对孩子的批评，实则只给他一种暗示：即他要去战胜教师。因此，在与孩子争夺权力时，任何试图强行制止孩子的行为，只会让情况变得更糟。如果孩子一心想去报复，教师试图阻止他不端行为的努力，将不仅仅会刺激他继续坚持当前的行为，还可能促使他实施更为激烈的攻击。

还有一种行为的案例，可能适用于这四个目的当中的任何一个。孩子们放学后需穿上外套。小玛丽很磨蹭，几乎没有行动。当教师提醒玛丽，甚至试图帮她穿上外套时，会发生什么呢？如果玛丽想要得到教师的关注和帮助，她会很乐意地回应教师。而如果玛丽想表现她的权力，她可能转而去做其他不需穿外套的事情，或者当教师试图帮助她时，她会挣脱跑开。如果玛丽一心想去报复，她可能会以踢、挠或咬的方式来试图伤害这位好心的教师。如果她要努力表现的是自己完全的无能，她会很被动地接受，无论教师做什么，她都不会配合。

因此，教师明智的做法，是时刻密切关注孩子对她的纠错行为的反应。因为，她也应该内省观察自己对孩子不端行为的冲动反应。通过这样做，教师不仅会意识到她和孩子之间发生的互动类型（包括她在激起孩子不当行为方面所起到的作用），也会更加敏感地分辨出孩子可能怀有的目的之间的差异。

想要纠正孩子的行为或学业表现，首先需要改变他的态度和信念。态度是孩子外显行为的基础。每个人都基于自己的信念行事，尽管他可能并不了解自己内在的个人逻辑是什么。常识、善与恶的知识、良知和意识，可以决定他的行为模式；但孩子们往往不根据自己所谓的"更优知识"行事。他无法"控制"自己，因为他不知道自己的"个人逻辑"是什么。受过训练的教师可以识别出孩子的错误态度，并合理地应对。

当孩子通过不当或恼人的行为表达他们的目的时，教师需要格外警觉，不要被孩子牵着鼻子走。然而，如果教师接受了孩子的挑衅，就会被他的把戏所玩弄，以致强化了孩子的信念，让他坚信自己的方法有效。当教师对孩子的目的表示质疑，她可以寻找一位能给她提供帮助的指导者来观察她对孩子行为的反应。不要做出孩子期望的反应，才是上策；这意味着**不要随着人的第一反应冲动行事，而是采取与之相反的行动**。如果教师不知道做出怎样的反应，那这种对策尤其有用。然后，教师可以仅仅观察自己，看看自己最冲动的反应是什么，然后采取与之相反的行动。

例如，对于那些经常扰乱课堂秩序并寻求关注的孩子，最明智的做法是给予他们某些关注，但是不要带给他渴望的满足感，而是以一种让孩子困惑的方式给予他关注。在这里，每位教师都必须尝试，用自己的智慧和秉性形成独特的技巧。通常情况下，只点一下孩子的名就够了，不要对孩子做任何纠正或指导，只是安静地等待他接下来的回应。幽默也是一种好方法。如果孩子和同桌耳语，令人恼怒，但教师可以表现出好奇，不能表露出愤怒或烦恼，因为让老师发火恰恰是孩子所期待的。如果孩子上课注意力不集中，可以适时询问他对教师或其他孩子刚刚讲过的话的看法。通过这种方式，教师就可以将孩子的注意力拉回课堂，而无须批评他不专注。如果一个孩子故意扮丑相吵吵闹闹，教师可以停下讲课，邀请全班同学观看他的表演。教师这样做非但不会让孩子继续胡闹，反而可以制止他，尤其是孩子怀着争夺权力的目的时，因为这时孩子希望的就是被教师强令制止。

我们还可以结合心理学中某些比较直接的方式来解释孩子的这种行为。对于需要持续关注的孩子，可以按照本章前面所建议的方式，在课间去接触他。在询问了他是否知道他这样做的目的之后，教师可以问，"你是不是想要我一直忙着关注你，这样你就会觉得没有被忽视？"如果孩子承认老师猜对了之后，就可以建议孩子与自己达成协议，例如，确定孩子在一小时内需要几次这样的特别关注。"十次够了吗？"孩子几乎不会给出否定的答案，他甚至可能认为十次太多了。于是教师可以建议，"也许我们先试试这十次（或者五次）"。这个次数取决于孩子需求意愿的大小。达成协议后，每次在孩子出现捣乱行为时，教师只需数次数来回应他，如"约翰尼，一次了"。这种方式已被证明是有效的，尽管没有任何方法保证次次有效，也没有哪个孩子会对同一种方法反应均良好。足智多谋的教师会找到许多不同的方法来设计多种情境，让孩子主动意识到他为自己的目的所进行的努力是徒劳的，从而最终改变他的目的。

作为一般原则，在寻求关注机制（AGM）的情况中，**我们应首先将孩子的破坏性方法转化为建设性方法，将消极方法转化为积极方法，直到孩子最终不再需要特别关注**。事实上，这意味着应该将机会给予一个试图通过破坏性方式来寻求关注的孩子，让他在做了有益的努力和成就后，获得特别的赞扬和认可。教师需强调孩子要通过建设性手段找到自己位置的能力，而不要让孩子通过不当行为获得可能的任何满足感，这时她的做法才会有效。不幸的是，大多数试图纠正孩子错误行为的教师都没意识到，他们对孩子的过错大惊小怪，实际上是在满足孩子的某种愿望。教师必须谨慎，不要落入孩子的陷阱，而是将对孩子的关注限制在少数的特定情形中，这些情形包括孩子通过取得一些成就获得了教师的关注，尽管这些成就很微小。在这里奏效的不是赞扬，而是合理的关注。

通过类似的方式，消极被动的孩子可以受到激励，转而表现出更积极主动的行为。我们大可忽略孩子通过消极行为争取关注的努力，无论这种努力方式多么诱人或具有挑衅性，**而我们对其积极努力的行为进行的任何有意的鼓励和评价，都有可能促使他改变自己的做法**。最后一步是引导孩子付出最大的努力，但无须别人对他施以任何关注、表扬或认可。打高分、奖励星星等做法都与该做法的原则背道而驰。

当孩子克服了自卑感，对自己在群体中的地位获得了勇气和自信时，他便可以乐于参与群体活动并在其中发挥作用，而不必担心自己的威望和地位了。**教育工作者的目的是让孩子去享受自己的价值感**，进而参与活动。他们努力消除孩子的情感障碍，协助孩子学会适应社会生活，并取得学业进步。

当教师采用新的方法进行实验却不能立竿见影时，她不应该气馁；她要记住，对孩子的重新引导也是一个学习过程，就像学习阅读和写作一样，需要时间。此外，改变孩子的态度所花费的时间，至少与教会他读写、算术的基本原理所需的时间一样多。如果没有耐心，这两项工作都会进展艰难。

在孩子寻求关注时，教师很难抵制他的挑衅；在孩子与自己争夺权力时，教师更难克制住自己：因为这挑战了教师的权威。教师试图用自己的权威震慑孩子，结果反被孩子打败了，但她还不愿意承认这一点，没什么比这更可悲的了。然而，**一旦教师成功地培养出理解学生的态度，摆脱自卑感和对自己权威的担忧，她会发现轻而易举就能抵制住孩子的诱惑，然后对这个寻求权力的孩子施加积极的影响了**。显然，由于性格差异，某些教师在应对这类争夺权力的孩子时比其他教师更困难。有的教师接受了孩子的挑战，并予以反击，但一次又一次地被孩子打败；而有的教师会保持冷静和克制，最终赢得孩子的合作。

受权力欲望驱使的孩子总是雄心勃勃。但他的雄心完全是针对那些试图压制住他的人。一位善解人意的教师可以重新引导孩子，将这种抱负应用到争取更有价值的成就中。相对于容易获得的战胜权威的胜利，获得真正的成就感便能取而代之。例如，可以鼓励孩子帮助其他孩子，可以是对弱小者身体上的保护，也可以是对某一学科较差的孩子的学业帮助。那些十分关注自己权力的孩子，会抓住任何这样一个机会。然而，教师需要注意两个陷阱。第一，这类孩子倾向于滥用分配给他的权力。如果教师对这种权力的滥用做出反应，将这种权力从他手中夺走，这会是一个严重的错误，会使已经开始的建设性方法前功尽弃。孩子需要的是教师的监管和指导，从而充分完成交给他的任务。这一困难与第二个陷阱有关。尽管一个渴望权力的孩子表面上可能表现得情绪高昂、自尊心膨胀，甚至唯我独尊，可实际他内心是非常脆弱的。他的外显行为只是为了保护他的内在自尊，实则他在黑暗中故作镇定，只为了给自己壮胆。如果使用伤害孩子面子的代价承认他的外显行为，而忽视在所有装腔作势背后的那个受到惊吓的孩子，那将是致命的错误。试图将他从高高的位置拉下来只会加剧他潜在的自卑感和徒劳感。然而，**对孩子抱以同情并理解他的困难，直接呵护孩子柔弱的内心，将会为建立良好的师生关系开辟一条道路**。对于那些为了掩饰自己的渺小而假装目中无人的青少年来说，这一原则尤为重要。

如果教师坦承自己无法控制孩子，那么，那些被迫想通过展示自己的力量和优越感来挽救自尊的孩子，就更愿意承认自己本就错误的目的。这样也不会使教师面上无光。教师可以通过与孩子进行简短的私下谈话，向孩子解释她不打算与他作对，也不想向他炫耀自己的权威，因为老师知道他有能力打败她。而这种做法通常会让孩子"放下武器，缴械投降"。除非孩子已经被虐待很深，否则他们都会像我们期待的那样变得理智，并产生责任感。**努力引导孩子展现个人的智慧，让他们同情他人并提供帮助，通常比任何形式的威胁或权威展示更有效**，尤其是当孩子们相信老师这样做是出于帮助他们的愿望时更是如此。只要孩子们知道怎样摆脱困境，他们还是很愿意将之付诸实践的。**教师必须不断提醒自己，一个行为不端的孩子内心是不快乐的，他需要鼓励，而非羞辱**。在适当的情绪氛围下，教师可以和他达成共识，即他们可以互相帮助以摆脱困境。

孩子们很少意识到教师因受到太多压力而陷入的困境。如果使孩子觉得他有能力协助教师克服困难的任务，并协助教师有效担负起班级和学校的责任，那他会获得一种价值感，同时是一种建设性的价值感。倘若约翰尼在课堂上公然挑战老师的权威，那么老师可以坦然相对，例如在全班孩子面前挑明约翰尼展示他权力的意图，并以实事求是的态度承认他的确具有优势。如果没人挑战他的权力，对权力的展示就没有任何乐趣可言了。权力只有在竞争出现时才重要，否则就毫无意义。当约翰尼的权力表现得毫无用处，就有可能促使他重新考虑自己的位置。这种教师退出权力竞争的情形并不会妨碍她运用逻辑推理来遏制孩子的过分要求。

孩子展示权力的欲望有可能达到另一种程度，即以报复为目的。我们很容易对权力的渴望和报复的欲望产生混淆。对付那些一心想要报复的孩子，是教师面临的最严重的问题之一，因为这些孩子几乎不通事理。他们确信自己无可救药，且不受欢迎，在社会群体中没有任何地位或机会，于是对任何试图说服他们不这样做的努力都深表怀疑。教师需要拥有很大毅力并不断地努力，才能让这个一心报复的孩子相信他可以被喜欢，也的确是被人喜欢的。在此情况下，班级群体可能提供巨大的帮助，也可能是一个危险的共犯。例如，"好"学生会过于热切地向老师表明，自己与老师站在同一条坚固的战线上，并共同反对捣乱者。而老师经常因应对这种挑衅时的不安全感而欣然接受"好"学生的联盟。因此，"好"学生和"坏"学生之间的裂痕不断加深，问题非但没有解决，反而进一步恶化。另一方面，群体讨论法有助于促进师生之间的相互理解和帮助。在私下谈话中，老师可以向一些学生寻求帮助，请他们格外关注那些感觉被疏离的孩子，把他拉进群体，同时向他表达欣赏与关爱。借助这种方式，通常就可以在孩子与社会之间那充满仇恨以及恐惧的障碍上，慢慢地搭建起一座桥梁。在这种努力中，教师和孩子需要相互给予精神上的支持，以免双方受挫。一个报复心强的孩子在面对友善时表现出敌意，这是可以理解的，但却很难令人承受。

教师最常见的挑战是帮助孩子克服学业中的沮丧情绪。在理解和帮助一个失败的学生之前，可能首先需要我们对教育体系和教学理念进行一些根本性变革。我们必须理解孩子，而不能单纯依靠简单粗暴的逻辑判断和道德谴责，或对孩子的放纵。教师不仅要关注孩子的学业表现，还必须考虑他们的人际关系、生活态度和行为目的。对教师来说，学生的行为目的比他的行为表现更重要，即使孩子表现出色，教师也可以分析出其背后的态度和目的是否合理。如果它不合理，则需采取措施予以纠正，以免学生过度自负或为寻求关注，最终导致失败和冲突。但更重要的是，不管纠正什么样的缺陷，我们采用的解决方法都必须不会使其恶化或加剧。为了避免出现这种问题，教师必须意识到自己对孩子提升能力方面所负有的重大责任。

对于一个差生来说，他的失败感本已根深蒂固，这时考试中得到的低分数、重做一张满是错误的试卷或使其蒙受其他羞辱，只会进一步加剧这种挫败感。事实上，大多数孩子很容易就能说服教师，使之确信他们对自己的质疑是没错的。孩子的这种破坏性力量是如此之大，教师的建设性力量几乎难以与之匹敌。教师非但没有影响到孩子，反而被孩子引导，使她更确信孩子的无能。不管是以友好的还是敌对的方式，当这类孩子引起了他人的注意时，便陷入更深的绝望之中。

对于教师来说，最重要的是学会如何避免和克服自己和学生的这种自卑感、受挫感，以及在权力之争中对权威的渴望。只有如此，她才能与学生建立真挚的友谊，**不能成为学生朋友的老师不可能成为一名好老师。但仅靠友好的感觉是不够的，教师必须具备一种技巧，把自己的友好的态度转化为建设性行动，从而在孩子艰难的成长过程中产生引导作用。**

4.心理学披露

教师不仅是各类学科的指导者，更是广义上的教育者。因此，她必须提供指导和引领。即使她只是试图教孩子们读写算的技能，如果不考虑孩子问题的整体状况，也无法达成有效的结果。如果认为学习过程只发生在智力层面，那是大错特错的。一个人的智力会受到个人特质和情绪反应的影响。如果不考虑这些因素，在面临学习过程中孩子和教师遇到的所有障碍时，我们将徒劳无功。忽视孩子在学习过程中的心理动力学因素，往往是造成冲突以及孩子和教师失败的原因。

寻找新的教育原则已经到了一个关键阶段，在该阶段，我们知识观念的改变与人际关系的改变正在同时进行。在过去，上下等级关系分明，人们很少关注孩子的感受：他的愿望、喜好或目的，对成年人来说都无关紧要。孩子不得不屈服。当时的社会关系和教育过程的目标，便是孩子的顺从。合作意味着要求他做什么就得做什么。如今，合作需要双方达成一致。在民主氛围中，我们需要新方法唤起和获得孩子合作的意愿。自以为是的发号施令已经远远不够；教师不能仅仅因为她是对的，就必然得到学生的顺从。影响两者关系的心理因素变得比正确与否更具决定性。教师可能在逻辑上是正确的，但在心理上却是错误的。

教师希望学生们好好学习并举止得体。但是，仅仅在口头上让孩子们知道这样做的必要性还远远不够。每个孩子偶尔都会做出反抗，至于为何如此，他们自己也不清楚。重复强调学生应该做的事并不能改善这种状况；相反，它会引发冲突，促使孩子与教师公开对抗。但是，教师若能判定阻碍孩子正常发展的心理机制，就可以帮助孩子去遵守规则，取得进步。

课堂学习场景并不妨碍我们做出影响每个孩子心理态度的直接尝试。相反，这种尝试能提供全新的，甚至更有效的方法。课堂教学能教给孩子们的不仅仅是学科知识，还能教会他们如何了解自己。他可以意识到自己的动机，尤其是那些妨碍自己正常行为的动机。这种教育具有双重目的：既可以消除孩子在学业进步上的障碍，也可能影响孩子的一生，并刺激他为现在和将来有效适应社会做出积极的调整。我们必须记住，一个捣乱、不爱学习或行为不良的孩子并不知道自己表现不好的原因。认定他不想做得更好，是错误的；因为他无法控制自己，他并不知道自己追求的目的是什么。这就是为什么告诉孩子要好好表现是徒劳的，他已经知道应该好好表现。但是，告诉孩子行为背后的目的，对他才可能有极大的帮助。

这种讨论无须花费太长时间，在简短的私下对话中或者在课堂讨论中即可安排。首先应该考虑讨论的时机。绝不应该在一些犯错行为发生之后，立即进行这种沟通；因为此时，孩子和教师的内心都很激动，任何形式的讨论都意味着谴责、辩护和冲突。此外，这些讨论应该始终保持冷静和实事求是。如果讨论的内容暗含了批评和指责，只会激起孩子的反抗，他会充耳不闻。心理学可以成为一种最有帮助的工具，但同时也可能是一种具有巨大杀伤力的武器。以羞辱性方式运用心理学比任何身体虐待造成的伤害更大。为了提供心理学解释，教育者必须保持冷静和友好。无论一种解释有多正确，如果提出的方式挑衅性极强，或时机错误，都不会有什么效果，甚至令人烦恼。

与孩子进行有效的讨论时，不应该关注孩子行为不当或导致失败的原因，也不应责问他为什么这样做；而应该试着引导孩子并解释他做这件事的目的。"为什么"和"为了什么目的"之间的区别貌似十分微小，然而，它意味着一种差异：一个强调过去的目的，一个强调现在的目的。孩子目前的状况，可能有上千个理由。一个未经训练的教育工作者，如不了解孩子所有过去生活带来的影响，他就很难对这些因素做出准确的评估。此外，对孩子来说，任何对过去的提及都毫无意义；无论是他自己，还是其他人都无法改变过去。了解过去与评价他目前的意图截然不同。他现在的行为目的只有一个，并且他的意图是可以改变的。

此外，对孩子解释其行为的原因，或解释其行为的目的，孩子的反应会有所不同。解释孩子行为的原因时，指出孩子这样做是因为他的嫉妒心强，没安全感，缺乏自信，感到被忽视、被支配或被拒绝，充满内疚或自怜，不管这些表达有多准确，孩子充其量只能以友好的冷漠态度接受。这些只告诉了孩子他是什么样的人，可能还会进一步打击他的自信。然而，当解释孩子行为的目的即告诉他想要什么时，他的反应会完全不同：获得关注，展示自己的优势，发号施令，展示自己的权力，获得特别的照顾或关注，报复或惩罚他人。如果对他真实意图的解释正确的话，会立即引发一种典型的反应。这种本能反应包括调皮的微笑和带有特殊神情的眨眼，即所谓的"再认反射"（recognition reflex）[①]。孩子无须说什么，甚至可能会否认，但他的面部表情不会撒谎，暴露了他的真实意图。再认反射能保障在解读孩子意图时不会产生错误；因此，以这种方式进行的心理学讨论几乎没有误解孩子的风险。

如果在合适的时间以适当的方式给出正确的心理披露信息，我们几乎可以在所有孩子身上观察到再认反射。只有从两种类型的孩子身上无法获取这些信息：一种是面无表情的孩子，他们不信任任何人，也不愿意表露自己内心在想什么，我们很难识破他的表象；另一种是无论和他说什么都会以尴尬的傻笑回应的孩子。这是另一种形式的掩饰。如果想让孩子以再认反射回应我们的心理学披露，前提是需要在教师和孩子之间建立起真诚的人

---

① 鲁道夫·德雷克斯：《父母的挑战》（*The Challenge of Parenthood*），纽约：Duell, Sloan & Pearce，1948年版。该书详细地介绍了再认反射及其意义。

际关系。

　　恰当的心理学披露必须避免直截了当的指出。直接指出孩子的目的是错误的；即使教师的假设是正确的，也不利于孩子的接受。这个孩子会感觉"被逮住了"；即使教师语气友好，但对孩子来说，这些直接的披露几乎无异于指控，他也可能心生不满。进行心理披露之前，教师应该始终询问孩子是否想知道他为什么要这么做，或为什么不那么做。（在与孩子交谈时，诸如"为什么"和"做……是为了什么"这些说法可以交替使用，前提是教师明白她与孩子讨论的只是目的。）在孩子愿意接受这样的讨论后，教师可以用含糊或不确定的方式，给孩子做出解释。"我想知道你是否不想……？""是不是……？""我有印象，你想……"这样的建议永远不会有什么伤害。如果教师的解释不对，她就不会得到孩子的任何反应。那么教师可以接着做出下一个猜测，孩子的反应将会表明这种猜测是否准确。

　　确定孩子的目的后，接下来教师可以和他集中讨论，要在群体中获得自己的位置，还有什么其他可能性。教师可以与孩子讨论是什么因素影响并形成了他自己的意图和态度。在这里，教师必须更多倾听，不要说教，多多观察孩子，才能理解孩子的境遇。孩子总能找出很好的理由以独特的方式解释他目前遇到的情况，即便他的解释是基于对事实的错误评估。孩子可能会觉得自己不讨人喜欢，而实际上并没有人不喜欢他；他可能会感到自己愚笨、能力不足且处在危险中，而事实上并没有任何理由让他做出这种判断。对孩子的行为来说，他的解释正确与否并不重要；更重要的是他对事情的看法。教师在能成功地纠正孩子的误解之前，**她必须首先对孩子的感受和态度表示理解和同情**。课前、课间或课后与孩子交谈上几分钟，就可以让她与孩子建立密切关系，从而了解孩子的问题，并帮他找到解决办法。

　　经常有人质疑教师，认为她们没资格参与心理学方面的讨论，并做出心理学解释。人们认为这一职能应仅限于学校心理咨询师或精神病医生；教师尝试使用心理学语言和解释方式，反被认为跨越了工作界限。然而，就我们的经验来看，教师需要了解孩子的心理动力学因素，并与他讨论相关的错误观念或态度，从而帮助他克服自己的缺陷。教师工作的重要组成部分就是，获取孩子的心理信息并向孩子传达自己的洞见。通过这种方式，教师和孩子之间那些无意义的谈话，包括"解释"孩子本已知道的事以及哄骗和唠叨，就可以转变成有意义的沟通，使孩子了解自己无法意识到的潜在态度和信念。

然而，心理学披露不等同于试图"分析"以窥探人的潜意识并挖掘人的内心情感的深层来源，两者不可混淆。心理学披露与精神科医生和训练有素的心理治疗师所采用的深度心理疗法也不同。心理疗法要处理的是孩子的成长经历、深层观念及其生活方式的形成过程；而心理学披露只讨论孩子当下的态度和直接的行为目的。任何从事与孩子相关工作的人，都应该了解心理学阐释的艺术。

本章要点回顾（最触动您的文字有）：

第四章　一般的纠正方法

教师是在应对所谓的情绪障碍孩子，还是在处理正常孩子的多重问题，两者没有太大的区别。可以带来改善的解决方法都是相似的。在现有的文化条件下，几乎所有孩子偶尔都需要帮助。除了考虑每个孩子动机的心理学方法之外，我们还可以尝试其他各种各样的方法。通过这些方法，教师能够刺激孩子好好学习，参与活动，不断成长，并与人合作。

1.赢得孩子

如果一个人不能与他人首先建立起友好关系，他就无法影响任何人。但这一基本前提常常被人们忽视。与孩子相处的大多数困难，都是由于孩子和成年人之间的关系出现了问题。同一个孩子在一位教师看来可能很难管教，却常常与另一位教师配合良好。如果两者之间建立起良好的关系，就几乎不会出现严重的合作问题。然而，教师们往往不关注自己与孩子之间已建立的关系就试图去影响孩子，并纠正其行为或缺陷。于是，她努力纠正孩子不当行为或过错的过程，就加剧了本已恶化的师生关系。如果我们将教师与销售人员做比较，便可以认识到，教师其实享有不公平的特权。如果销售人员使用不恰当的心理学方法去征服客户的抵抗心理，他就会被解雇。但是，如果教师没有使用合适的方法克服孩子的抵抗心理，孩子反而被打败。

赢得孩子合作的技巧需要我们不断思考。这里没有捷径，也没有妙方。在很大程度上这取决于每位教师的人格，无形的特质，态度、情感动力因素和精神价值观的微妙表达。每位教师都必须找到适合自己的办法。有些教师可能通过表现真诚和蔼的态度获得孩子的合作，而其他一些努力表现温柔和蔼的教师则会让孩子们觉得滑稽可笑、令人讨厌。但所有有效的方法却只有一个共同点，那就是：真诚。只有真诚才能赢得孩子。在孩子们的成长岁月里，他们已学会敏锐地观察一个人。在短短几秒钟内，他们就能对任何一个成年人做出评判。如果他试图装腔作势，孩子们会立即觉察出来。孩子们对任何有勇气展现本真自我的人都会做出回应，即便他身上具有人类所有的错误和缺点。承认自己的错误仍然是赢得孩子信心最好的办法。试图在孩子面前高高在上，炫耀自己的知识更渊博，并超越别人，是与孩子建立良好关系的最严重的障碍。如果成年人足够谦虚，而不是炫耀，毫无疑问，孩子们会渴望并愿意接受成年人那些卓越的经验和技能。

外向性格和热情也有助于建立良好的人际关系；然而，这些品质是学不到的，也不是必不可少的先决条件。如果成年人能认识并满足建立良好关系的基本要求，那么即使是冷酷和粗犷性格的人也能被孩子们接受。

正确的师生关系与合作的基本规则有关，并植根于清晰的规则概念中。可是，这一事实往往被人忽视；结果是，我们经常会看到一些与良好人际关系的基本原则背道而驰的、令人困惑的想法。假设教师建立良好的人际关系基于迎合每个孩子的情感需求，使得人人满意，那么现在我们强调要以热情和宽容面对孩子，就是合情合理的。不幸的是，这个假设前提是错误的，其后果往往是灾难性的。

在民主环境中建立适当的关系，需要互相尊重和信任，以及脱离了知识、信息、能力和地位的个体差异的平等意识。一方面，对每个孩子都予以适当尊重的教师，他以尊严和友好的态度对待孩子，这样也会引导他们去接受任何社会活动所必需的秩序和规则。另一方面，教育工作者也必须尊重自己，在需要保持坚定的地方绝对不可妥协。许多温柔的教师不坚定，许多坚定的教师不温柔，许多教师温柔而坚定，但不能同时做到这两点。温柔与坚定的结合是确立良好稳定关系的唯一基础。孩子们想要尊重老师，同时也想要得到老师的尊重。平等对待每个孩子，并给他们机会去积极参与共同的学习任务，就会激发孩子们做出最大的努力。教师既可以做学生的朋友，也可以同时发挥公认的领导作用。

为了与孩子们建立正确恰当的人际关系，教师在首次会见新班学生时便要全心投入，正如孩子们会利用第一时间的接触确立自己的态度。他们会立即对教师做出评价，并知道对她有什么期待。他们会相当准确地预测出与老师之间会有多少乐趣，或者会制造多少麻烦，他们在多大程度上能敷衍了事，还是必须表现得当。教师把初见的第一小时用于本职教学工作是相当错误的。对教师来说，最好先与孩子们结识相熟，并确立自己在孩子们中的朋友和领导地位。有些教师甚至在几个月之后都不知道学生的名字。这种疏忽意味着对孩子缺乏兴趣，并拉开了师生之间的距离。对孩子的兴趣不能仅用语言表达，还必须用行动证明。对任何一个孩子说他所有受到的惩罚、批评、纠正和获得的低分都是出于对他好的目的，这并不会让孩子们信服。真正对孩子感兴趣的教师，通过几句话就能表达出来，可以是对孩子的活动、兴趣爱好以及麻烦的关心，也可以是和孩子们保持亲近。教师对每个遭受苦难的孩子抱以同情之心，是人间美好情谊的体现，同时，也避免了孩子们对教师的宽容大度提出过分的要求。

幽默是一种有效的手段，用于缓解任何不愉快或紧张的情况。通常，一种错误的体面感，或对个人威望尊严的过分关注，都会妨碍一个人展现良好的幽默感。但我们须多加注意，因为幽默很容易造成对他人的羞辱。孩子们很容易发出善意的笑声，有时教师仅仅通过改变语调就能达到目的。

如果教师认可和孩子们一起笑，她甚至能从孩子们那里学会如何去笑。在教室里压制笑声是不可取的。

然而，要成为一名卓有成效的好老师，需要的不仅仅是与学生良好的人际关系。此外，只掌握学科知识也不够。更重要的是，教师需具备将课堂变得有趣的能力。学生学习的好坏在很大程度上取决于他的学习欲望。我们可以逼迫孩子学习，但这种方法不能保证学有所成。相反，它会阻碍孩子的学习。只有通过适当的兴趣激发，才能获得孩子在活动中的充分合作。如果一门课程令人生厌，听话的孩子可能会继续努力学习，但他内心也有抗拒，这种抗拒将阻碍他在学习中充分受益。更多时候，孩子们会放弃学习，至少是暂时放弃。教师必须具备帮助孩子克服这种情绪障碍的技巧。我们不可避免都会遇到令人烦恼的学习障碍、学习枯燥乏味和分心的时刻，这些都须克服。能否坚韧地应对这些困难，取决于孩子改善和进步的愿望。如果教师留给孩子的只是艰难、不愉快或无趣的任务，那这种愿望很可能就会被遏制。许多教师把激励孩子的努力局限于让孩子承诺提升成绩。他们给孩子提出要求，希望他可能取得高分，超越别人。这种诱导可能对某些孩子有效，但对大多数孩子几乎没有效果。这种人为的刺激孩子野心的代价太高了。每个对此刺激予以回应并取得成功的孩子背后，是更多失败的孩子。

如果教师希望孩子们成长，就必须激发所有孩子对学习的真正兴趣。学习过程应该是所有孩子的愉快经历。这是以教师对自己的工作充满热情为前提的。许多教师意识到了这一点，并以某种程度的热情开始行动。但是，当教师无法激励学生取得进步，并与自己、上级或家长们期待的标准相符时，她们就会沮丧，转而给孩子们施压。

要让家长和教师都相信，压力会阻碍孩子的进步并削弱他们的学习欲望，这需要付出相当大的努力。目前，改变这种观念特别困难，因为通过施压的办法，孩子们的确获得了一些明显的成功。在没有施压的情况下，孩子可能根本不会学习，而一些学习进步是通过哄骗、强迫、威胁和严密监督实现的。这意味着教育者和孩子都要耗费太多精力，还会饱受折磨；这种方式代价太高，却收效甚微。通过激发孩子的兴趣，可以达成更多目标，而且对所有人来说都无须付出太多精力。我们可以用枪逼迫所有人行动，可一旦威胁消失，合作就此终止了。

常见的施压方式导致了许多不良的学习习惯。人们之所以保留施压的方式，只是因为人们对有效的激励方法知之甚少。一位希望在孩子的个人和学业发展上产生有利影响的教师，将避免对孩子施加任何压力，而是寻求和尝试赢得孩子、刺激孩子合作与成长的方法来达成该目标。

2.鼓　励

每个行为不端或有缺陷的孩子都是一个内心受挫的孩子。只要他对自己的能力有信心，都会用建设性的方法在群体中找到自己的位置。灰心丧气在本质上源于错误的做法。每个孩子都想做好孩子，只有在他看不到成功的机会时才会变"坏"。只要我们对孩子的养育方式使其不断受挫，孩子就会出现缺陷。过度保护与放纵以及严厉、羞辱及惩罚一样，都会产生令人气馁的结果，因为它们剥夺了孩子体验自身力量的必要权利，也剥夺了他体会自身克服困难和照顾自己的能力的机会。孩子学会了依靠别人，而不是依靠自己。批评和羞辱不会增强孩子的自信心和勇气；然而，自信和勇气恰恰是适应社会和取得学业进步的基础。它们本身就能提供一种安全感。

当今教师所接触的孩子，往往因失误的家庭养育而被摧残得缺陷重重。虽然教师应该努力消除孩子的受挫情绪，但她发现自己太容易被激怒，以致会继续采取家长们使用过的挫败孩子的方法。同时，孩子们也希望教师采取和家长同样的处理措施，这样就可以诱导她落入自己的圈套。若要抵制孩子预期的阴谋，教师就需保持耐心，多加理解，给他力量。

教师在孩子的生活中占据着至关重要的地位。除了父母之外，教师是第一个对他专门施加教育影响的人。教师也往往是第一个跟孩子强调学习和责任的人。如果教师的影响令人气馁，她可能会永久阻碍孩子在一个又一个领域中付出努力。许多人成年后仍然遭受着本不必要的缺陷，这都源于他们学校时期的最初经历——因为教师无意中让他们相信自己完全无能或部分无能。比如有些人才智出群、博览群书、见多识广，却不能正确拼写，那可能是因为当年他们的老师没能说服他们拼写正确。有些人厌恶读书，书成了他们"无能"的象征。还有些人讨厌数学，数学问题可能一直折磨着他们。对任何常规知识持有长久而强烈的厌恶感，均可能源于儿童上学时期令人沮丧的经历。教师们出于帮孩子们发展知识和智力能力的良好初心，却往往在错误的前提下发力，结果没意识到她们对孩子造成多大的伤害。

有意识地采用鼓励法，以及有效利用鼓励的知识和技能，是产生任何建设性和纠正性影响的先决条件。这对任何教师来说都义不容辞。不仅是因为这样做会避免对孩子造成伤害，还可以弥补孩子以往任何不良经历的影响。我们都知道如何打击别人；我们发现批评和蔑视他人很容易办到。但当需要鼓励他人时，我们会笨手笨脚，往往适得其反。我们不知道从哪里着手。结果，我们本想帮助某人，却诉诸于纠正法，去指出他的错误。我们理直气壮地认为，这样做都是为了他好，却没意识到这种做法为对方带来的好处远不如为我们满足自尊获得的好处多。孩子很少改变自己的行为模式，他也因此常常受到批评。然而，同样无效的做法仍在继续，部分原因是许多人不知道还能做些什么。每当我们付出努力却倍受打击后，都会去寻找一个替罪羊。所以任何不知道如何影响孩子的教师都倾向于指责孩子，而不是自己的无能。即使她试图采取鼓励的态度，结果也可能令人沮丧。告诉一个孩子："你可以做得更好"，"你可以成为一个好孩子"，"只要你……就……"显然，这些话意味着他现在并不好，如果他不能做得更好，都是他的错。这不是鼓励，也很少起什么效果。

我们很难对鼓励的方法下定义，因为一切都取决于孩子的反应。同样的话讲给两个不同的孩子，可能会鼓励其中一个孩子，而让另一个受挫。例如，肯定孩子做得有多棒，可能会增强一个孩子的自信，激发他进一步努力，而另一个人可能认为这只是一个意外，将来他再也不会做得那么好。因此，有效的鼓励需要不断观察效果，不能机械模仿。鼓励不仅仅是一种单独的行动：它表达了两个人之间全部的互动关系。鼓励和打击之间的区别很微妙。我们对一个孩子不抱任何期望或期望过高，都可能使他泄气。再次强调，鼓励"太少"或"太多"取决于孩子，只有他的反应能决定这种方法是否令他鼓舞。语音、语调的变化和无意中携带的附加含义，都可能改变一句话或一个行为的意义。同样，我们可能用心良好，所采取的方法在多种情况下是有效的，但孩子却会误解其意，效果反而会很糟糕。

鼓励他人，与其说取决于我们具体的行动，不如说取决于我们潜在的态度。这是一种非常微妙的方法，难以用言语或行动描述。它不是看一个人说了什么和做了什么，而是看他如何去说、如何去做。鼓励的目的在于增强孩子的自信。因此，它的前提是对孩子的积极评价。只有我们对孩子有信心，看到他身上的优点，才能真正鼓励他。"对孩子有信心"这个表达经常被误用于暗示我们对孩子的潜力有信心。这种观念违背了对孩子的基本尊重。**无论孩子将来做什么，我们必须对他的当下状态充满信心。**

这种信任的外在体现是对孩子温柔以待，并加以赞扬。但我们必须记住，爱和赞扬并不一定意味着信任。我们可以深爱一个孩子，但仍不相信他的能力、决心，甚至他的基本价值。因此，爱本身并不一定意味着鼓励。相反，爱通常意味着占有、过度保护和放纵，所有这些都会削弱孩子的自尊心。赞美和表扬有可能转变为一种恩宠或照顾，它暗示着屈尊的恩惠，不一定具有鼓励的效果。

尽管赞扬很必要，但我们必须谨慎使用，否则有可能导致孩子对赞扬依赖。过度使用赞扬会增加孩子的不安全感，使他们一想到无法达到他人的预期，就会感到恐惧。更重要的一点是，**孩子要意识到自己永久的价值：无论他现在做什么或在哪里失败了，他的价值都会得到教师的认可**。这种对孩子无条件的信任感不会诱导孩子忽视自己的职责或停止努力。相反，它为孩子开辟了一条为了无私的愿望而竭尽全力的大道。

就我们目前的教育体制来看，教师能做到鼓励学生并非易事。在当今竞争激烈的大环境中，没有哪个孩子能确保自己在群体中的位置。教师有必要给孩子们打分，同时有义务"展示他们的得分结果"，这些都可能促使教师以一种对孩子有害且令其受挫的方式来应对这种情况。当孩子犯了错，我们认为这是他不服从管教的结果，这种错误不可容忍，这时我们就会过分强调孩子个人的缺点和错误。结果，大把大把的时间和精力都浪费在努力弥补孩子某一个缺点上，而不是影响孩子的全部。在这种以错误为中心的努力中，孩子的错误行为模式或行为缺陷会更加根深蒂固，而接下来孩子往往难以逃脱进一步的打击。

今天，我们也许比人类历史上任何时候都更充分意识到教师对孩子担负的责任。但是，我们并没有通过鼓励的行动来表达我们的良好初心，而是选择了纵容，这种纵容并没承认孩子的权利，而仅仅是赋予了他们一种权力，纵容他们无视他人。以习惯性的放任方式对待孩子，不会让他们变得自信：他只会变成一个暴君。纵容和鼓励，两者通常被认为是相似的，而实际在效果上截然相反。

这种情况不仅让孩子们感到沮丧，也让教师们心灰意冷，因为教师虽很尽力，却被击败，于是困惑起来，对自己有效处理孩子问题的能力失去信心。一位失去信心的教师不可能成为鼓励孩子的源泉。只有当教师对自己的知识和能力抱有信心时，她才能帮助孩子克服困难。于是，她就能更清楚地看到孩子的优点和能力，也就能向孩子传达出她真实而乐观的态度。这便是鼓励。

激励是一门复杂的技巧，需要进行专门研究。对于相互打击，我们被"训练"得过于纯熟，部分原因是由于我们经常通过贬低他人来赢得自尊。很少有教师能给孩子提供真正的鼓励，尽管她们都乐意这样做。但由于教师们并不熟知鼓励过程的复杂性，她们认为做到友善和蔼就足以给孩子们提供鼓励和支持。然而，我们发现，"支持"和"威胁"这两个词经常被误解。当一个孩子确信自己很笨，而教师真诚地相信他并不笨，并告诉他"你真的一点儿也不笨"，这种做法并非是支持或鼓励，而是对孩子自我认知的威胁。我们必须首先站在孩子的视角来看这件事的本质，来帮助他改变自我认知和自我评价。孩子如何解释别人对他讲的话或别人对他做的事，理解这点非常重要。

虽然学会鼓励很复杂，且困难重重，但我们还是能做到的。只需对所有教师进行系统化训练。

3.教师和孩子之间的沟通

虽然孩子的个性、目的和态度在入学时已经完全定型，但教师必然会鼓励、激发并诱导孩子的某些反应。孩子在学校里的学业进步、行为举止，甚至与其他孩子的社交关系，部分程度上取决于教师的态度和行为。从整体情况来看，孩子的行为，无论是好是坏，都是合乎逻辑的。孩子与教师的互动方式，能真实地反映出教师对孩子的教育方式。

许多教育工作者担心，如果不"强制"孩子们服从，就会导致特权和混乱。但这种强迫孩子服从的努力是不明智的，而且带来了重重困难。孩子们只会更加叛逆，因为我们无法通过羞辱和压制获得他们的合作。教师并没意识到这一点，结果比起孩子的利益，她更热衷于自己的权威。一旦教师充满怨恨，变得沮丧、恼怒，她就不再是一个引领者和教育者了，而只是一个加入斗争的人，为自己的权利、地位、威望和优越感而斗争的人。这样教师就不可能从心理上理解孩子，或进行正确的自我评价；教师也不可能认识到她的所作所为，可能会对孩子的行为负有责任。

4.考虑群体的影响

随着社会民主模式的发展，成年人的主导地位逐渐减弱，而同龄人对孩子的重要性越来越大。过去，教师和家庭有权强制孩子遵守他们的规则，一直存在的叛逆在大多数情况下只能通过间接和微妙的形式表现出来。群体通常接受权威人士的标准，这更加强化了人们的屈服和顺从意识。如今，在民主的氛围中，我们的群体经常支持抗议行为。此外，同龄人的认可变得比成年人、家长和教师的认可更为重要。无论是在家里还是在学校，孩子都可以自由而公开表达自己的反叛之意。个人的权力再也无法约束一个桀骜不驯的孩子；因此，只能调动群体的压力，才可能达到这个目的。

只要孩子在群体环境中活动，我们就可以观察到群体对每个孩子的影响。利用群体影响孩子，不仅是一种行之有效的教育方法和纠正方式，而且对构建我们的民主氛围也必不可少。在这种氛围里，群体的权威已经取代了成年人个人的权威了。该群体就是孩子行为的现实环境。通过别人的纠正性反馈，这种环境建立并强化了孩子的生活态度和行为方式。孩子对同龄人群体具有高度的忠诚感，这会加强他们对父母和教师所规定的行为模式的反抗。

班级可能会带来很大帮助，也可能成为孩子们危险的共犯。总体来说，集结群体压力是一种强有力的方法。一些教师不了解这一点，或者她们缺乏相关技巧，来激发有利于自己教育目标的群体压力，结果导致班上的捣乱者成为群体压力的领导者。那些抵制教导、满怀叛逆和敌意的孩子有一种强大的能力，他们能有效集结群体的凝聚力，而这自然是针对教师的，尤其是教师没有发挥领导作用，且无法创设良好的教学环境时更是如此。常规教学方法出现的缺陷，往往是由于教师对群体操控不力造成的。

5.作为群体领导者的教师

教师通常认为自己的责任就是教书育人，影响孩子，以及必要时纠正个别孩子的错误。因此，她反对大班教学，因为这限制了她对每个孩子的关注度。而教师几乎没有意识到她所教的，并非碰巧坐在同一个教室中的25个、35个或50个孩子；她教的是一个班级，不管这个班级是由25个、35个还是50个孩子组成。她不经意间就成了群体的领导者。有些教师天生具有领导力，但如果想要获得教学上的成功，所有教师都需要习得这种领导力。除非她能有效地利用这个群体发挥作用，否则它就会成为障碍。无论孩子做什么，他在班上的活动方式是与其他孩子相互交往的一部分，而不完全基于他与教师的个人关系。

同时，教师需要清晰地掌握每个班级中存在的小群体，这样她就能充分理解一个捣乱的孩子为何哗众取宠，或者一个孤僻的孩子为何充满失败主义，认为自己没机会在同龄人中找到位置。若没有这种认知，教师可能会无意中强化小群体间目前的不利关系，从而无法重新调整这些小群体的结构，也就无法加强她对班级和个别孩子的影响。

如果不应用这种社会测量法，教师就不能了解班级的构成，也不清楚小群体的本质和范畴。单凭一个社交网络图，教师就可以辨别出班级的群体架构，进而通过努力来纠正和改善班级的结构。通过这种方式，教师把孤僻的孩子融入群体，而将敌对的小群体头目与其追随者分离，从而成功地削弱班级中的敌对势力，并强化积极与合作的要素。

H. H. 詹宁斯[1]指出，如果不通过社会测量手段，教师就不能认识到班级中的群体关系，并且经常会干预这些关系。不顾学生意愿错误地安排座位或分配任务，都可能破坏良好的学习环境，或使原有良好的学习条件失效。这种错误可能会导致课堂混乱，破坏班级的社交关系。

作为班级领导者，教师必须去引导并激励学生。无论教师领导的是单独的孩子还是一个群体，某些领导品质是完全一致的：如它需要教师有能力去激发孩子的学习兴趣和热情，鼓励孩子，增强孩子的自信，促进合作和激发学习动机，以及消除学习障碍。教师需要理解任何行为不端或有行为缺陷的孩子；否则，就可能强化他的错误目的。在班里，教师不仅需要识别孩子的即时目的，还需了解他在整个班的大群体或他所确认的小群体中扮演的角色。这需要教师仔细观察孩子之间的互动，从而找到孩子群体角色的线索。这便为教师提出一项任务，而她通常还没有做好准备。

---

[1] 在课堂应用群体动力这个领域，海伦·霍尔·詹宁斯进行了精湛简洁的介绍，可见于他的著述《群体关系中的社会计量学：教师工作指南》，华盛顿哥伦比亚特区美国教育委员会，1948年版。

6.课堂氛围

教师倾向于关注师生之间一对一的关系，所以她们很难认识到群体构成和群体动力的某些方面。教师必须学会如何与群体合作，而不是与之对抗。那些成功处理个别问题孩子的教师，可能会在整个班中尝试同样的方法，但最终会失望。事实上，班级群体和教师间的关系不同于教师和个别孩子间的关系。班级中的小群体通常不仅是学生个体的简单组合，它们还有自己的个性[①]。

无论教师在做什么，她都会在课堂中营造一种明确的氛围。这种氛围要么激发，要么阻碍学生的学习动力，无论哪种，它都起着决定性作用。学习动机的基础，是班级建立的规范、标准和在此基础上形成的态度。如果班级中发现一些问题有意思并且值得探究，班内的学生就会形成一种态度，这种态度会激励他们尝试去解决这些问题。如果班级中普遍存在愤世嫉俗或漠不关心的态度，那么大多数学生往往抵制主动学习。班级的进步将取决于班级标准在多大程度上允许并鼓励成员参与进来，这种程度越大，学生参与程度越高，班级进步越大。教师制定出促进全班学习的规范，这通常是一个难题。在传统的教育方法中，教师不可能在班级群体内分享她的大部分决策权力，而群体方法是全新的方法，尚未经过大规模的试验。有效运作的群体可能有着高昂的精神面貌。该精神面貌的一个重要因素就是乐观，一种认为定会产生积极的结果或成功实现目标的精神。这种精神面貌包含了整个群体的目的。对于令人满意的群体行为来说，良好的沟通、凝聚力和精神面貌既是该行为产生的原因，也是相应的结果。那些气馁、

[①] H. C. 林德格伦:《教室里的教育心理学》，纽约：约翰·威利出版公司，1956年版。

无聊、冷漠的群体会抵消教师所做的努力。每个班级和每位教师都具有自己的"气候带"。尽管这种气候带是由全体学生和教师的性格融合而成，但班级的"气候"主要是由教师促成。

库尔特·列文①在爱荷华州的男孩俱乐部做过一次实验，确立了三种"社交气候"，每种气候均由相应的领导者建立。这些领导者分为专制型、民主型或放纵型。专制型和民主型领导下的群体，都同样高效；而放纵型领导的群体没有什么产出。这应给我们教育工作者很多启发，因为许多人认为民主意味着每个人都可以获得随心所欲的自由。这些人认为，只要不再独裁，就可以实现民主。这当然是一种谬论。完全不专制，只会变成混乱的放纵，这是在所谓的先进教育中经常出现的一种错误方法。如果一个人能发挥积极的领导作用，并产生强有力的影响，他就不是专制型的。正是这种领导方式把专制型教师与民主型教师区别开来。

专制型与民主型领导的主要区别在于，当领导者不在场时，男孩们表现完全不同。民主型领导的群体，即使没有领导者在场，也可以很好地运作，孩子们离开群体后也是彼此友好。相反，专制型领导下的群体在领导者离开时，会立即开始打斗，在群体之外孩子们仍会继续混乱下去。

列文实验的另一个方面还具有重大的文化意义，不幸的是，人们对此知之甚少。当民主型的领导（教师）被要求转变为专制型领导时，到底会发生什么？其实什么都没发生。孩子们信任他，同意执行新计划，但是不久就以专制型领导下孩子们典型的方式行事了。但当一位专制型的领导突然变为民主型时，会发生什么呢？一切都失控了。孩子们用了一个多星期的时间才平静下来，才开始步入民主化的正轨。类似的情形不仅在美国，在全世界都出现过。无论是哪里的孩子，只要从专制环境转入民主环境，他

---

① 库尔特·列文，诺那德·利比特和R.K.怀特：《实验创造的"社交氛围"中的攻击行为模式》，《社会心理学杂志》第1卷，1939年10月。

们往往会变得疯狂，滥用自由。 这是因为当外部压力无法迫使他们服从时，他们还没学会如何凭借内在约束来行动。鉴于此，我们遇到的最大困难，一般出现在那些孩子曾被强力控制而现在可以随心所欲的场景中。

7.专制型领导还是民主型领导？

如果我们试着从教师所营造的"社交气候"来评价每一位教师，就可能发现我们经常观察到的一种现象——如今的教育工作者既不是专制型领导，也不是民主型领导，而是两种风格的杂糅体，他们时而倾向这种，时而又青睐那种。在民主环境中，即使是所谓最专制的教师，也不会像她在另一个时代的专制型前辈那样残酷和强硬。而许多所谓的民主型教师倾向于不实施任何管教的放任，有时候依旧会陷入传统的独裁做法中。库尔特·列文的实验需要重复进行。我们应该同时用这三种方法来训练教师，然后让他们从中选择。他们的学生也应享有选择权：当孩子们面对专制型和民主型领导时，可以选择自己喜欢哪种类型，这往往给他们留下深刻的印象。那些完全没受过民主型训练的孩子更愿意接受专制化管教，因为这是唯一能让他们不捣乱以及遇到问题障碍的方法。而许多其他孩子会意识到，民主型方式可能更合适，尽管这会赋予他们更多出于自愿的责任！老板式的管教似乎更容易办到。但要实现这一切，需要我们广泛而明确地接受和了解专制型领导和民主型领导的不同风格。事实证明，以下不同的方法在培训教师辨别专制型领导和民主型领导方面很有价值。至少它们消除了当前两者之间的模棱两可。以下列表并非绝对完整，仅供教师参考。在教师们根据所提出的方法进行实践时，还可能增加其他许多特征内容。

以下两列方法内容用于区分专制型领导者和民主型领导者：

专制型	民主型
老板（上司）	领导
语音尖锐	语音友好
命令	邀请
权力	影响
压迫	激励
要求合作	赢得合作
我告诉你应该做什么	我告诉你我要做什么
强加自己的观点	推销自己的观点
支配	引导
批评	鼓励
挑剔	认可成就
惩罚	帮助
我告诉你	讨论
我决定，你服从	我建议并帮助你做决定
老板独自负责	群体共同负责

这两列特征之间的区别是什么呢？左列表示的是来自外部的压力，而右列表示来自内部的激励，这是根本性的区别。每位有兴趣评估自己"民主指数"的教师，都能根据这些区别来检查自己采取的每项措施和使用过的每种方法。这种差异如此明显，如果你愿意的话，一定会发现的。

在这一体系中，"惩罚"显然是一种专制的权威化手段。奖励和惩罚构成了来自外部的压力，只有在专制环境下才能发挥效用，但它们是强制服从的必要手段。如今，这些手段不仅无效，而且有害。如果孩子得到了奖励，他不会感激权威人士的仁慈；因为在他看来，奖励是他享有的权利。如果不再得到新的奖励，他就不愿意做任何事情。在惩罚方面，情况就更糟了。只有对那些不需要它的孩子，或者讲理的孩子，惩罚才会有效。对于那些教师希望用惩罚来制服的孩子，他们往往对此不屑一顾，只是将惩罚视为与教师战斗中的战利品的一部分。一旦你赢了，你同时也输了，正所谓赢即是输。而这正是在我们身上发生的事情。当教师惩罚一个孩子时，他的反应是，"如果老师（或家长）有权惩罚我，我也同样有权惩罚他们。"我们的家庭和教室里充满了报复行为。大约一百年前，赫伯特·斯宾塞就指出，在民主环境中，惩罚是无效的，他还区分了惩罚和自然结果。皮亚杰通过区分惩罚的报应性正义和分配性正义对斯宾塞的理论进行了拓展。报应性正义是指惩罚；分配性正义是指现实和社会群体的权力和势力，对我们所有人都产生影响，包括成年人和儿童在内。然而，我们绝大多数家长和教师仍然期望通过一种方法产生积极良好的效果，而这种方法最多只能使我们的孩子暂时服从，并不影响他们的行为或"教"给他们任何事情。那些害怕惩罚的孩子只会对不太激烈的反对形式作出回应。因此，我们可能不得不重新评估我们当下的评价体系及其有效性。通常情况下，只有好成绩才会给孩子们留下深刻印象。成绩差对促进他们的学习很少起作用。比起让孩子们害怕成绩差和失败，其实还有更好的方法来刺激孩子们的学习。纵使这种方法能带来一定效果，也是以师生关系紧张和浪费精力为代价的。如果教师能熟练采用民主方式来激励学生，而不是要求学生必须得到更高分数，那我们就可以收获更多。

斯宾塞首先认识到，在民主氛围中，自然结果是一种更有效的选择。现在，在与家长和教师的工作中，我们建议他们应用逻辑结果还是自然结果的方法，需要非常谨慎。因为它需要具备敏锐的洞察力和技巧，从而获得有效的结果。惩罚和结果之间有着较为细微的区别。孩子很快就意识到了这一差异。自然结果展示了犯错行为产生后的即时逻辑结果，该结果不是由权威强加给他的，而是由当时的情境以及现实状况造成的。教师可以充当一个友好的旁观者角色。自然结果不是随意产生的，是不言自明的。然而，如果教师卷入了与孩子的权力斗争，就无法应用任何逻辑结果的方法了。仅仅是教师的语调就能把一个自然结果的好范例转变为惩罚性的报复。

如果教师不再认为自己应该为每个孩子的行为负责，那她的处境就不那么困难了。她能够，而且也应该与孩子们共同分担责任。除非教师能够培养一种团队合作精神，否则她总会受到班级分裂和利益冲突的阻碍，而且常常受制于"好"学生和"坏"学生、支持她的学生和反对她的学生以及先进生和落后生之间的纷争。

8.班级的团结

教师的成功，在很大程度上取决于她团结全班学生争取共同目标的能力。她的这种能力通常不仅会决定孩子们学到了什么，还会决定他们在智力和社交方面如何发展和成长。如果教师主要关心的是少数几个优秀者，或者具有"正当动机"的学生，那么，这些少数学生的成功将以大多数学生的失败为代价。只有将所有人都团结到一起，才能影响他们，并促进所有人的成长。而由于班级中现有的对立阵营，这项工作实施起来会十分困难。许多教师不是去弥合两个阵营之间的隔阂，而是故意强调这种差异，从而赢得一个群体的支持来对抗另一群体，最终两败俱伤。此时，学生们的士气低落，即使班级气氛不是相互敌对，也是不友好的。所有人的学习，甚至所谓的好学生的学习，都会受到妨碍。

我们很容易认识到班级团结的必要性；然而，对于如何才能最好实现这一点，各方意见不一。由于缺乏任何团结和凝聚团队的技能，许多教育工作者提倡分班，即将同一类学生分到一个班级，如把学得慢的学生与学得快的学生、遵规守矩的学生与捣乱的学生分开。按学习能力划分班级，虽可能有助于实现班内的平静，但这种做法具有毁灭性，它导致了等级制度的产生。那些叛逆的孩子自然成为少数群体。通过这种方式，我们的学校反而培养出了一批道德和智力上自以为是的势力精英。并且，这种分班并不能解决班级团结的问题。没有能力团结班级的教师，仍会在所谓同类班甚至高级班中遇到类似的对抗势力；如果她知道如何整合全班学生，那么即使面对高度多样化的学生群体，她也同样可以办到这一点。（参见案例61）

那教师有什么办法呢？培养共同兴趣、提高班级的精神面貌以及全班的使命感，这些都能帮助教师团结全班的学生。许多教师只要多加思考，就能让课堂更有趣。她们通常过于专注讲授教材或管控孩子，以至于忽略了孩子们的乐趣、自发性和创造力。

詹宁斯建议，建立长跨度社交链，将每个孩子彼此联系起来，从而创建出团结全班学生的步骤和方法。她建议教师找到办法将班内不同小群体建立起联系，积极培养他们的团队精神，构建各团队间的联系，协助他们之间的互动沟通；找到班级分裂的原因，以及何种课程内容有助于抵消分裂的观念。学习中的积极互动，能使团队成员实现优势互补、相得益彰，从而有助于实现更大的整体成就。

许多教师认为每个孩子都是一个独立体，要为个人负责，并根据他们的表现分配任务，将缺点视为个人问题。因此，教师对孩子的系统引导倾向于强调个人的努力，只看个人成绩的升降。教师指导孩子时，并没让他直接面对类似于社会环境中的问题，也没帮助他制定与他人共同解决问题的计划，从而发展相应的团队互助能力。这种强调独立行动的做法，会带来许多有害的影响。一个孩子越是能自学成才，他作为个体所承担的损失也就越大。

9.竞争与合作

班级内的竞争气氛会妨碍每个孩子融入集体中。在这种环境中，所有孩子对自己在群体中的位置都缺乏安全感，而安全感是群体和谐活动的先决条件。由此产生的竞争氛围在很大程度上会破坏课堂良好的团队关系，也可能破坏团队精神。它不会给每个孩子带来价值感和平等感，而是让一些孩子感到优越，而另一些孩子感到卑微。那么合作或团队工作就不可能实现。

有关合作环境中的学习行为和竞争环境中的学习行为，人们对两者之间的差异进行了广泛研究。当班内成员看到大家都在为个人的优势互相竞争时，就不太可能实现合作努力了；思想的交流、协调工作、友好关系以及团队自豪感都会逐渐减少，甚至消失。

合作是一种相当复杂的综合技能，如果存在竞争冲突，这种合作能力就很难获取或实现应用。教师可以通过群体项目来消除班级中的竞争冲突。这是一种帮助整合全班力量的重要手段，可以促进班级合作的努力。孩子参加一个群体项目时，他不是为了自私的个人目的，而是为整个群体的目标努力。他可以获得自己在班级里的位置，并享受他所做贡献的意义，即使他的贡献看起来不如同伴的贡献大。每个人都可以做出自己的重要贡献，而无须与他人进行任何对比或评价。

很多人反对我们的建议，即家长和教师应避免孩子们之间出现竞争性冲突。我们都被告知，应该在竞争努力中训练我们的孩子，因为他们将来不得不生活在一个激烈竞争的社会。这种假设是错误的。一个人越不争强好胜，就越可能在激烈的竞争中站稳脚跟。如果他满足于完成自己的工作，那么无论竞争对手可能做什么或已取得怎样的成就，都不会对他造成干扰。一个好胜心强的人，只有通过成功才能承受竞争的压力。

10.班级讨论

课堂的群体讨论是民主氛围的必要过程，具有很多方面的价值[①]。第一，它将所有孩子融入群体，因为所有孩子都参与其中，表达自己的观点，并了解他人的想法。第二，在自由讨论中，每个学生都有权表达自己的观点，并有义务倾听他人的意见，这样就培养出一种价值感和责任感。第三，孩子们与教师共同分担责任，一起寻找问题的解决方案。教师可以依靠全班同学帮她解决共性问题。

群体讨论主要有三个好处。

第一，每个人都必须学会倾听。目前情况是，没有人了解其他人的感受。教师当然不习惯倾听孩子们，尽管孩子们需要被迫听从她的教导，但他们很少知道教师的真实感受，因为她通常只展示出自己的表象，把真实的自己掩藏起来。

第二，群体讨论能帮助孩子们去了解自己以及互相了解。要做到这一点，教师必须了解孩子们的心理感受，尤其是在心理上了解他们行为背后的目的是什么。我们的群体讨论围绕孩子的行为目的展开。这就抛除了挑

---

① 怀尼肯（Wyneken）于1910年在他的著作《学校和青年文化》中写道："教师和学生都互不理解，也互不分享彼此的生活经历与兴趣。因此，就缺少了首要的也是最原始的先决条件：公开的群体讨论。没有群体讨论，学生们会在背后讨论、批评和谴责教师，在大多数学校都有类似的情况。学生们会随意谈论，不加任何控制，言论也不成熟，缺乏任何责任感。一旦学校规定学生们可以公开表达观点时，这种谈论就会销声匿迹。这样，校园内就能形成一种舆论，抵消原来的责骂和批评。只有当整个学生群体都能表达自己、得到倾听，并提高自我意识时，这种新型舆论才能发展下去。"他的话放在今天，和当时一样具有革命性意义。

剔、说教和评判，而所有这些都违背了自由讨论的精神。一开始，教师可以点出一个孩子的问题，但不要提及他的名字。很快这个孩子就会主动站出来，表明自己的身份。孩子们对这样的讨论非常感兴趣，很快就开始提出个人问题和相关问题了。他们会自愿说明自己是如何试图寻求关注、展示权力、进行报复或落魄放弃的，尽管在讨论之前，他们可能还没有意识到自己在做些什么。

第三，课堂讨论致力于激励孩子们互相帮助。尽管教师有其权威和优越性，但她不再承担"指导者"角色。孩子们互相帮助，以此找到更好的解决方法。这样，群体讨论就把全班转变为一个有凝聚力的团体。孩子们会感受到他们在多大程度上有共同之处。竞争氛围被相互同情和帮助的氛围所取代。之前被轻蔑、被嘲讽的对象，如今成了寻求帮助的挑战者。那些在社交和学术上取得成功的幸运儿，如今不再沉浸于自己卓越的荣耀中了，而是意识到自己为他人服务的责任。

这样的讨论会给孩子表达疑虑的机会，帮助孩子们澄清自己对学校、老师以及家庭成员的态度。他在家里与兄弟姐妹们的相处以及竞争关系，在这里可能会以一种全新的视角呈现。他对自己能力的错误质疑，以及对他人的误解，都可能在群体讨论中变得显而易见。

这样，在改变行为方面，群体讨论比单独指导更为有效。与说教或单独指导相比，群体讨论中的言行对个人行为产生的影响更大。孩子们互相学习，从彼此身上学到的东西要超过教师的说教。在许多情况下，尤其是处理年龄较大、更叛逆的学生时，群体讨论是接触他们的唯一途径。班级讨论甚至可以阻止犯罪倾向。群体讨论反映出这些孩子行为活动的价值观，而这些价值观是与成年人社会的价值观相对立的。而价值观只能在一个群体中发生改变，因为每个群体都是价值形成的载体。通过这种方式，在其他学生的帮助下，教师就可以把班级每个成员的想法和价值观带到讨论中，让大家一起仔细审视和重新思考。然而，教师必须严禁说教，并阻止其他孩子的道德说教和羞辱，才能做到这一点。

几乎没有哪位教师从不与学生进行讨论。但那些讨论大多针对班级项目或捣乱行为，对教师理解学生或促进学生的进步几乎没有任何影响。大多数教师采用这样的"讨论"形式，只是为了发表自己的想法、解释和说教，并得到班上学生的认可。还有一些教师则以一种完全自由、无序的方式组织讨论，每个孩子都随心所欲地表达想法，没有起到任何领导作用。因此，随之而来的自然是混乱，教师不得不施加其领导力，最终成为专制型领导。

群体讨论的领导，需要具有很大程度的自信、自发性和内心自由。这些品质使教师能无所畏惧地发挥自己的作用，而不必担心自己的威望，也不必怀疑孩子们会说什么。在教师和孩子们调查出问题的原因之前，教师先不要急于寻找解决方案，这一点很重要。保持讨论的活跃度并引发学生提出新观点，有一个好方法是问"你们对此有何看法？"然后，孩子们会大胆地说出有关原因以及可能的解决方案。这就让教师有机会去追踪那些更有利于解决方案的评论。

所有教师都可以放心地尝试群体讨论。因为这种讨论是有保障的。只要教师运用自己的常识，引导孩子们自由地表达自己的想法，并且只针对可能的目的而不是行为的原因进行心理学阐释，就是完全有保障的。有些心理学阐释可能是错误的，但不会造成太大危害。建立群体的精神面貌、提供群体归属感，将困难视为相互理解和改进的项目，而不是嘲讽轻蔑的对象，其有益效果远远超过了任何可能带来的伤害。

显然，没有人人平等参与的群体讨论，好学生与坏学生、先进生与落后生、听话的学生与叛逆的学生之间的差距，就无法弥合，也就无法形成一个团结的班集体。

11.民主课堂组织

民主氛围并不意味着通常意义上的混乱和放任。民主型群体需要秩序和纪律；但它的秩序不是通过某一个主导的成年人用自己的权威建立起来的。

在民主发展的进程中，人们享受到一种平等感，而我们的孩子越来越不受成年人的支配。他们的确获得了自由，但还没学会完全为自己承担责任。这种责任感的缺乏在我们的家庭和学校中经常上演，主要原因在于所有的责任仍然落在作为家长和教师的成年人身上，他们不知道如何引导孩子们自由但负责地朝着民主生活方向发展。在专制社会中，自由和秩序互不相容；在民主环境中，我们既需要自由，也需要秩序，否则就会陷入混乱。这就需要教师采取新方法，学生也需要在更大程度上进行自我管理。

有人提出这样一个问题：学生有没有权力决定他们是否去学习，以及他们学习什么内容。不幸的是，让他们自行决定的做法是否明智已不再是个问题；他们已经能够自行做出这个决定了，我们也无法强迫一个不愿意学习的学生去学习。

我们大大低估了孩子所具备的能力、智力和责任感。既然我们不再能支配他们，就必须在与其共同进行的所有活动中成为他们的平等伙伴，赢得他们的配合。不能只由教师或她在班中的支持者们进行计划和决策。那些叛逆的孩子，也就是当下和社会及学校管理部门所设定的教育目标相对抗的孩子，我们必须将之纳入进来。为了我们共同的目标以及所有人和全社会的利益，教育工作者需要具备领导力，将当下青少年群体中的敌对分子也团结起来。

我们可以寄希望于孩子们，让他们开展有效的群体活动。但这需要教师信任学生们的决定；而反过来，学生也要学会互相信任和相信成年人。学生们可以参与规划既符合课程要求又符合自身需求的活动。无论任何年龄段的孩子，只要他们知道自己得到了教师的尊重、合作与支持，就可以在所有学校项目中开展创造性工作。我们有很多学生共同制定课程内容、教学方法和学校管理方案，这种例子很多。

关键的一点是，学校内所有班级以及班内的每位成员，都有机会参与整个教育过程的规划。许多学校体制中都设有学生会；但他们的活动通常受到限制，且大多被要求去惩罚违反成年人标准的行为，与民主的原则背道而驰。如果涉及参与课程规划，学生会也往往只针对非常小型的课外活动。通常被排除在学生会代表之外的学生，要么对教育过程漠不关心，要么公然反对学校的教育体制。而这些学生更具有参与规划的价值，若没有他们的积极参与，学校和社区在实现其教育目标时，都会受到严重的阻碍。

学校可以在很大程度上帮助缩小孩子和成年人之间现存的差距。他们可以建立一个论坛，让学生、教师和家长定期会面，商讨他们的共同问题。他们可以学会倾听和理解彼此，从而达成共识以解决问题。通过这种方式，孩子们甚至可以帮助解决社区问题，前提是他们有机会表达自己的观点，并得到学校及社区的尊重。

如果年轻一代在我们的学校和社会中没有得到体面的位置，他们获取独立和主张平等权利的决心，很可能会以对社会毫无用处、往往令人极为反感甚至有害的方式表现出来。

本章要点回顾（最触动您的文字有）：

第二部分
实践应用

第五章 鼓 励

　　第一部分概述的心理学原理既可以在一般情境中应用，也可以用于具体案例。有些原理适用于任何情形；而另一些原理则需针对具体情况或个别的孩子，就其个性及面对的困难予以分析与评估。鼓励是所有纠正方法中的必然要求与手段。诚然，无论何时我们想要寻求改善，都可以而且一定要普遍地采用鼓励。然而，鼓励也是一种具体的纠正方法，适用于完全受挫的行为失调的孩子（目标四）。因此，鼓励可以被视为一种既普遍又具体的方法。

　　普遍适用的方法和针对特定情况设计的方法之间的典型差异，就是它们的应用效果不同。只有该方法能满足具体情形或特定的孩子的需求时，才能带来持久的效果；而普遍的方法会营造出更加良好的氛围，从而促进相互合作。从这种意义上讲，鼓励会帮助每个孩子；对完全受挫（追求目标四）的孩子来说，鼓励会产生持久的效果。

　　教师要善于鼓励，应像她们给予孩子的善意和温暖一样，无处不在。教师能轻易地表达善意，学生们也能充分体会到，然而，鼓励的特点却不像善意那样广为人知或被充分理解，因而我们需要对鼓励的技巧进行特别的讨论和试验。本章和本书其余部分的案例都来自印第安纳州大学以及西北大学的学生提交给教师的课堂作业。学员将基于这些案例进行课堂讨论，并分析其中的教学方法，在接下来的章节中会不时引用这些案例讨论。为了对参加培训的这些学员做出明确区分，其中大多数学员本身是实习教师，我们在这里统称为师范学员。

案例1

弗雷德正在参加一个视力矫正课（他有视力障碍），同时每天和五年级学生一起来上我的科学课。第一学年初，尤其是第一学期的大部分时间里，弗雷德感觉自己无法像班上其他人那样完成作业，他似乎备受打击，以致做什么事都无动于衷。当我把笔记本发给全班同学时，他告诉我，视力矫正老师不希望他在本子上书写。别人读科学书的时候，弗雷德要么盯着插图发呆，要么连书都不翻开。学生分组做着实验，并展示给全班同学看。而他显然对这些内容也不感兴趣。

我没有强迫弗雷德尽快参加课堂活动，而是留给他一个选择权，以便他想参加时，就能随时加入进来。渐渐地，弗雷德开始表现出想要参与活动的迹象。他开始在教室做一些他力所能及的事情，并突然对科学课产生了兴趣。我对此十分满意，并对他的帮助表达了感激之情。有一天，他和我说视力矫正教师认为他现在可以书写了，于是向我要一个笔记本。从那以后，弗雷德开始写下实验记录，似乎为自己能够做和其他人同样的事情感到自豪。现在，当我布置了阅读任务后，他恳请我能否让班上的某个男生为他朗读，因为他的视力障碍使他很难阅读印刷体的书。据他的视力矫正老师讲，弗雷德对科学课十分感兴趣，他总会谈论很多有关科学课的事情，并且正积累着一些宝贵的经验。

案例分析

弗雷德所承受的打击是双重的：由于视力问题，他怀疑自己能否完成作业；同时，由于自己与他人不同，他有种自卑感和被冷落的感觉。他的老师显然成功地传递给弗雷德受欢迎的感觉。这里,教师忽视了他的缺陷,没有对之加以强调。人们往往很难做到不去注意孩子的缺陷,甚至被其激怒。鼓励这种做法,在本案例中起了至关重要的作用。这是教师成功做到的第一点。教师尽量不去关注弗雷德的缺陷,于是就为弗雷德找到了一种班级的归属感。随着他对课堂的事情越来越感兴趣,也就开始积极参与起了课堂活动。教师在此又一次表现出了明智的克制,她没有强迫弗雷德怎么做,而是让他以自己的节奏前行。而只有在他做出第一个决定性的举动后,她才给出了充分的积极回应。在回应中,有一个值得注意的微妙细节。教师不仅很满意,还对弗雷德表达了"感激"。这种放低姿态、心存谦逊以及和蔼友好的态度,在报告的字里行间表现得淋漓尽致。这可能是促使弗雷德参与活动的一个重要因素。弗雷德在科学课上的经历,已经超越了学习科学知识本身;尽管有视力缺陷,他学会对课堂产生归属感。因此,这是弗雷德迈出的重要一步,使其开始适应正常人的世界。

案例2

我遇到二年级班上的一个男生,他拖着步子垂头丧气地去吃午饭。

"P老师,"他说,"我想我永远学不会阅读了。"

"是什么让你觉得自己永远都学不会呢?"我问道。

"我想我只是太笨了。"

我打开文件抽屉,拿出一个大文件夹,里面有男孩的相关记录。我说:"约翰尼,我肯定你一点儿都不笨。当你第一次来到这所学校时,老师让你回答了很多问题。你回答得都非常棒,所以,我知道你并不笨。"

案例分析

这是一个很正面的例子，这位教师敏锐地觉察出男孩的主要问题（自卑），还竭尽全力拿出令他信服的证据，证明他不是笨孩子。这种方法必然带来良好的效果。

案例3

玛丽，八岁，智商106，她在一、二年级的阅读成绩都不突出，没有什么进步。玛丽在上课期间很专心，也善于合作，但当她做课堂作业时，就开始显得无助。教师认为她之所以没有获得阅读方面的进步，是因为她的阅读基础较为薄弱。有一次，玛丽做手工作业时急哭了。她哭着说，其他孩子都能做出这件工艺品，只有自己不能。最后，别人给了她一些帮助，她才完成了任务。

案例分析

玛丽完成她的手工艺品，是在哭泣之后，并通过别人的帮助才完成。**这是一种不恰当的帮助，属于特殊照顾，不是鼓励。**

但后来，一种更具建设性的方法取代了这种错误的方式。

这次的任务是，我让孩子们用彩纸剪出英文字母，拼成一首小诗，并为该诗画一幅插图。我观察到，玛丽两次请坐在后面的女孩帮忙，为她剪下字母。之后，我又给了玛丽两张纸，告诉她我相信她可以剪出好看的字母，并希望她为我也剪一个字母做图表用。很快，玛丽就剪下了两个字母，她很高兴，还自豪地把为我剪的那个字母放在了我的桌子上。

案例分析

　　这是一个予以适当鼓励的好例子。这位教师通过鼓励玛丽，使她克服了不自信，不再依赖他人。教师没有责怪她，而是让玛丽为自己做些事，这无形增加了这项任务的吸引力，并激励着玛丽完成任务。

　　在第二次情形中，教师的努力最重要的意义在于，当玛丽请另一个女孩为自己完成任务的不当行为出现时，**这位教师没有责备她，因为责备只会使她更加沮丧，而是鼓励她，激发玛丽进一步利用想象力做出更多的努力。**

案例4

　　汤米，七岁，是个左撇子。刚开学时，他的书写潦草，他在纸上乱写乱画。我告诉他，左撇子写字也会十分棒，我相信他已经学会如何写字了。有一天，我让他在黑板上誊写一份作业，来看看目前他的书写进展如何。果然，他的书写有了很大改善。今天，我把他叫到讲台前，让他把自己的作业从写字板中读出来。他写得相当漂亮，写字板也整洁有序，而我从没有给他任何书写方面的指导。

案例分析

　　本案例中，教师的鼓励方法计划周密，执行得效果良好。汤米需要的只是鼓励。显然，一开始他已经放弃了写好字的希望。任何额外的指导"只会让他进一步灰心"。很多教师可能会禁不住向他展示如何正确书写，并在他写得一团糟时纠正他的错误。然而，这位教师计划周密，他首先尝试不去打击汤米，告诉他左撇子也可以成为优秀的书写者；然后，通过让他在黑板上书写，给他能写好的信心；最后教师给了汤米一个机会，让他在全班面前展示自己的这项成就，以此加强他的信心。

案例5

约瑟夫每周至少迟到三次。当班里竞选新的班干部时，我注意到约瑟夫举手了——他想成为捎纸条的管理员。我同意他做这个职务。他的职责是，把纸条从学校办公室带给第一堂课的教师。到目前为止，他还没有迟到过。

案例分析

在本案例中，教师没有向孩子说出任何鼓励性话语。尽管如此，教师仍旧给约瑟夫提供了捎纸条的管理员这个职位和机会，使他在恰恰做得差劲的领域发挥作用。这个职务使他肩负起按时到校的责任，这对他来说至关重要。教师并没有去探究任何有关他迟到的心理原因，而是抓住了一个好机会，抵消任何致使男孩不愿按时上学的因素。很明显，责骂和惩罚只会对他造成更大的伤害。而仅仅忽视孩子的迟到行为也不会有任何帮助。教师无条件地交给约瑟夫这份职务，也没提醒他有关职务的义务。**她只是对他表示了足够的信任，而他用行动证明了自己的价值。这就是鼓励。**

案例6

罗伯特，高年级学生，在簿记课上遇到了困难。他无法算出几列数字之和。我曾见过罗伯特在他父亲经营的商店里使用加法计算器，知道他会操作。于是，我在学校课堂上引入了计算器，允许学生们用其协助计算。罗伯特是班里唯一知道怎样使用计算器的学生，所以我请他帮助其他学生操作。后来，他在数列计算方面取得了很大进步，书写也更加整洁。罗伯特在该课中落后于他的同学，他自己也很清楚这点。但这次计算器的操作以及教其他同学使用计算器的经历，让他有机会向全班同学展示自己的重要性。罗伯特由此产生的自豪感不断增强，激励着他在课堂上不断提升整体效率。

案例分析

罗伯特变不利为有利。他非但没有被原来的缺陷影响，反而提高了学习效率，还变得更加自信。

案例7

雷，六年级学生，经常在学校操场上打架斗殴。有一次，雷狠狠地揍了一顿罗尼，这个班上最受欢迎的男孩之一。罗尼哭着来找我，只见他胸口有一大片抓痕。我擦干了他的眼泪，并处理了他的伤口。之后我们讨论了雷之所以在校园如此好斗的原因。经过讨论，我们认为雷可能觉得其他男生都不喜欢他，因为他们从没有选过雷在任何一场游戏中担任组长。罗尼同意和其他男生谈谈，说服他们要对雷态度友好一点。

一周之后，我们班选举新的班级委员，雷被选为财务管理员，职责包括收取午餐费，将餐费交给午餐室主管，并统计当天需要热餐的人数。

全班的鼓励使雷变得与众不同。他已经好几个星期没有参与任何打斗了。他对课堂作业开始充满兴趣，甚至比他这一整年表现出的兴趣总和都要大。在班级讨论中，他真诚而积极地努力参与，希望献言献策。最重要的是，其他同学对他更尊重了，当他做了值得称赞的事情，会得到不止一个人的夸赞。他第一次完成数学作业时，全班同学大吃一惊，甚至为他鼓掌叫好。雷似乎并没有因为掌声感到尴尬；他似乎还很喜欢这种感觉。

案例分析

教师的做法不仅成功地鼓励了雷，而且还由此产生了一系列的链式反应。

赢得班上最受欢迎者的支持是个绝佳的主意。最重要的是，此案例再次表明，如果教师抓住机会，可以变不利为有利。在罗尼遭受殴打和羞辱的时候，教师请罗尼帮忙，并成功地得到了他的帮助。**教师本可能禁不住去保护好学生，惩罚坏学生，而这样做只会加剧全班同学对雷的敌意**，教师抓住了这个机会，唤起了罗尼对雷的同情心。雷转而成为班里的财务管理员，他显然在这个常见的班级岗位上执行得很不错。我们可以猜想，通过教师真诚的态度和不断的鼓励，她在正确的方向上为全班施加了积极影响，不仅改善了雷的行为，也充分激发了其他孩子友好的社交态度。

案例8

罗伯特来自一个糟糕的家庭。他家在学校对面的街边，孩子们在校园就可以看到他家破碎的窗户、不平整的庭院和屋里的脏乱。这家人名声很差，因不诚实而臭名远扬，罗伯特的几个哥哥都进过劳教所。这一切都使罗伯特感到他与全班格格不入。他没有尝试过与同学们交往，也没参与过课堂朗诵或其他课堂活动。有时他甚至会欺负年龄小的孩子。

我开始试图想办法去激发罗伯特的自信，并且让大家改变对他的看法。我不由地想到了一个办法。一天点名时，我问罗伯特："你姐姐在哪里教书？"他的几个同学不禁抬起头来开始好奇。罗伯特也表现出了一丝兴奋和激动。

从那天开始，一种微妙的变化发生了。罗伯特开始努力背诵了。偶尔，同学还会邀请他加入课堂的自由讨论。随着时间的推移，他课堂的出勤和参与度都有所提高。

案例分析

我们可以肯定，并不是这一单一事件引起了罗伯特的这种变化。让他发生改变的是教师利用一切机会来表达对他的尊重，这可能是他以往从未经历过的。**尊重才是真正的鼓励。**

案例9

丹尼，八岁男孩，智商一般，仍在读一年级。他曾经是个不遵守课堂纪律的孩子。他会恃强凌弱、说脏话、注意力不集中，他能阅读，但还不够好，没有得到多大提高。他曾经转过几次学，在每所学校上学的时间都不长。加之家里人经常生病，使他还没来得及适应就又转学了，这也是他经常缺勤的原因。

为了鼓励丹尼，我告诉孩子们，在我很忙碌的时候，无论谁需要帮助，都可以向丹尼求助。我向孩子们解释了丹尼的家庭背景，这样大家就能理解他为何还在读一年级。我还让丹尼负责一些阅读小组，请他帮助阅读能力较差的同学。丹尼似乎对自己的新角色充满热情，孩子们也开始尊重他了。最重要的是，丹尼克服了自己的纪律问题，他犯错越来越少。我让他承担了很多责任，这种责任感使他产生了归属感，让他感觉自己是班级重要的一员。

案例分析

要看清被羞辱的这个男孩公然挑衅行为背后的原因，需要同理心和理解力。这个例子的意义在于，教师能够发现丹尼的优势：他的年龄和身高，以及可能由于学习环境的不断变化而具备的适应能力，而丹尼以前只以消极的方式看待这种经验。教师并没冒太大风险给丹尼分配过多任务，而只是让他负责阅读小组；即使丹尼的行为没有得到改善，也不会对其他孩子产生多少负面影响。但这次教师给丹尼的职责，确实产生了一定的效果，这种新角色有效抵消了丹尼内心的社交自卑感，这种大家都能理解的自卑感。

案例10

莱纳德，五年级男孩，总是焦躁不安，似乎对什么都不感兴趣。有一天他来找我，想尝试一个只限于六年级学生的项目。可这种项目对他来说太难了，我没同意，莱纳德就垂头丧气地离开了。这时，我把他叫回办公室，告诉他我改变了主意，决定让他试试。

他想做一条拉带；在他开始尝试的前两个小时，只犯了一个错误。我称赞他做得很棒，并告诉他我为他骄傲。在接下来时间里，他一直坚持做，十分投入，完成了将近四分之三的工作。

第二天，莱纳德在课间拿着目前完成的拉带到办公室来找我。我看到后，告诉他这件作品做得太漂亮了，如果按时完成，就能在圣诞节把它当作礼物送给校长了。就在这时,他的班主任走进来,抓起他的头发把他拽出了办公室,告诉他不许再来我的办公室打扰我,也不要再在课堂上做拉带,因为这个项目太难了。

我不明白,班主任为什么如此反对莱纳德做拉带呢?要知道,做拉带后,莱纳德在课堂上变得十分安静——正如班主任后来告诉我的那样——他并没有像往常那样在教室里乱跑了。事实上,后来班主任承认,她对莱纳德完全无能为力。

不管怎样,25分钟后在课间休息时,莱纳德又回到我的办公室找我,给我看他那根完成的拉带,拉带做得精致而漂亮。我表扬了他,告诉他可以把它作为礼物送给校长了。莱纳德说:"嗯,F老师,我喜欢你。如果从现在起,我在课堂上保持安静,你能给我点东西让我做手工给妈妈吗?"我从来没有向他强调,要做好这些手工必须保持安静,但从那以后,他在课堂上一直非常听话。

案例分析

通常情况下,适当采用心理学方法的教师会与比较保守的道德主义教师产生冲突。这个案例表明,班主任对孩子没有信任,她的错误做法并不一定会破坏这位教师具有建设性意义的努力。一个教师的鼓励态度,可以抵消许多人仍然对孩子持有的不信任感和孩子由此产生的沮丧感。

实际上,在此案例中,这位教师做了什么呢?一个表现明显不好的男孩想做一些他力所不能及的事情,教师很敏锐地观察到了这点,明白这个没有突出成绩的孩子的迫切需求——取得成就,于是给了男孩这个机会。她不断对男孩加以赞赏,支持男孩的决定,并在充满敌意的班主任面前站在了男孩一边。莱纳德感觉到了老师对他的信任,并成功地达到了老师的期望。

案例11

一位教师给我们举了如何使用报告卡对孩子进行鼓励的例子。在每个案例中，她都注意到，孩子在原本不足的地方均得到了改善。报告卡中，她给孩子的评语一直是真实的，但她没有强调孩子们的不足之处。

第一张报告卡上写着："威廉很受同学们的欢迎。他被选为班长，本职工作做得很出色。同时他还被选为学生代表加入了学生会。他在'未来教师俱乐部'参与了讨论，对自己想成为一名教师，给出了充分的理由。威廉学习十分努力。我希望他能尽快参与另一个阅读小组。"

背景：事实上，威廉的智商只有75，阅读水平落后于同龄人三年。在报告卡中，我并没提到他在学习或别人背诵时经常大声说话的毛病。

第二张报告卡："多萝西在学校是个小帮手，她在午餐室帮忙，并协助检查工作。她非常擅长在讲台前背诗。我为她在教室里能克服自己的羞怯感到骄傲。多萝西对别人很友好，交了很多朋友。她也帮了我不少忙。她擅长阅读，在算术方面也在提升。"

背景：多萝西十四岁，智商60。她有过两个继母，还曾在收容所里待过。她现在和姨妈住在一起，一个社会组织建议她把多萝西安置到州政府的低能儿童福利院。我和她的姨妈表明，我不相信智商测试，希望能让多萝西在我的班里至少再待上一个学期。她的姨妈答应了。多萝西现在读四年级的课程，会算一位数加法。

第三张报告卡："玛杰的所有科目成绩都很出色，均超过年级平均水平。

通过担任教师办公室助理，玛杰在与人交往方面积累了大量宝贵的经验。她总是有求必应。"

背景：玛杰，六年级，智商113，阅读能力9.7，词汇能力10.3，算术能力7.6。玛杰很成熟，但从未承担过任何职务，也很少主动争取机会。当她负责女生巡逻活动时，她组织失利了。尽管如此，我仍希望在她报告卡上所陈述的一切都是真实的，并能鼓励到她。

案例分析

这种报告卡的评述方式可能受到一些人的质疑。如果不指出一个孩子的缺点，那他能取得进步吗？一张表面"优秀"的成绩报告会不会欺骗父母，让他们误以为孩子在校一切都好呢（而实际并非如此）？当然，如果成绩报告上含有虚假评语，那将是令人反感的。

但是，这位教师在她的报告单中提到的优点的确是真实的。那么，以下方面才是最重要的：孩子能在哪方面做好，他取得的进步如何？在报告中强调孩子的缺点并不会有助于他们改掉缺点。**缺点不能成就一个人，只有发挥优势，才能让人成长起来**。提高自信心会促进人各方面的全面改善，并且定然有助于改掉缺点。孩子的改善可能并不明显，甚至不够。但是，仅在报告卡中强调孩子的缺点并不能解决问题，更何况父母还可能对他施加压力。当孩子已经很沮丧，报告卡中的批评更不利于孩子的进步。

案例12

我用表情符号——笑脸和皱眉脸——来给学生评分。成绩较差的学生看到这种评分，不会像以前得到D或F那样沮丧和抗拒。他们会微笑，甚至向同桌展示他们收到的表情成绩。以前，那些成绩差的学生经常把自己的试卷藏起来，感到十分灰心。

案例分析

以上两个例子说明，我们能充分利用想象力，采用不同的打分评价方式给学生以鼓舞。

案例13

乔，十二岁男孩，智商102，阅读水平只有4.1。智商和阅读水平之间的差异表明，乔过去接受的阅读指导可能很糟糕，或者在一年级时没有按时完成课堂作业，因此在阅读方面比较落后。

开学后第一周，我试图通过直接的口头鼓励激励他参加课堂和小组阅读活动。但这种方法失败了，他在课堂上只是坐着，什么也不做。

第二周，我和去年教过乔的老师讲了讲乔的表现，发现乔以前也是这样，他不积极参加任何课堂活动，虽然他有能力完成课堂作业，但从来不做。

在接下来的两周里，我没有督促他做功课，只是让他坐在那里，想做什么就做什么。

经过两周的无所事事，乔终于在课间来找我，询问是否可以在教室后面的图书角读一些课外读物。我告诉乔，这取决于他，如果他愿意的话，他既可以在桌子旁边阅读，也可以继续什么都不做，因为这对我来说没有任何区别。最后，乔决定去图书角读书。

在孩子们复习完每个故事的词汇之后，要编写一个话剧。在他们成功编完话剧后，要在全班同学面前表演出来，同时还为学校同一教学楼的另一个一年级阅读小组表演。他们表演很成功，因而大家备受鼓舞，因为他们的努力没有白费，得到了其他小组的认可。

我相信通过上述教学过程，我实现了两个目标。第一，给孩子们一个正当的理由去复习以前的读物；第二，他们同时感到自己的阅读卓有成效，甚至能完成特殊的表演。

案例分析

这位教师运用想象力，使枯燥的学习任务变得有趣；更重要的是，教师让学习过程发挥了有益的作用。通过这种方式，她避免了在补习阅读学习中经常掉入的陷阱：无聊、缺乏动力、无用性等。学习可以是有趣的，而且应该永远如此。

本章要点回顾（最触动您的文字有）：

第六章　自然结果

让孩子承担不端行为的自然结果，不需要进行任何调查，也无须了解孩子的不当行为或缺陷产生的心理原因。对事件进行适当的评估，并发挥足够的智慧，就能表明特定情况下的自然结果；这些自然结果会给孩子们留下这样的印象：如继续不服从、无视秩序以及其他形式的不合作，就会产生不良后果。自然结果法不是纠正孩子行为影响的唯一方式；许多不端行为在本质上都不适合采用自然结果。然而，在一位训练有素、足智多谋的教师的掌控中，自然结果就能适用于多种情况。

对许多教师来说，理解自然结果中的动力学因素似乎比理解鼓励机制更为困难。这种困难反映在稍后讲到的一些师范学员提供的例子中。很明显，许多人把鼓励和奖励混为一谈；同样，许多人往往也会混淆自然结果和惩罚。鼓励不同于奖励，尽管表扬可以作为鼓励的一种手段，但表扬可能表现出奖励的某些特征。但鼓励比奖励的意义更深远；当孩子失败时，鼓励能表达出对孩子的信心和信任。

同样，教师允许自然结果发生，在某些方面可能与惩罚相似。但这种相似性只是表面的；仔细观察后，会发现这种行为没有惩罚的报复特质，如果运用得当，它也不会强调教师的个人权力和优越感，相反，强调权力和优越感的往往是惩罚的突出特点。自然结果体现的是社会秩序的力量，而不是个人的权力。虽然教师应当对正在发生的事情负责，但她并不代表强大的权威，而是影响所有人的社会秩序的行使代表。

案例16

确保操场上活动的安全问题，对我来说一直是一项重要的原则。学期初，在把一年级学生带到操场玩之前，我会就操场活动的安全问题与学生进行简短而生动的讨论。我们会讨论操场上孩子们可以玩的器材，可以活动的区域（我们有三个操场），最重要的是，可以玩的物品或玩具。对这些问题讨论之后，我会强调不能玩棍子、枪、玻璃或扔石头。然后，我要求孩子们列出大家一起制定的规则清单，并制定违反规则的惩罚措施。他们决定其他人在操场上玩时，惩罚"违反规则的淘气孩子"待在教室，并坐在自己的座位上，持续一个星期之久。大家都同意这种规定，我们也都遵循这些规定，顺利完成了一学期的操场活动，唯一一次意外是一个学生摔倒而擦伤了膝盖，目前还没有其他安全问题发生。

案例分析

整个方法中部分是积极的。教师一开始就做得很正确。首先，她激发了孩子们的兴趣，并赢得了他们的合作。她明确说明了这些规则存在的原因，并表示她完全准备好要坚守这些规则。这可能是她有效实施该方法的原因。但当她试图执行自然结果时，她失败了，因为她还不太熟悉自然结果的内在动力和应用步骤。让孩子们决定该如何对待那些违反规则的孩子，这也许是个好方法。但孩子们尚未接受民主方法方面的训练；他们会像长辈一样，变得专制独裁。孩子们对教师问题的回答，也为教师提供了一个绝佳的机会，借此可以让他们深刻认识到需要相互尊重，也需要更民主的方式来维持秩序。但这位教师似乎并不反对把不遵守规则的孩子称为"淘气"的孩子，因此她错过了一个机会，那就是告诉孩子们，有时大家都可能会出现淘气的行为，但世界上根本没有"淘气"的孩子。我们不必为此惩罚他们，而是应该帮助他们学会如何表现得更好。

在这种情况下，如何才能实现这一目标呢？一旦一个孩子违反了规则，他自然就必须离开操场，因为他显然还没有学会如何在操场上遵守规则；但第二天或下一次——应该再给他一次机会。如果他继续表现不好，有可能还要多等一天才能和其他孩子玩耍。如果他仍然不遵守规则，他可能不得不被惩罚离开整整一个星期。教师本来可以告诉孩子们，"但我们可以很肯定的是，你们每个人都能很快学会，这样我们就不会错过太多。"

这就是自然结果的精神实质。"让淘气的孩子坐在座位上一周"的决定是惩罚，是一种纯粹的报复。"你做错了，我会让你看看坏孩子的结局是什么。"这同样是一种惩罚，并不会因为所有孩子都一致同意这种措施而改变事情的本质。

能分清惩罚和自然结果之间的微妙区别至关重要。使用自然结果的方法可以在不羞辱孩子的情况下仍维持秩序。它对孩子的影响要更为深远，因为它并不意味着妥协，因此不会在孩子心中激发出潜在的敌意，如果孩子受到了羞辱，他就会伺机进行报复。

案例17

厄尼是一名一年级学生，大家都关注他时，他才最快乐。从上学的第一天起，他就坐在椅子上来回摇晃——通常是在向后倾斜到快摔倒之前，他就晃了回来，不会摔倒。老师指出了这种动作的危险，但厄尼继续摇椅子。有一天，厄尼摇得太厉害了，他重重地摔倒在地。他爬起来，揉了揉身子，又静静地坐了下来。孩子们没有注意到他，老师带着孩子们继续阅读活动，似乎也没有注意到他。

我相信这是一种自然结果，因为厄尼承受了自己行为的后果。此外，他的摇椅子行为也没有得到全班同学的任何关注。目前，厄尼只把椅子当座位，再也不当作"健身器材"了。

案例分析

厄尼最终的摔倒是一种自然结果，但老师对此做不了什么。幸好她并没在意这件事；如果她沉溺于对厄尼的说教，或用其他形式转移厄尼对自己行为后果的注意力，自然结果就不会发生。

但教师本可以早点儿使用自然结果的方法，但她并没有这样做。她其实不需要向厄尼指出他这种活动的危害性，因为他心知肚明。教师本可以采取另一种自然结果的行动，友好地建议厄尼，如果他不正确使用椅子，就会把他的椅子搬走。

就可能涉及危险的自然结果而言，教师的处境远不如家长有利。母亲们可以在教师们做不到的情况下做新的尝试。因此，让一个孩子，尤其是一年级的孩子，摇晃他的椅子直到摔倒的自然结果发生，是不可取的；谨慎的做法是提前介入，并安排另一个"自然"结果的发生，也就是——将椅子搬走。然而，我们必须以友好的方式提出这种建议，否则就意味着对孩子的惩罚性报复。

案例18

几周前，教室里有个男孩不停地离开座位，靠在课桌上，半站半趴着做作业。他好几次都是这样做功课。最后我问他学习时是想站着还是坐着。

其实，他喜欢哪种方式对我来说没有多大关系。男孩说他更喜欢站着学习。我向他解释说，如果是这样，他就不需要座位了，因此我们可以把椅子从教室挪走，结果在那天的其余时间里，这个男孩就一直站着。

第二天，在上课之前，我问这个男孩是想站着还是坐着。这次他说更喜欢坐着。对他半坐半站着的问题，我们之后再没有为此为难过了。

案例分析

这是一个很好的正确执行自然结果的例子。**每天给男孩一个选择，让他决定自己喜欢哪个，这种方式是恰当的。**

案例19

艾米是个独生女。她的母亲花了很多时间和精力培养她，尽力为她提供所有可能进行自我提升的机会。在她一年级9月份开学时，艾米和她的母亲来找我，要求每周五提前一小时离开学校去上舞蹈课。我解释说，学校的政策无法满足这种要求，因为如果给予所有孩子这种特殊待遇，会使学生、老师和学校都很为难。艾米的母亲承认这项政策是明智的，但仍然认为艾米应该得到特别许可，因为她是一名优秀的舞蹈者，对舞蹈十分感兴趣。由于我没有让步，她来找校长解决，最后得到了校长的特许。

这学年末的一段时间，碰巧在连续三个周五，我们全班都组织派对，表演节目，并观看电影。第三周，艾米和她的母亲又来找我，要求改变电影播放的时间，这样艾米就不会错过了。我说这完全不可能，因为如果这样做，就会给之后几个教室的安排带来不便。于是，她们决定这周五不上舞蹈课。我对她们讲，既然当初你们已经决定，对艾米来说，周五最后一个小时参加舞蹈培训比留在学校参加活动更有价值,所以你们还必须遵守这个决定,无论学校有何特殊的活动,都不能让艾米选择最吸引她的活动。

案例分析

　　这个例子展示了教师如何试图对孩子和母亲施加影响。该例很有趣,因为它表明了区分报复性惩罚和自然结果的难度。有些人可能认为这是"纯粹而简单的报复行为",并认为教师如能平静地接受这种改变的要求,会使她更优雅从容,教学也更有效。其他人可能会觉得教师坚定而平静地采用了自然结果法,并可能对母女都产生有益的影响——教师仅需不妥协于不正当要求,就可以据当时形势和既定秩序自然地解决问题。毕竟是这位母亲决心让孩子用上课时间去练舞蹈的。教师所做的,只是坚持之前母亲和学校之间的协议。但这位教师这么做,有没有可能是因她记恨这位母亲曾无视她的决定,从校长那里得到了与之相悖的特许呢?

案例20

　　课间休息后,吉米总是晚些回到教室。这种情况已经发生过好几次了,结果他错过了老师讲解课堂作业的时间,而老师一上课就要布置作业。我告诉吉米,如果老师因为你只是想多玩一会儿,而多花全班同学的时间再讲一遍作业,这对其他孩子来说是不公平的。

　　等到下次吉米又迟到了,我没有给他解释作业是什么;结果,他就无法完成作业。当他询问要做什么作业时,我告诉他等其他同学都放学离开后再给他讲解。于是,他不得不在放学前完成作业。这之后他再也没迟到过。

案例分析

这是一个极好的采用自然结果的例子,它反映了自然结果与惩罚之间的差异。教师只是拒绝在上课期间为这个男孩提供特殊的帮助和照顾,所以男孩不得不调整自己的行为以适应新情境的变化。并且,他事先知道结果会怎样,况且教师也警告过他,所以之后发生的事情完全取决于自己。

案例21

以下有关自然结果的例子听起来十分大胆,这是第一位师范学员提交的报告,讲述了他在教学中的经历。但是,其他师范学员也进行过同样的尝试,结果仍然没变。下面就是具体经过:

我有一个七年级的班,由22名学习能力较差的学生组成。有一天,这些学生格外聒噪不安,每次在我开始讲课时,其中几个男生就肆无忌惮地大声说话。最终,我讲道:"我要去图书馆读一本好书。你们准备好上课的时候,再到图书馆找我吧。"我坐在图书馆看着书,心中有些疑虑,在想如果他们一直不来找我,接下来要怎么办。然而,大概八分钟后,两个面色严肃的孩子代表全班走了进来,对我说:"我们已经准备好了——如果您愿意回教室。"之后,每当班内某些人又吵吵闹闹,我就会表现出不满的神色,就会有人对那些吵闹的学生说:"你们当心点儿,别再吵了,否则我们的老师就又要走了。"这个经验证明很有帮助。

有一天,我对我那些六年级的学生讲,如果他们再不安静下来,我们就不上艺术课了。然而,班里的聊天仍在继续,于是,我离开了教室,并告诉学生们，等他们准备好上艺术课时来找我。我一离开，整个教室就立刻安静下来，于是他们来请我回去。那天，我们上的艺术课效果很好。

上课铃响了，但是学生们仍在聊天。我站在全班同学面前，强调已经上课了，请他们安静下来。然后，聊天仍在继续。我依然等待他们安静下来。就这样过了大约一分钟，我宣布，"我不打算教这样一个喧闹的班级。"我拿起公文包，准备离开教室，走之前，我对他们说："你们准备好上课时，就来告诉我。我在隔壁办公室。"于是，我离开了教室，来到隔壁的教师办公室。三四分钟之后，两个男生来找我，说全班都准备好上课了。在我走进教室的那一刻，教室鸦雀无声。学生们如此安静，以致我难以板着面孔了。

当时，我们在教室里准备进行下一个活动。我感觉我已经给这群四年级的孩子足够的时间去整理材料，为下一个活动做准备。我站在黑板前，准备介绍新任务。通常情况下，仅是站着等待就已经暗示让他们安静下来，但他们仍喋喋不休。我用一把本是用来指示的教尺使劲敲打黑板，可他们还继续聊。我更用力地敲着黑板，并说："我猜，你们班不想继续上课了。我本准备为你们上阅读课的，可是很显然，你们不需要老师。我想我还是去隔壁办公室坐会儿吧。你们准备好上课时，再派人来叫我，我会很乐意回来。"

我在办公室坐了一两分钟后，一个叫安的学生走进来，告诉我全班同学都准备好要上课了，他们希望我回去。我直接通过衣帽间走进教室，没有走正门，教室里鸦雀无声，安静得几乎能听到钉子落地的声音！（看着这群孩子天使般的表情，我几乎忍俊不禁。）

案例分析

　　这种方法实则很有威力，可我们不能频繁采用，并且通过其他有效方式就能解决的小问题不要诉诸这种方法。使用该方法之前，预先对班级形势进行评估才是明智的。如果班里已存在很多反抗的学生，或者与教师为敌的领导力量较为强大，那教师就一定要谨慎了，需要确保班级大部分学生都站在自己这边。如果保证大家基本都支持教师，那不妨试试这个做法[①]。

案例22

　　汤姆，五岁，读一年级。他是一个聪明、机灵的男孩，要求得到别人的很多关注。一天早上，他戴着帽子、手套，穿着外套和靴子走进了教室，加入小组讨论，准备开始上课活动。（孩子们在大厅里有储物柜，上课前需脱掉外套等衣服放在那里。）我要求他到储物柜那里把外衣挂起来。第二天，在科学课期间，我们讨论了穿衣问题，并讨论了为什么要在室内脱掉外套等问题（汤姆给出了在室内脱掉外衣的很多理由）。然而，接下来三天他依然"全副武装"来上课，每次都要我提醒他去储物柜脱外衣。第五次，他仍这么做，这次我什么也没说，只是让他继续穿着外套。大约一个小时后，他浑身不舒服，想去储物柜脱掉外套。我告诉他，必须等到下课时才能去，当时距下课还有40多分钟。从那以后，他再也没穿着外套来上课了。

[①] 有趣的是，我们班上的师范学员都不反对这种做法，甚至有几个学员在第一位学员汇报后就尝试了这种方法。相比之下，我与几位同事讨论此做法的时候，他们对此做法的可行性表示严重怀疑，尤其是在没有事先与校长核实的情况下。他们一想到如果教师不被学生请回会发生的可能性，就感到惊诧害怕，据说这种情况曾发生过。坦率地讲，我并不同意他们的担忧和害怕，而做то谨慎还是情理之中的。这种方法在很大程度上似乎取决于教师的自信。有些教师可能取得成功，而其他教师很可能不敢做，即使做了也会失败。

案例分析

教师把汤姆的行为目的解释为寻求过分关注，这是正确的；总是要等到有人告诉他，他才去做应该做的事。（如果汤姆的目的是争取权力和反抗教师，那他就不会这么快服从教师的安排了。）

教师在汤姆违规的时候没有过多说教，而是在第二天恰当的时间对之进行了班级讨论，这种做法同样是正确的。然而，如果教师真的认为汤姆不知道该怎么处理他的衣服，以及为什么脱掉外套，那她就错了。很明显，他一开始就知道进教室前脱外套的所有理由，但这一点并不能阻止他仍旧犯错。

最终的解决方案非常好。如果教师一开始就知道如何在孩子寻求过分关注时有效应对，她就可能不必等到第五次才考虑使用自然结果法。然而，即使等到她找到合适的方法再去行动，也比通过责骂、说教、威胁等错误的方式做出回应要好得多。这种情况还有很多其他适用的自然结果，比如等所有人都准备好了才开始上课；要求汤姆脱掉外套后再进教室——这与要求他出去"脱掉外衣"不同。教师似乎找到了最有效的方法之一，因为它根本不需浪费口舌；如果条件允许，这种做法总是可取的。

案例23

我是一名小学体育老师（教四、五、六年级）。第一学期我组织了几个体育小队，第二学期打算再多组织一些小队。我认为制定规则很明智：即只有参加常规训练的学生，才能参加学校的预定赛，而无论学生的体育能力如何。

在足球赛季，好几个优秀球员引起了别人的关注：他们没有参加常规训练，竟大摇大摆地想要上场参赛。作为一名教练，即使这些优秀的球员没有参加训练，不允许他们参赛也是于心不忍的，况且，不允许优秀的球员参赛，对球队的士气、名气和声望也是不利的。但是，根据预先制定的规则，我们最终还是决定由参加训练的男生上场，而那些优秀球员只能沦落到坐在看台观赛，在那里他们满腹牢骚和抱怨。本赛季的最终成绩并没预期那么好，但我想我成功做到了确立规则。现在，又到了篮球赛季，我再也没遇到过之前的麻烦，球员们每周都乖乖地来参加常规训练了。

案例分析

这位教练很容易就会心软，转而屈服于那几个优秀球员，这样就打破了既定的秩序。但教练的做法是正确的；他没有走捷径，结果收获很大。维持秩序太宝贵了，不能为了权宜之计而违反它。有时自然结果对孩子和教师来说，都很难接受。责备、说教或惩罚可能更容易做到。但结果表明，保持耐心甚至牺牲眼前利益，通过实践去建立和维持既定的秩序，都是非常值得的。只有这样，才能获得孩子们真正而长久的合作。通过威胁和压迫实现的服从意味着屈服，在大多数情况下都不能维持太久。

案例24

一名初中生拒绝写当天的英语作文，我告诉他第二天再补交，否则就不要来上课。第二天，我要求他读一下写好的作文，他带来一份，并朗读给大家听。这篇作文写的是有关师生分歧的事情，在作文的对话中，学生把老师称为"一头老母牛"。很明显，这个学生指的是我。一读完作文，他就准备离开教室，以为无论如何我都会把他赶出教室。但我只是请他坐下，因为他已经完成了要求写的作文。

这件事之后，这个学生对我的态度以及上课的态度都发生了改变。他不仅成了一个好学生，还成了我的好朋友——他的一个姐姐告诉我，说他的弟弟曾向她坦白，说他为自己的所作所为感到羞愧。

案例分析

故事的结尾及其良好的效果，在一定程度上模糊了自然结果的相关因素。教师本人认为这份报告是一个"预料到学生的期望，然后做与之相反的行为"的例子，在这点上她是对的，也是她报告中最令人印象深刻的部分。这个例子很好地表明，这种方法是我们在不知该如何行动时可采用的技巧之一。

然而，特意将这个例子放在这里，是因为它展示了自然结果的一个重要内涵。在本事件中，最初问题是学生拒绝带他的书面作文来。在这种情况下，教师应用了自然结果法。"不带来你的作业，明天就不要来上课"，这是一个很好的方法，这个学生服从了要求，但并非没有反击。教师明显能猜到的原则是，如果想让孩子对自己行为的自然结果产生深刻的印象，就不要陷入某些细枝末节而偏离原本问题。如果你想让学生明白带来作业的必要性，那么此时其他任何问题都不重要；否则，你会让孩子用其他问题转移注意力，以致完全忽视了原本问题。这位教师没有被学生带偏，而是公开宣称她对这次作业很满意，因为——毕竟——他把作业带来了。这种拒绝被拖进其他问题的做法，结合"做与孩子期望事情相反的行为"的原则，使该方法变得十分有效。

案例25

在四年级的课堂上,我正组织学生背诵课文,坐在一起的南希和维奥拉则用手语悄悄交谈。我只是朝两人的方向看去,试图吸引她们的注意,但她们实在太忙于聊天了,根本没看到我。最后,我说:"南希和维奥拉,你们似乎有重要的事情要对彼此说,都来不及等到下课了。你们两个可以到大厅去,告诉对方你们想说什么。等说完了,你们就可以回来了。"

当她们往外走时,维奥拉说:"我没说话。"我说:"我知道你没说话,但你的手在讲话。"

两个孩子走了出去,但几分钟后又回来了,开始加入我们的口语讨论。放学后,维奥拉来找我,问我第二天是否愿意为她换个座位。我答应了她。

案例分析

这一情景包含了许多要点。教师没有说不必要的话。起初,她试图通过盯着两个女孩来制止她们的交谈。有时遇到这种情况,只需点下名字就够了,就可能使她们停下来,至少安静一段时间。但是,教师认为应该再多加干预——她做到了,并很好地使用了自然结果法。更重要的是,这位教师成功地让孩子们明白了后面的逻辑关系,也没因孩子提出关于"讲没讲话"的问题而被带偏。

整个事件只花了几分钟:孩子们回到教室,一切问题都解决了。面对眼前突然出现的捣乱行为,这种平和而镇定的处理方式,对行为背后真正的起因也能产生有利影响。这种解决方式还能刺激孩子解决潜在的新问题。在整个事件中,教师态度坚定,同时友好和蔼、善解人意。

案例26

彼得在算术课上不断搞小动作。我对他说:"要么你现在做卷子,要么放学后留下来做。"彼得没说话,继续搞小动作,浪费时间,东瞅瞅西望望。下课后,彼得交了试卷,他只做了一道题,而且就连这道题也做错了。我告诉他,放学后他必须留下来完成试卷才能回家。他什么也没说。放学后,我把彼得的试卷还给他,让他继续做题。他说自己不能留下来,必须回家去。"对不起,你知道你必须完成试卷,"我告诉他。"但我必须回家,"他坚持说。"你一做完试卷,就可以马上离开。"彼得把卷子拿到座位上,过了一分钟,他大哭起来。"我了解你的感受,彼得;我也想回家,但工作还没完成,我也必须待在这里,完成后才能回。"彼得继续哭。但我注意到,他会不时抬起头来看着我。过了一段时间,他不再哭了,在较短的时间内完成了试卷,而且只做错了一道题。

案例分析

放学后让孩子补做作业的自然结果是众所周知的,单凭这点无须讨论。然而,这一事件值得思考的是,有一刻教师把原本让男孩轻易认为是惩罚的行为,变成了真正的自然结果,即教师讲到理解他的感受,认为自己与他有同样的想法:她也想回家,但必须先完成工作。这是关键时刻的关键话语。**这些话解除了她权威的地位,建立了同时制约她和男孩的平等秩序。**这些话表现了教师的谦逊,但完全没有削弱她的坚定立场。

这个例子还展示了学生放学留校后和教师发展的关系,这种关系可能不同于学生在学校上课期间与教师之间的关系。一个笑话能很好地阐明这点:放学后,约翰尼被留下来完成他的作业。他表现得非常温顺,举止得体，老师大为惊讶，对他的出色表现评论道："我不明白，为什么在课堂上你那么顽劣、调皮，惹人生气。现在你却如此友好、让人喜欢，还那么配合。"男孩抬起头对老师说："我正好对您也有一样的看法。"

案例27

下面这个有关自然结果的例子阐述了一个有趣的、还可能引人争议的做法。

在我的数学课上，学生们总会相互求助，不仅在日常练习时，甚至在考试中也互相讨论。有一天，我告诉他们，就我看来，求助并没什么问题；然而，如果两个人能算出正确答案，每个人都只能得一半的分数。那天，一些孩子立刻停止了这种行为；另一些孩子非要在实践后看看这对他们的成绩到底有何影响，才会放弃这一做法。

案例分析

这个例子会引起任何坚持传统观念的教师的反对，即如果考试不能独立完成，就不能得分。然而，正是教师们对这个基本问题抱有的非传统态度，才让这个例子变得有趣。

该例中，真正的问题是作弊。在这一点上，教师的立场非常鲜明。她意识到互助本身并没问题。学生们喜欢互相帮助。有些教师对此完全不赞成，有些教师会忽视这一点，但还有些教师可能接受。在任何秩序井然的课堂上，互助精神都是不可避免的。在竞争环境中，这种互助行为受到抑制；而在孩子们联合对抗教师的课堂上，这种互助精神反而加剧。在考试时，孩子们间的关系不会因此突然发生改变。任何大谈荣誉、惩罚的威胁，都不会改变这一事实。因此，只要权威的教师试图通过惩罚的方式，将自己的意志强加给本就不情愿且经常叛逆的孩子，考试作弊必然出现。一些人认为，考试作弊是走向犯罪的第一步。事实上，这是可以理解的，也是人之常情。如果教师能够不小题大做，就能有效地应对作弊的问题。

从这个角度来看，这个例子很有意义。这位教师没有摆出一副在道义上愤慨的姿态，她既不厌恶，也不愤怒——相反，她甚至明确表示，就她看来，"这没有什么错"。她认为，如果需要两个人一起合作才能得到正确答案，那每个人只能得一半的分数，这并不是愤怒的教师的一种报复：这句话对当时情况的轻描淡写，反而增加了近乎幽默的感觉。虽然50分是一个不及格的分数，但和没有单独完成而不予评分的做法相比，这个做法更符合逻辑。对付作弊的可悲之处在于人们常用的惩罚。

如果考试有意义——的确有些人对其价值和必要性存在着些许怀疑——那么让考试作弊的后果不变成惩罚性后果，而是自然结果，似乎才是明智的做法。从这个意义上讲，这个例子给我们提供了有益的理念。

本章要点回顾(最触动您的文字有):

第七章　理解孩子的生活方式

教师接受心理培训有两个目的。首先，教师必须学会理解孩子的直接目的，也就是孩子行为背后的动机。这是有效应对孩子的挑战，并对之进行纠正的基本前提。如果不了解孩子行为背后的目的，教师就会不知不觉地受制于孩子的目的，反而强化教师试图遏制的孩子的行为倾向。然而，对于训练有素的教师来说，孩子的直接目的十分明显，甚至通过观察就可以确定。

心理培训的第二个目的更为复杂，即教师理解孩子的生活方式的能力，也就是了解孩子的基本生活观和行为倾向。清晰地理解孩子的生活方式，需要的不仅仅是准确的细致观察；教师还必须有能力获得有关孩子的成长经历、家庭成员构成、与父母及兄弟姐妹的关系、接受过的教育培训等诸如此类的详细信息。这些都需要教师进行大量的准备工作和相关培训，以及不总能在课堂上进行的、复杂的探索过程。

以下是采用这些方法的示例，训练有素的调查人员能够借此确定孩子的生活方式和目的。其中的访谈及跟进活动由指导教师在全班师范学员面前进行，作为示范。

案例28

鲍勃，七岁，与他的母亲和老师一起接受此次访谈。母亲在接受访谈时，孩子通常被安排在访谈室外；但在这个案例中，我们决定让鲍勃坐在访谈室后面，以便在母亲和老师讨论他的问题时观察他的反应。

母亲提供了孩子的相关背景如下：家中有两个孩子，鲍勃是老大；弟弟迪克比他小几岁。鲍勃9个月时学会了走路，一岁开始讲话，16个月时开始训练如厕。然而，他的语言能力完全没有发展，但身体发育正常。只有在极少数情况下，他才能说出几个字，大部分时间通过动作表达自己的想法。

除此缺陷外，他适应能力较好。他吃饭没有什么问题，可仍然不能自己穿衣。只要和语言表达无关，他都能很好地完成，他看起来是个快乐的孩子。老师在报告中提到，鲍勃很合作，但他似乎总听不到别人说的话，也根本不会开口回复。老师认为他没有学过阅读，因为他不能通过语言表达自己的意思，于是让他重读一年级。老师还认为他听力有缺陷，因为在叫他名字的时候，他也经常充耳不闻。母亲同意老师的看法，因为母亲喊他去吃饭时，他经常听不见。

鲍勃已经被送到语言治疗师那里接受治疗，治疗师也认为鲍勃在语言表达和听力上有生理缺陷。

鲍勃的弟弟迪克是个独立、善谈的孩子，也从不轻易服从。他经常哭喊抱怨，很容易就哭起来。鲍勃有时激怒他，当他感到沮丧或无法表达出想要的东西时，就会发脾气。

目前，还没能对鲍勃做出明确的诊断，尽管显而易见的是，鲍勃利用自己表达能力的不足要求得到特殊的照顾。显然，母亲代劳了两个孩子本就力所能及的事情，当鲍勃已经能自己穿衣时，母亲仍然帮他穿衣。鲍勃不可能只是偶尔听不见；之前的检查没有任何病理性发现，这也证明了之前的假设，即鲍勃只是有情绪障碍而非生理缺陷。也要向鲍勃的老师指出，她不应仅因为鲍勃不能用语言表达而认定他不能阅读。其他方法也可以测试他的阅读能力，例如简单的书面请求等方式；但很明显，老师并没有进行此类测试。

母亲和老师离开访谈室后，我们要求鲍勃走到访谈室前面来。周围一些师范学员在别人讨论他时对他的面部表情进行了观察，之后进行了汇报。鲍勃似乎对讨论很感兴趣。当要求他走到前面时，他静静地坐在那里，好像什么也没听见。当我们再三邀请他，并让他了解了现在的大概情况时，他开始局促不安，用一只手捂住脸，这样就可以露出另一只眼睛，不会错过周围发生的事情。远距离讨论仍在继续，我们向师范学员解释了他的行为属于假装没听见，以便能够对抗来自我们的压力。他开始微笑，这是典型的"再认反射"。随后，其中一个学员试图把他带到前面。此时，鲍勃强烈反抗，努力挣脱，最后反抗无效后不得不被带到了访谈室前面。因而，我们之前的诊断不证自明。

当鲍勃坐在采访者旁边的椅子时，他平静了下来，并开始"合作"。他以"是"或"否"的手势或耸肩的方式回答了他愿意回答的所有问题。大多数时间，他都半掩着脸。接着进行了一场相当激烈的讨论，他没有用语言表达。除此之外，他不知道长大后想成为什么样的人（耸耸肩），他也拒绝回答是否想要长大。然后，我们与小组讨论了这一问题，鲍勃在一边听着。也许他不想长大，只是想得到别人的照顾？他没有回应，但显然不喜欢这个问题。每当我们问他是否喜欢母亲、父亲、兄弟或是老师时，他都会摇头。不管这是一时冲动的回复还是事实，他都表示不喜欢任何人。当被问及他是否能够阅读时，他没有明确表示"是"或"否"，而是做出了手势，可以解释为他不想对此发表任何意见。然后我们问他是否想知道为什么用手捂住脸和眼睛，他使劲地摇了摇头，表明他不想知道。尽管他的回答是否定的，但我们还是讨论了这个问题。有人指出，或许他在等有人把他的手从脸上挪开，或许他还想表示他想做让自己高兴的事情，而他甚至不想来这里。这时，他立刻把手挪开了，表示他承认了我们的假设。

然后他的母亲和老师走了进来。她们一进来，鲍勃又马上用手遮住了脸，于是母亲立即把鲍勃的双手拿开（这里是母亲对他希望得到的特殊请求做出的回应）。

我们向鲍勃母亲和老师解释了鲍勃的行为表现以及他不爱讲话的原因。他不仅希望得到关注和特殊照顾，而且拒绝所有权威人士的要求。他以消极的方式颐指气使。典型的行为是他拒绝被带到访谈室前面时的挣扎以及用手捂住脸。我们解释说，他一岁半时弟弟的出生夺取了他作为老大的宝座，但他成功地保住了母亲的关注和服务。他没有公开对抗这位权威的母亲，而是以消极的方式对抗。通过拒绝说话，他不仅战胜了母亲的权力和压力，还获得了母亲的特殊照顾。事实上，他并不像看上去那么配合。他显然明白我们所说的一切，如果他愿意，他可以讲话讲得很好。

母亲和老师对此解释都持怀疑态度，老师甚至比母亲的反应更强烈。母亲不敢相信，顺从、配合的儿子会试图打败她，老师确信鲍勃的听力有问题，他真的不会说话。

我们为鲍勃母亲提出了明确的建议。例如不应该重复讲过的话，不应该多次叫他来吃饭。她不应该认为宝贝听不明白。相反，她应该和两个孩子一起玩耍，并向他们表示爱意。当鲍勃发脾气时，她应该离开房间。同样，我们要求老师也应该认为鲍勃"好像"能听懂她的讲话，如果他没做到，也不要大惊小怪。

两周后，鲍勃的母亲和老师回来了。她们不再怀疑。母亲已经意识到鲍勃要求的特殊照顾如此之多。她拒绝为鲍勃代劳了，于是，鲍勃能自己穿衣并照顾自己。母亲吃饭时只喊他一次，他没来就错过了一顿饭。这次之后，再叫他吃饭时，鲍勃每次都"听到"母亲在叫他了。几天后，鲍勃的表弟来访，母亲听到他们在楼上大声说话，畅所欲言，鲍勃认为没人会听到他们的讲话。她终于相信了我们向她解释的心理原因。从那以后，她能够做到对鲍勃的命令和示意视而不见。几周后，鲍勃几乎能正常讲话了。

案例分析

本章其余部分包含一系列简短报告，由师范学员在学习孩子的生活方式时提供。每个案例都会提出一个问题，附带一些背景资料、案例分析以及纠正建议。由于初学者对心理探究方法的掌握程度自然不如之前接受过培训的学员，因此这些报告的深度参差不齐。

案例研究讨论在培训课堂上进行，师范学员们围绕对孩子的行为进行心理学阐释的正确与否、信息充分与否、对个体孩子进行可靠评估的相关数据是否缺失展开讨论，如果没有这些数据，就不可能对单个孩子进行有效的评估。有些初始报告后来成为本书第十一章所探讨的研究项目的主题。

这些案例研究显示了信息不完整和不准确的各个阶段。它们不用于对孩子的最终分析，而是用于澄清潜在的动态过程及其相关问题。换句话说，它们仅仅是为了教学目的。我们并非从临床视角去推断或尝试任何案例中所采用的纠正方法是否正确。所有举出的案例都是对新理念的尝试和努力，必须进行重点讨论。

由于这些方法基于许多人可能不熟悉的理论假设，以下讨论的一个方面需要予以澄清。那就是，师范学员在采用新方法时，对孩子的背景和过去经历所掌握的信息并不完整，只能通过尽可能合理的推断来努力弥补未知信息造成的空白。我们只能通过猜测，但我们的猜测并非简单的直觉：它们都基于某些科学前提。

正如我们所理解的，人的行为以目的为导向，而个人的"特质"并不隐藏于人格之中，而是表现于个人行为及与他人的互动中。因此，关于孩子的性格，尤其是每篇行为报告，都不仅仅体现孩子是怎样的人，或表明他在做什么。任何事情都不会凭空发生。每个人的性格特征都是他在家里与家人的互动关系，以及他在课堂上与教师和同学的互动关系的体现。出于这个原因，我们可以想象在很多情况下孩子在家里和学校里的互动对象。提供报告的师范学员可能并没提供任何有关孩子的背景资料，但我们可以从报告信息中猜测各种可能性。我们不能确定猜测的准确性，因为我们并没有对这些案例进行后续的跟进研究，因而我们永远不能确定猜测的准确与否。但是正如阿德勒所说，"朝着正确的方向猜测"是促进相互理解的一个复杂环节和重要手段。在实践中，我们可以而且已经通过任何能获得的额外信息验证了这些猜测的准确性。在人为设置的教学环境中，我们必须对没有经实际情况检测的各个既定因素抱有满意的态度。因此，我们的结论只能是推断出来的。然而，据我们的经验，如果情况允许进一步探索，我们的"猜测"往往能经得起实际验证。

如果我们将孩子的性格与行为特征视为他与别人互动的表现，那我们就能推断出以下这些典型案例，如某个孩子兄弟姐妹的性格、父母对待孩子的方式以及其他类似的情况。一个孩子爱笑，并展现出相当的魅力，则证明爱笑在他的家里同样适用。无论教师是否掌握了相关信息，我们都可以相当肯定，这个孩子的重要家庭成员会对孩子给予互动和反馈。如果孩子没有在家里体验过亲情和学会表达爱，他不可能学会对别人产生这样的情感回应。根据对孩子的描述，我们得出的结论可以帮我们推断别人所不知道的信息，或者否定学员之前的推断。

基于此点，在每个案例中我们的猜测和假设是否正确，相对来说并不重要。错误的猜测总比完全不猜强。人们总是可以纠正错误的猜测；但如果不做任何猜测，则无法得到更好的理解。最重要的是，师范学员要让自己熟悉这种思考和探索的方式。**他必须学会将孩子视为一个整体，而不是一个孤立的个体**。我们强调进一步探索孩子身边的人，以及孩子与他们之间的互动，正是为了这个目的。

案例29

汤姆，十岁，因精神极易紧张，并患有严重的语言障碍，被选为研究对象。

案例分析

选择这样的孩子进行研究需要相当大的勇气。紧张情绪和严重的语言缺陷都会对心理学分析造成严重的障碍；对这类孩子进行心理分析时，需要细心钻研以及高超的技巧。这份报告来自一位参与培训的初学学员，尽管她有硕士学位，但她尚未精通心理学方法。

（采访对象包括学校护士、校医、他的老师、同学、父母和学校心理咨询师）

案例分析

这位师范学员对汤姆的相关情况进行了全面细致的调查。她查寻了所有的相关信息。她是否准备好获取相关数据了呢？

学校护士对汤姆进行了体检，发现他双眼视力正常，但体重略轻。

案例分析

在此案例中，视力正常没有什么显著意义。如果师范学员提供了所有重要数据，则包含此类细枝末节可能还不会引发异议。但是，从一个简短的报告中，我们期待获得什么信息呢？师范学员必须记住报告中每条信息都要相对重要。如果做不到重点突出,她最终得到的大量信息几乎没有价值,或者根本没有任何意义,反而遗漏了那些本应了解的信息。

校医表示,汤姆基本健康状况良好。他患有支气管哮喘和鼻塞。医生建议,他不应该承受过多压力。汤姆的母亲说,他正在接受过敏专科医师的治疗,每周看两次。她还说汤姆的食欲一般,他有许多不喜欢吃的食物。

案例分析

这里有一些重要信息:汤姆患有支气管哮喘和过敏症。这种情况表明汤姆家人可能存在敏感现象。在这种情况下,护士提到他体重偏轻,以及母亲说他不喜欢很多食物,这些信息都变得很重要。他喜欢什么,不喜欢什么,这对我们的研究至关重要;他可能无法忍受自己不喜欢的东西。他过去,直到现在都有饮食问题。这一事实体现出母子关系的特点。

汤姆一家生活在一个普通社区的六居室公寓里。门前的草坪修剪齐整,家里非常整洁。地板上是洁白无瑕的地毯。然而,从这所房子的外观来看,这个家并不是为了舒适和快乐而设计,而似乎只是为了让汤姆的母亲(R夫人)引以为傲,因为她能保持家里的干净整洁和完美无瑕。

案例分析

从心理学角度讲,这里又提供了大量无关紧要的信息。如果学员只用上述段落的最后一句中的印象就足够了:这位母亲争强好胜,可能是个完美主义者。这对理解孩子很重要。

父亲受雇于钢铁厂,母亲是一名秘书。汤姆8个月大时,母亲就去上班了。她意识到汤姆情绪紧张，且有口吃问题。她还注意到汤姆吃饭时不能安静坐着；他不停地动来动去。

案例分析

到目前为止，这是我们得到的了解汤姆的第一条重要线索。我们知道，汤姆吃饭有严重的问题：他不吃应该吃的东西，他的烦躁不安在吃饭时表现得尤为明显，显然，这种不安是汤姆反抗行为的部分表现，可能主要是和母亲作对。他对吃饭的厌恶以及他的焦躁不安可能有着相同的目的：以一种消极的方式反抗母亲，而不是公开反抗，同时让母亲一直为他忙碌而焦虑。

母亲说，她很担心这些孩子。而父亲认为，是妻子不停对孩子们大喊大叫，才惹恼孩子们。她解释说，她试图给孩子们提供一切物质条件。但当她下班回家时，她很疲惫，孩子们总会"让她焦躁"。

案例分析

到这里，我们对汤姆整个家庭状况已有了深入了解。首先，这位母亲本身就是"神经质式"的人；孩子们让她焦虑，使她不安。难道是汤姆模仿了她的行为吗？母亲是一个积极抗争的斗士；但她并不公开抗争，而是假借关心的名义展现出来。她自认为，她的喊叫是为了孩子们好。她可能没有意识到她在和家里每个人进行激烈的斗争，反倒认为家里人都在与她为敌。她和丈夫的看法完全相左。可以想象，当她自认为努力为孩子们付出一切而不被丈夫认同时，她会感到多么不公平。

汤姆是老二，他有一个哥哥。

案例分析

不幸的是，这位学员没有谈及更多有关他哥哥的信息。这可能是理解汤姆的关键人物。我们想知道他的哥哥多大，最重要的是，他是个什么样的男孩。通常情况下，每个家庭的老大和老二在性格上都非常不同，家庭的竞争氛围越浓，老大和老二的性格越是不一样。我们可以想象汤姆的哥哥是什么样的人。汤姆表现为弱者，因此他的哥哥很可能很独立，也很"强势"。汤姆以消极的方式与母亲作对；而他的哥哥则可能公开反抗母亲。所有这些信息都很重要。哥哥与汤姆的关系，对汤姆的成长意义重大。

汤姆似乎和同龄人相处得很好。在同龄人面前，他似乎很放松，能够轻松地与其他孩子交谈和玩耍。他的问题似乎出现在他与成年人的关系上。母亲不允许他的朋友们来家里玩，因为"他们会把家搞得乱糟糟"，而且太吵了。

案例分析

这里我们看到汤姆良好的社会适应能力。他是一个好孩子——可能和他的母亲一样，被人们称为"优秀的人"。与同龄人在一起，汤姆是平等的；他对同龄人没有特殊的要求。但很显然，他很难与"长辈"（母亲）相处。这种优越感可能是成年人的典型特征，和长辈相处，会让他很紧张。他可能和母亲一样过于争强好胜，因此害怕不能达到她的高标准。这些标准也体现在母亲不愿意让他带朋友来家里玩。只要不对汤姆有任何要求，他就可以放松下来；当他必须达到要求的水平，他就会十分紧张。

为了确定孩子与父母之间的关系，我们单独和R太太会见。

案例分析

最好说"进一步了解汤姆父母之间的更多细节信息"更为妥当，我们已经看到汤姆父母之间的关系并不好，因为汤姆的母亲曾提到她的丈夫对她的批评。

R太太解释说，她丈夫总是饮酒过量。他经常回家后就开始跟她争吵。她和丈夫曾多次分居。她要么带着孩子们离开，要么让丈夫离开家，而孩子们一直留在她身边。

案例分析

R太太很可能是典型的"酒鬼的妻子"。这类女人太优秀，没有人能达到她们的标准。因此，丈夫越来越感到自己的不足，要么在酒中寻找慰藉，要么用酒来获得反击妻子的力量。他的饮酒行为，是沮丧和反抗的表现。而R太太，像一个典型的酒鬼妻子所做的，总是一次次退让，把丈夫带回家。她太"好"了，因此不能完全让丈夫对自己失望，但她总是一点点地压制着丈夫。

我们可以假设汤姆站在母亲一边，反对父亲——而他的哥哥可能站在父亲一边。汤姆已经学会做个听话的孩子有多重要；否则，只能像表现不良的父亲和哥哥那样处境糟糕。

学校心理咨询师对汤姆进行了智力测试，发现他处于中上水平（智商114）。他的老师似乎认为，他是努力学习的，并希望在课堂上遵守纪律。但他的紧张情绪使他无法安静地坐上一个小时。他似乎必须动来动去。当老师要求他背诵时，他经常紧张得说不出话来。在要求汤姆口头发言时，他会变得紧张不安。

案例分析

我们现在可以理解汤姆的行为了。当他不得不好好表现时,他会变得激动而紧张;他永远不确定自己是否已经足够好,或是否能够做得足够好。因此,有时他甚至紧张得无法说话。害怕无法清楚地表达自己,可能造成了他的语言障碍。这反过来又增加了他的自卑感,对一个自尊心太强的"好"孩子来说,这是无法忍受的。他越努力,就越挫败;在这个过程中,他只会越来越沮丧。

现在问题来了:为什么他如此焦躁不安、无法安静地坐着?他的"紧张不安"并不能很好地解释这种现象。他紧张,是因为他不想安静地坐着。但是,原因究竟是什么?

这里只有一条明显的线索,即他在餐桌吃饭时经常焦躁不安。我们认为他是用这种手段反抗母亲的要求,同时让母亲忙于应付自己。这是食欲不佳的孩子中普遍存在的一种行为机制。他们往往激怒父母,但反过来又迫使母亲为他们专门烹制食物,而后母亲就会不断对孩子们提醒、哄骗甚至威胁。R太太就是这种容易卷入与孩子斗争的母亲。极强的义务感和责任感使她无法在孩子没吃饱的情况下仍袖手旁观。因此,她让自己屈从于孩子的需求,同时试图制服孩子。

很有可能,汤姆也成功地迫使老师们与之建立了同样的关系。他迫使老师们提醒他、纠正他、与他交谈、鼓励他、敦促他,而他似乎表现良好。换句话说,他已经学会了用良好的表现来掩饰自己的敌意和叛逆。这是典型的神经症和紧张机制[①]的表现。汤姆富有创造力,足智多谋,他的行为有多重目的。有时,他可能在寻求关注;有时,他可能在进行一场微妙的权力较量;有时,由于好胜心和对失败的过度恐惧,他表现出自己根本无法完成

[①] 对精神病态条件的目的论解释,是阿尔弗雷德·阿德勒的个体心理学的特征之一,也是本书使用的参考标准。

任何任务。

尽管报告中没有提供足够信息，我们还是很好地了解了这个男孩及其问题的动态过程。现在让我们看看师范学员是如何评价这个案例的，以及她提出了什么样的建议。

评价及建议：汤姆几乎没有任何安全感，因为他的母亲在他大约8个月大时就去工作了，这表明他被留给陌生人照顾长大，没有从父母那里得到情感安全所必需的爱和亲情。父母也许会给孩子们很多物质方面的满足，来弥补他们对孩子陪伴的缺失，因而父母双方都应该多花点时间陪伴汤姆。

案例分析

很明显，师范学员不理解汤姆的问题及问题背后的目的。在汤姆没有强烈的安全感方面，她可能是对的，但这样的推断毫无意义。每个行为不端的孩子都会缺乏安全感。没有安全感本身并不能解释汤姆为什么这样做。此外，"气馁"一词比"缺乏安全感"更恰当。

"气馁"是所有形式的缺陷和不当行为的统称。然而，术语上的差异不仅仅是一个文字游戏，它还打开了不同的视角。安全感是人们从其他地方或其他人那里获得的或未能获得的东西，而勇气则是一个人内在的感受，虽然环境可能刺激或阻碍它的发展，但无法从外部获得。安全感来自内心，来自自身的勇气，来自对自己有力量和能力应对生活中可能出现的任何事情的意识。

如果这位师范学员意识到汤姆是个气馁的孩子，她就不会认为是因为母亲的工作造成了孩子的问题。母亲的缺席本身并不能使孩子"气馁"；但母亲与孩子的关系可能会造成孩子"气馁"，尤其是如果母亲感到愧对汤姆，她就会通过过度保护的方式来弥补自己对汤姆的"疏忽"。为什么母亲工作就能表明汤姆没有得到父母的爱和亲情呢？在这里，重要的不是母亲与孩子相处时间的长短，而是与孩子相处的质量高低。付出爱和亲情并不需要太多时间；它可以在几秒钟内表达，还可以在孩子与父母的所有经历中慢慢渗透。正是这种家庭成员之间相处的关系，尤其是母亲和汤姆之间的关系，促使汤姆形成了他的自我认知和生活观念，并据此产生了相应的行为。

能够感受到，汤姆对成年人的反应与他对父母的反应一样：成年人在他眼里是权威的、苛刻的、前后矛盾的。在成年人面前，他似乎变得紧张而局促不安。应该允许汤姆带他的朋友来家里。交到接纳他的朋友可能会让他更有安全感。

案例分析

的确，汤姆与父母的关系延续到了他与其他成年人之间；但我们会对此质疑，或许只有与教师这种对他提要求并有所期待的成年人在一起时，他才如此，而他很可能与其他成年人建立轻松良好的关系。我们的师范学员犯了一个常见的错误，即将所有的父母和成年人都视为权威，认为他们都会使汤姆紧张不安。这是一种不灵活且不充分的解释。之前的讨论指出汤姆和他母亲之间的互动，以及汤姆和老师之间存在的类似动态互动关系。但这些互动关系不仅仅包含父母式权威的要求和不一致的行为，还应有更多内容，顺便说一句，这在报告中没明显体现出来。

应该允许汤姆带朋友回家。但在这里，这种建议的理由与这位师范学员认为的理由又出现了分歧。朋友们不会"让他更有安全感"。他和朋友们在一起时感到安全；而他与朋友们的良好关系并不会延续到他与成年人的关系中。相反，带他的朋友来家中会产生完全不同的纠正意义。这可能促使母亲变得不那么苛刻，帮助她学会接纳孩子们的本来样子，而不是对他们的缺点感到恼火。这是她需要学习的方面，即如何接纳其他孩子以及汤姆。这将改变她与孩子之间的关系，还会给汤姆一个机会，使他获得更多必要的"变得不完美的勇气"，去替代他之前从完美主义的母亲那里习得的观念。

汤姆可能更适应小型特殊班级，这样他可能会更好地了解老师，并与同学发展出更亲密的关系。

案例分析

这项建议是由于师范学员没有灵活地理解孩子的行为动机，试图寻求机械的解决方案。汤姆需要理解自己的错误观念，改变他与成年人的相处方式，并改变应对成年人需求的方法。对汤姆这方面能力的训练可以在大班进行，也可以在小班实施，这并不取决于班级规模，而是取决于教师对汤姆内在心理的理解以及教师的能力。汤姆必须学会对真实的自己充满信心，不再尝试表现完美，不再害怕犯错。这样，他就不再需要特别关注，也不再对抗某些成年人的要求和期望。如果教师和汤姆的母亲开始了解这种情况，并采取相应的行动，就可以帮助汤姆进行必要的调整。在这个案例中，母亲是问题所在，需要帮助和指导。

案例30

马蒂，九岁，从不学习。他不会做任何有意义的事情。他从来不做功课，而他也从不在乎。如果我要求他读这页或那页书，他会断然拒绝。当其他孩子外出去操场上玩耍时，他从不会参加，却宁愿与那帮坏孩子打架。他的行为有点儿愚蠢，总是说些傻话，引得全班同学嘲笑他。当老师在讲话或解释一个问题时，他可能正与某个同学扭打在一起，或者在做些愚蠢的把戏。他确实得到了足够的关注。他唯一愿意合作的事，是由他来组织活动。如果排队时他不能排在最前面，他就会生气，并把愤怒表现出来。他是一个粗野、威猛的男孩。

案例分析

我们可以通过马蒂的行为以及他的老师来了解他。这份报告的字里行间都展现出教师的挫败感。这是一场典型的权力之争。但显然，马蒂和教师都没有意识到这一点。如果教师意识到了，就不会处处"配合"马蒂。显然，马蒂成功地调动了整个班级支持他；为了这个目的，当教师说话或准备解释问题时，马蒂会使用"愚蠢"的行为或其他方式寻求全班同学的关注。不幸的是，他明显的野心大多是通过对他人无用的方式表现出来。他关心的是自己的权力和优越感，如想排在最前面，组织活动，如果没有如愿就会发脾气。到目前为止，我们对造成他这些行为的原因一无所知。但幸运的是，教师补充了另一条信息。

他的兄弟非常非常安静，所有功课成绩都是"A"。他与班级同学很合作，积极参与组织，不喜欢任何谴责。

案例分析

目前尚不清楚这位兄弟是马蒂的哥哥还是弟弟，但哥哥的可能性大些。哥哥也是野心勃勃，但是与马蒂完全不同，他通过有用的方式表现出来。一方面，马蒂的问题定然与哥哥有一定关系：哥哥表现得更成功，马蒂大受打击。另一方面，我们还可以猜到，哥哥——这个"好"孩子，很可能体型弱小，于是更依赖别人的赞许，但马蒂能为自己挺身而出，感觉自己足够强大，甚至能独自应对整个世界。马蒂不容易被吓倒，明显十分好斗。**如果教师给这类孩子机会，让他们为班级贡献力量，以此展示自己的能力，教师就可以赢得这些孩子的信任，并引导他们向好的一面发展。**要做到这一点，教师首先必须停止以前与孩子的针锋相对，在与孩子产生权力之争时，要尽量不去参与。

"向好的方向发展"可能需要一定的阐释。许多人习惯性地认为像马蒂这样的孩子内心充满敌意，他总会以某种方式表现出来。他们可能会问：这种"向好的方向"的转变，是否意味着他会停止战斗？还是意味着他会成为一名"善良"的斗士？他是否会转移、压制他的敌意或思想变得高尚？假如给他买个出气沙袋，或送他一把玩具枪，是不是就可以帮助他把敌意发泄出来，这样就不会在课堂上表现出来了呢？

这些都不是问题的答案，敌意不是孩子内在的一种力量或能量，能像气球中充满的气体一样释放出来。马蒂怀有敌意，部分原因在于他试图在班中建立自己的声望，为自己找到一席之地。通过和老师作对，他达到了目的。在某种程度上，他成功地挑战了老师在班级中的领导地位。他并不是"充满敌意"，而是敌对的情绪对自己更有利，更能让他有力量并成功获得地位。他与老师作对，不是为了作对而作对，也不是需要发泄，而是为了展示自己的优势，以男性的方式赢得胜利，获得"成功"。

从这个角度来看，"向好的方向发展"仅意味着改变他在班中找到位置的方式就可以。如果他期望通过老师获得地位，那他就不会与老师作对，也不会反对老师的观点。这就是教师必须要做的，给他一个机会，让他通过贡献力量和帮助他人感受到自己的重要性，而不是通过斗争和反对他人获得成功。马蒂的基本动机似乎是渴望成为重要人物，力争第一。最终，他将不得不对这点做出调整，但就目前而言，可以利用这个愿望动机，把他向着做出有益贡献的方向引导。

案例31

迪克，六岁半，沉默寡言，消极被动，上学时总是心不在焉。他错过很多课堂作业。他只做要求做的功课，并且总是忙于各种事情，如玩小汽车、画画、翻看书，但总是一个人。他不会影响别人。只要是听说过的校规，他就会遵守。他总是不专心听讲，例如课堂上老师的提问，或者作业说明都要重复多次，他才能听见。他和其他孩子玩得很好，有一个非常好的朋友，是邻居家和他同龄的一个男孩。

案例分析

迪克在学校不捣乱，但很烦人。这一点以及他需要被反复提醒的事实，都表明他正在寻求关注，而且显然他得到了关注。就连他独自一人的玩耍也使他与众不同。

家庭系统排列：迪克有三个姐姐，分别比他大三岁、六岁和八岁。他的父亲是个不善言谈的人，母亲是个忙碌的家庭主妇，更多关注她这三个十几岁的女儿。迪克的三个姐姐都很勤劳，分担了所有家务。迪克年龄太小，还不能做家务。此外，他是个男孩，"不适合"做家务。全家人在餐桌及其他时间的谈话，仅和女孩的话题有关。一家人相处融洽，充满着爱与和谐。母亲从不参加学校的活动或聚会，当我们带学生去迪克家做常规家访时，他的母亲基本都不在家，一般都去买生活必需品了。

印象：迪克在这个年长的女性环境中成长——家人们对他没有任何期望。他所有的需求都得到了满足。于是，他有意训练自己不去听有关自己的谈话，而是隐退到自己这个孤独的世界。家人不需要他提供什么服务，并且认为有关他的一切都不重要。

迪克的确想听课并参与课堂活动，并且他有能力做好；但由于注意力分散的习惯已经养成且根深蒂固，即使对课堂内容感兴趣，他还是不由自主地游离，回到自己创造的世界里。

案例分析

迪克的家庭成员描述得相当清楚，迪克这个小男孩生活在由四个比自己年龄大得多的女性组成的母系家庭里。有人可能会提出，他的父亲也同样沉默寡言，因而迪克和父亲在家中显然没什么地位。因此，迪克在家里有两个不利因素。第一，他是个孩子，年龄太小，无法做家务；第二，他还是个男性——在这个女性为主的家里，你还能指望一个男人做什么呢！

到目前为止，迪克一切都没什么大问题。但我们似乎不能仅仅将他的行为归因于"注意力不集中的习惯"。这并不能解释为何他"训练自己不去听任何有关他的谈话"。他为什么要退回到自己的世界？教师并没有回答这个重要问题。如果她这样做了，可能会发现迪克"真的想听课并参与课堂活动"是令人质疑的。他的消极被动和"心不在焉"的行为不仅仅是一种退回自己世界的方式，还是一种寻找自己在群体中位置的方式。正如教师指出的那样，迪克无法通过为家人提供任何服务和贡献而找到自己在家中的位置，这种判断还是相当准确的；所以，他只能通过做自己喜欢做的事并让别人照顾他，来找到自己的位置。他的行为目的就是获得关注和别人的服务。

在采访他母亲时，我问她，对迪克的忽视是否属实。她承认，的确是这样，但她没有意识到这对迪克不公平，毕竟他是那么乖巧和安静。

案例分析

　　毫无疑问，迪克在某种程度上遭到了家人的忽视和冷落，但这只是事实的一部分。在与母亲交谈时，教师本可以探索迪克在家里可能接受的任何特殊待遇，包括穿衣、吃饭等。但这位教师没有提及这一点，因此，她没有发现也没有指出迪克的母亲和姐姐们可能为迪克提供了何样的特殊服务。

　　我要求母亲和姐姐们给迪克分配一些家务，让他完全负责且独立完成，切不可去帮忙。我还建议母亲每次吃饭时，至少给迪克一次机会，让他聊聊当天学校发生的事情，并请姐姐们邀请他参与到她们的谈话中。我请母亲多花一些精力，要像对待几个大女儿一样，也去迪克的学校参加活动。

案例分析

　　所有这些建议看起来都很棒，尤其是建议迪克在做家务时，不应得到任何人的帮助。但要做到这点，还需要更多的努力和监督。尤其重要的是，要知道这四名女性中哪一位最可能继续为迪克提供过度的帮助。

　　换言之，教师建议自己应该为迪克做得更多，这点没有问题，但她没有看到，迪克的家人们同时应该为他做得更少。她的盲点可能在于，她没意识到自己已经给了迪克过分的关注。

案例32

　　托尼，七岁，非常不合群。他想纠正每个人的错误，拒绝按要求行事。谁要是说了任何听起来像在取笑他的话，他都会大打出手。他走路时容易摔跤和滑倒，并且很紧张。如果有哪位老师或同学催促、命令或纠正他，他就会神经兮兮，并试图与他们对着干。如果不能按自己的方式行事，他就会特立独行地离开班级。他不会在合理的时间内完成任务。他没有耐心排队。

案例分析

此报告对托尼的陈述相当复杂。字里行间可以体会到很多敌意与防御、驱动与挫败，对权力和优越感的渴望，以及叛逆和抵抗。让我们看看这位教师能否从这一团乱麻中捋出头绪。

分析：托尼是独生子，他的父母比一般父母要年长些。他们期望托尼十全十美。只要他的表现没有达到期望，父母就会指责他。托尼想在班里找到自己的位置，但他认为只有做到完美或出类拔萃才能成功。因此，当表现不够完美或没有得到特别关注时，他会感到每个人都在批评他。他无法忍受负面批评，于是会抵制这种批评。他不完成学习任务，是因为他想表明自己不必按照别人的要求去做，也因为他想证明自己与众不同。他不是通过完成任务，而是以一种引人注目的、不同寻常的方式，只完成任务的一小部分。而通常情况下，这些学习任务本身对他来说太容易，无法对他构成挑战。

案例分析

托尼是独生子，父母争强好胜，这便很能说明问题。他被宠坏了，总是想肆意妄为。他可能坚信自己是与众不同的，如果别人没有给予他特殊对待，就不公平。他的行为中还带有一定程度的报复：因为他不确定自己在班中是否获得了一定的位置，也不确定自己是否被大家喜欢或接纳。教师的分析判断可能是正确的，即认为他夸大了成为重要人物和特殊角色的必要性，其实这强化了他的不满足感和对此的恐惧。无论他在做什么，都显得与众不同，尽管并不总是以对他人有用的方式，但不管怎样，这确保了他的独特性。这便解释了为何我们的第一印象是他的行为异常复杂。

托尼的智力远高于平均水平。他会对别人给出的鼓励和善意做出回应。他整个人似乎都在为一句恭维而不断对别人表示"感谢"，渴望取悦任何可能喜欢他的人。

案例分析

这似乎证实了我们之前的印象。作为独生子，他过于依赖别人的看法，只能通过他人而非自己的力量获得地位，因为他永远达不到父母的期望。在幼年时期，他试图建立自己在家中的地位，而家里仅有的其他成员就是父母，他无法超越。他渴望取悦他人，这表明他尚未放弃被人喜欢和接纳的希望，只是他不确定自己是否会被人喜欢和接纳。别人的每句负面评论都会引发他的这种不确定感，让他感到危机重重。

可能的纠正措施：我可以不再提醒托尼，而是成为他的朋友，不让他觉得他的表现比他本人更重要。应该更多地夸赞他出色的表现和行为，给予他更多积极而非消极的评价。可以尝试更多采用自然结果法，而不是强迫他。有时可以让他承担更具挑战性的任务。

案例分析

所有这些建议都很好。最重要的，是让托尼意识到，无论他的表现和成就如何，自己都是被人接受的。因为他的好胜心过强，所以他认为除非自己表现优异，否则就是自己不够好。因此，他必须知道，即使他没有做到很好，也一样有自己的位置。实现这样的目标和对他良好表现的认可，这两者可能会产生冲突。对他的认可会对他有所帮助；但是，必须当心，不要夸大好的表现对托尼的重要性，这样做很可能再次误导他，使他坚持自己必须优秀的错误观念。很关键的是，不要强迫他；他已经能很好地抵抗任何形式的压迫了，或许已经无数次地战胜过自己的父母。但是，有效地激发他的斗志去完成富有挑战的任务，还是有可能实现的，前提是我们要避免这一点，即不要暗示他在完成这些任务时一定要多么出色。

案例33

本研究案例中的小女孩是三个孩子中年龄最小的。姐姐最大，二十二岁；哥哥居中，二十岁；安最小，六岁。她母亲在二战期间怀孕并生下她，而她父亲还不得不在军队继续服兵役。家人们并不真心欢迎这个孩子的到来，她的出生完全不合时宜。母亲不得不放弃工作，尽管她需要钱补贴家用。

案例分析

教师是正确的：安从一出生就遇到很多挫折。然而，她最大的挫折可能是巨大的年龄差距。她是一个超级婴儿，其实是家里的独生女，上面有好几位"父亲"和"母亲"。对她的个人成长来讲，这点似乎比她出生时的特殊社会背景更重要。不管母亲在安出生时有何感受，这些感受都可能在安出生后有所改变，但在她的个性形成期，她在这个几乎完全由成年人组成的家庭中显得尤其弱小，这种现状一直存在着（就此而言，不同人群可能持不同观点。）。

安生下来个子很小，身体也不好。而其他两个孩子都很健壮。母亲尽心尽力地呵护着安的身心健康。姐姐当时十六岁，哥哥十四岁，他们都甘愿为这个弱小的婴儿服务。

案例分析

显然，教师本人已忽略了母亲在安刚出生时对她的排斥。现在很明显，安和哥哥姐姐之间的年龄差距是个极为重要的因素。

我初见到这家人时，安两岁，尚未学会走路和讲话。母亲就此咨询医生，医生告诉她孩子的身体没有问题。安以半爬半拖的方式四处挪动。她只能发出无法辨识的声音。当时，父亲已经服役回家了，他不仅甘愿全心全意照顾安，而且反对其他任何人让安变得更加独立的尝试。他觉得安应该被特殊对待。

案例分析

这个案例说明了可能导致儿童发育缓慢的原因。它清楚地表明，只要孩子表现不足，什么都不做，其受到的社会影响会多么巨大。

家里唯一愿意鼓励并帮助她变得独立的人是哥哥。当他和安单独相处时，他不会帮安拿东西，而是鼓励安自己走一两步，自己去拿。他还尝试着让安讲话，说出简单的词或东西的名称。他发现，只要安愿意，她就可以清楚地说出一些简单的词语。但当家里其他人都在时，安又恢复到一贯的行为。母亲和哥哥一起讨论了这种情况。这次谈话之后，母亲尝试了哥哥的方法。

案例分析

这是一个有趣的情况，充满了大量的冲突因素。毕竟，谁是一家之主？是父亲还是哥哥？母亲该听谁的？很明显，如果坚持哥哥的方法，安的缺陷就不会继续存在。

这家人生活的社区中有很多与安同龄的孩子。母亲鼓励其他孩子单独或与父母来她家里玩。很快，母亲注意到，在和其他孩子玩时，安陷入了各种困惑。有时候，她会看到安试着自己走路，听到安试着讲话。母亲便越来越多地尝试着用当年对待其他孩子的方式，来对待安。她会温柔而坚定地拒绝为安"代劳一切"。很快，孩子就能走得越来越远。到了四岁，安已经能顺利地走和跑了。她讲话依然结结巴巴，只能讲几个词。

案例分析

显然，母亲慢慢学会了让自己从安的各种要求中解脱出来，摆脱孩子的支配。然而，这是一个漫长的过程——即使安不能清楚说话，依然能正常生活。

社区的孩子们都上了幼儿园。父亲坚决不让安去。当到了上学年龄，安去了离家不远的一所幼儿园。起初，是母亲接送安，但很快安就想和其他孩子一起走着去上学。于是，母亲找到一个比安年龄大的女孩，请她陪安一起去上学。邻里的孩子们已经学会听懂安的许多咿呀用语，并且和她玩得很好。她比其他孩子更容易跌倒，哭的次数也更多，但很快就学会了找到一个喜欢的玩伴。父亲大部分时间都在工作；由于母亲尝试着"把安送出去"，安有很多机会和其他孩子一起玩。安和孩子们一起玩时，母亲尽量待在屋里不去打扰。

案例分析

　　毫无疑问，母亲的态度是正确的。然而，我们不知道任何有关安在家里的相关细节，例如安是否自己穿衣，是否主动吃饭，她的用餐行为和习惯如何等，还有，在父亲的过度保护和安自己的坚持下，母亲是否继续为安提供过度服务。

　　安的入学经历并不尽如人意；老师很同情她，教导或允许其他孩子像对待宝宝那样"照顾"她，如帮她穿衣服等。大家允许安把自己的想法强加给别人，而没有任何人让她体验自己的行为所带来的后果。

案例分析

　　这是一个极好的例子，说明"弱者"对强者的力量几乎强大到令人难以置信。安让她的老师和全班同学都为她服务。不是安不积极参与，而是老师和其他孩子为她代劳了所有事情。这个孩子的无助令人印象深刻，只要她等着，就会有别人为她做些什么，这其中的相互作用相当微妙。

　　这种情况也用另一种方式证明了孩子行为背后的心理动力过程，不幸的是，许多教师和家长对此一无所知。这个案例展示了同情心对孩子的影响。**任何一个可怜孩子的成年人，无论这种同情有多么正当，都是在伤害孩子**。在许多情况下，怜悯造成的伤害远远超过严重事故造成的伤害。如果一个孩子感到别人在可怜他，他就有理由来可怜自己。没有比自怜自哀更使人失落和痛苦的了。可怜孩子会产生最大的伤害。如果成年人知道他们怜悯孩子造成了怎样的伤害，即使这些怜悯有多么令人理解，他们也会停下来并重新思考自己的行为。孩子需要的不是怜悯或同情，而是同理心。我们可以向孩子表达我们理解他的感受，而不必可怜他。在安的案例中，教师和她的父亲都可怜她，结果安为此付出了代价。

现在，安在重读幼儿园。这次，她的新老师不那么容易"上当"了。还有一个优势是，班上的大多数孩子都不了解安的过去；因此，她必须努力学说话，来表达需求，从而在班上占有一席之地。她现在能够自己穿衣，能成句讲话，还能画画、跑、跳等，和正常孩子别无二致了。她取得了相当大的进步。

案例分析

有人可能会认为，安的进步是因为长大了一岁。然而，纵观总体情况，我们必须同意，有可能是安的这位善解人意的新老师，影响了学生们的态度，才使安获取了巨大进步。

由于父亲的态度和母亲偶尔不能坚持而妥协，安在家里的进步必然不如在学校里的那样大。对她一向很好的姐姐已经离家独自生活。哥哥仍然坚持严格要求她，在她的成长中扮演着重要角色。

案例分析

进步与否取决于安所处的环境。母亲可能从来没有完全意识到，她为安提供了多少过度保护和帮助；而父亲对自己给安带来的影响完全没任何意识。有趣的是，我们注意到安在很大程度上，已经成为家庭内部两种对抗力量的焦点，父亲和姐姐站在一起反对母亲和哥哥。他们产生的冲突，除了对安的态度，还可能有更多方式。

我认为这个孩子通过一种消极—破坏性的行为来寻求关注。她之所以变成这样，是因为她生活在太多成年人之间。她的弱小促使大人们付出更多时间和精力像对待婴儿一样照顾她。哥哥要么看穿了她的行为，要么厌倦了伺候她。他帮助母亲改变对安的态度和行为，从而改变了安。

案例分析

　　我们无须对此总结补充说明。目前还无法确定这个孩子在智商方面有何问题。我们在心理学方面还未有新发现。然而，看起来孩子的智力很可能不低于平均水平，甚至高于平均水平。

　　安现在似乎正在迅速向积极—建设性的行为模式转变；她似乎迫切想要参与。几天前我去她家拜访时，她友好地向我打招呼。她不仅回答了我所有关于圣诞节的问题，还主动用整句话发表了一些评论。另外，她主动请我吃蛋糕，还坚持自己给我拿来。

　　在此无须评论。

本章要点回顾(最触动您的文字有):

第八章　改变孩子的目的

前一章主要讲教师如何理解孩子的行为动机，以及如何分析孩子在生活和特定环境中的目的。本章将介绍识别孩子的目的后该采取怎样的处理方式。我们会为每个目的介绍不同的解决方法。并非孩子的外显行为，也不仅仅是孩子缺陷的具体类型才需特定的回应，而是孩子的潜在目的。例如，针对懒惰的孩子，我们没有固定的应对规则。假如他的懒惰行为是为寻求关注，我们会采用一种手段，而假如孩子借懒惰来反抗教师的权威，作为权力之争的一部分，那么教师在处理此问题时，就应采取另一种手段。另一方面，孩子用于获得帮助和关注的各种行为模式需要类似的回应。只有通过洞悉孩子的不端行为或缺陷背后的特定目的，才能带来最好的结果，尽管如前文所述，很多一般意义上的方法也可能有效。

本章中的简短实例报告分为四组，每组涉及四个目的中的一个。每份报告都会阐明本章的唯一目的：阐述识别孩子的目的之后，需要通过实践确定哪些方法适合，哪些方法有害。在此，对于训练有素的教师在课堂情境中可采取的更为复杂的纠正措施，我们不做更多说明。

这种解决方式的效果可能会令人质疑。毫无疑问，不会仅仅因为教师在某些场合能让孩子的努力徒劳，孩子就会放弃既定的目的。然而，如果教师能够持续使用类似的方法，让孩子相信自己的目的是没有意义的，他可能会重新考虑并改变这个目的。重要的是，在重新考虑的过程中，孩子会转向一个更具建设性的方向。因此，教师对错误目的做出的具体回应，应属于更普遍的纠正措施，这将是重要的一个环节，其中鼓励起着不可或缺的作用。

作为引入，以下案例说明，当教师试图跳过这个关键步骤时会发生什么，仔细体会一下，可能对我们很有意义。

案例34

以下均是事实，可怎么解决呢？彼得今年十岁，上五年级，是一个天生的领导者，深受同学们的喜爱。但他不喜欢任何科目，只喜欢玩。他拒绝参加任何不是由他组织的活动。任何一个坐在他身边的同学都会被他分散注意力。即使他完成学习任务，也是出于压力或害怕心理。哪怕是暂时能摆脱师长的管制，他都会毫不犹豫地撒谎或欺骗。

我们该如何应对这种情况呢？

案例分析

这位教师似乎还未理解报告中的事实，就已经开始寻找解决方案；她没有尝试着先进行分析。

彼得的行为不难理解。他显然与权威人士，尤其是与教师之间出现了矛盾。他是同学们的领导者；他所有的行为都是为了"哗众取宠"。为了争取全班的关注，他挫败了教师的努力。只有当压力过大或严重的后果不可避免时，他才会在必要时做出让步。但是，正如任何战争一样，一切手段都可以用来打败敌人；因此，他毫不犹豫地撒谎和欺骗，并使用任何伎俩来对抗教师。

如果教师意识到了这种情况背后的含义，就会避免做任何加剧矛盾的事情，并尽一切努力从权力之争中脱离出来，并争取彼得的支持。但教师做了什么呢？

我尝试过书中提到的所有方法。我试着努力组织教学活动，让课堂变得有趣，激发学生们的学习兴趣。我还试着和彼得谈话，给他讲道理，并给他分配特殊职务，让他逐渐感觉自己很重要。

案例分析

除最后一项合理之外，教师其他的努力都是徒劳。只要彼得对学校课业不感兴趣，课程组织得再有趣也无济于事。而教师对彼得谈话和讲道理的真实意图，从教师的情绪反应中很容易就可以判断出来，这一点在她的报告中也有所体现。很有可能，教师是在对彼得说教、解释或哄骗，并大体上把他已知的道理讲给他听，且是以一种高高在上的姿态。我们在和学生讨论时，通常是以这种方式进行，这也是这种方式徒劳的原因所在。教师试着给彼得一些特殊的职责，让他感觉自己很重要，这通常是一种好方法，但很容易看出这种方法为何对彼得不起作用。在与彼得的所有接触中，教师可能都表现出同样的优越感，从而更坚定了彼得与她作对的决心。教师认为，将彼得通过破坏性行为获得认可的方式，转化为通过有用的渠道获得，这种想法很好；但由于不了解彼得行为背后的目的，她无法对彼得做出转向引导。

最后，为了找到一些解决办法，我走到他跟前，使劲摇晃着他的身体，直到他的衬衫都被撕坏，并告诉他，他已经知道在课堂上必须做什么，每个班级都必须有组织，而他必须配合。

案例分析

在这里，这位教师宣布了自己的失败，但可能她并没意识到。她以为自己的行为是"实施解决方案"，但实际上是在向彼得表明，她对彼得毫无办法。告诉男孩他必须合作是一回事，而诱导他合作是另一回事。那教师的行为实现了什么呢？

彼得回家后把这件事告诉了家长。第二天，他母亲非常生气地来找我，并说她打算让孩子的父亲亲自处理此事。但我告诉她，我必须得到她的配合。我和她讲，如果每天我都能收上31份作业，那为什么这31份作业中不能有她儿子交的一份呢？她已答应合作。

案例分析

毫不奇怪，教师发现得到母亲的配合比得到孩子的合作更容易。毕竟，她俩都不得不应对彼得的叛逆，而母亲也明白教师在面对彼得时不得不忍受的状况。彼得现在这种状况，虽然可能是父母造成的，但孩子不带作业并非父母的错。教师有责任引导他交作业；如果她方法正确，也许她原本能做到让彼得交作业。摇晃他甚至撕坏他的衬衫，加上空谈道理，当然不是有效的方法。然而，我们可以理解教师的沮丧和绝望之情。

这个案例展示了教师的反应是如何成为她与孩子互动的一部分。在这种互动中，孩子的目的开始发挥作用。教师成为孩子那个计划周密、执行有效但却无意识的策略的攻击目标。教师必须认真考虑对策；否则，她就不是彼得的对手。

1.寻求关注

案例35

帕特,一年级,是个娇生惯养的男孩,和祖父母住在一起。他总希望寻求关注,于是我建议,每次他在没有正当的理由想得到我的关注时,我都会在全班同学面前点他的名字并讲清次数,帕特对此总有独特的反应。(比如,"帕特,回到你的座位上——这是我今天下午第五次不得不点你的名了"。)帕特喜欢这个"游戏",享受着其中的乐趣,他回应我说:"S老师,S老师,快看我,这是第23次。"

案例分析

这个案例似乎表明,这种处理方法在面对需要频繁关注的孩子时,可能适得其反,因此可能还不合适。但这能证明以上观点吗?

这个例子也充分说明,某些方法的有效程度取决于执行方式。建议教师与孩子"达成协议",由孩子提出接下来的一小时内需要特别关注的次数。然后教师仅需点他的名字:"帕特,第一次","帕特,第十次",等等。而这位教师没有这样做;其实,执行此方法本就会阻止孩子继续捣乱,因为他需要的关注比这个还要多。而教师有些小题大做,每次点名后还花好久去训斥他,结果就落入了孩子的圈套。在此我们讨论了教师的错误方法后,这位教师再次尝试并做了报告。

后来,我对另一位学生——本(Ben),尝试了此方法。本是独生子,受到的家庭压力很大。他最开始上学(一年级)时,每天都哭。当时,我还不得不提醒他要勤奋学习、专心听讲。现在他不需要我多次提醒了；记录下他寻求关注的次数，这种方法非常有效，已经将需要关注他的次数降到了最低。

案例36

拉尔夫，十岁半，在读四年级。他总是一副困惑而恳求的神情。他的眼睛乞求着得到别人的服务和关注，但他似乎从来没有确切地知道别人对他的期望。

案例分析

"但是"后面的陈述毫无意义。当他似乎不明白自己应该做什么的时候，他难道不正是在请求得到别人的服务吗？难道这位教师的描述不意味着她感到自己不得不再次"解释"这些吗？这里面充斥着些许怨恨的意味。

有一天，拉尔夫在课上正在学习单词和配图，他们需要把这些卡片贴到美术图板上。拉尔夫拿着传给他的图板来找我，告诉我这张图板不能粘牢卡片。他似乎很焦虑，急于让我帮他做些什么。我问他自己打算怎么办。他拿着那两张图板，走回自己的座位上，显得孤立无援。我站在他身后不远处，等了一会儿，他转过身来看着我，仍然用恳求的眼神请求帮助。我无动于衷，于是他开始自言自语。我问他在说什么；他回答了，但声音太轻柔，我根本没有听到他的话。我走近他，听到他讲："如果我有些透明胶带，就可以解决这个问题。"而事实是，距离他的座位仅有五英尺远的地方，有一个开口的胶水罐，他明知道自己可以自由使用。我问他用什么可以代替透明胶带，但他仍无助地看着我。几个同学很感兴趣地想帮助他，但我制止了他们。

拉尔夫坐着，继续以恳求的眼神盯着我们大家。然后，我说："拉尔夫，你在等着我告诉你该怎么做；但我也等着你，你要知道，你已经十岁半了，上四年级了，做这件事情完全难不倒你。"话一说完，他立刻收起了幼稚的表情，开始认真地观察我。那时，全班同学都开始关注起来，于是我告诉他们，"孩子们，让我们看着表，看看拉尔夫究竟需要多长时间才能决定自己独自完成这个任务。"当我们都朝钟表看去时，拉尔夫一下跳起来，径直走到胶水罐前，马上贴好了图片。在我教拉尔夫这么长的时间里，从未见过他动作如此迅速，也从未见过他以如此自信的方式完成了这个任务。

作为事后的想法——也可能是个解释？这位教师补充道："拉尔夫是家里四个孩子中的老大，也是唯一的男孩。"

案例分析

此案例较好地阐释了一个需要关注和服务的孩子。教师可能对拉尔夫的行为做出了正确的解释：作为家里唯一的男孩，三个姐妹和母亲可能都要照顾他。（有可能他的大妹妹和母亲一样能干，因此他既没必要也没机会发挥自己的作用。）但教师真的没有给他提供帮助和过度关注吗？表面看来，她拒绝帮助他，也拒绝告诉他该怎么办；可是在她拒绝的同时，她还是一直在为他忙碌。例如邀请全班同学来观看他的表现，看看他需要多长时间完成任务，这是个好主意。但在她采取行动之前，她和拉尔夫之间已进行了大量交流，尽管拉尔夫只是用他的眼神和面部表情说话。换句话说，即便教师认为自己在抵制他的诡计和要求，但她还是上当了。只要她不停地跟拉尔夫讲话，他就不介意教师的唠叨。这个案例表明，如果想要避免陷入孩子的诡计，教师必须非常谨慎。

案例37

吉恩，五岁，是我早上幼儿园的学生。大多数时候，他是一个正常、快乐的孩子，但有时他会表现得较差。例如：有些早晨，他至少会花上15分钟，才能脱掉外套，拿到小毯子。然后他会站在门口，等着我注意到他。当我看到他时，他只是慢慢地走进房间，好像他希望我说，"快点！"或者帮他坐下。

我现在意识到，这只是一个寻求关注的手段，因此，我只是关注那些已经坐好准备开始上课的孩子们。等到我再看吉恩时，他也已经跟着坐下了。

案例分析

显然，教师在刚一开始，曾经一直关注着吉恩。尽管她可能没说出挂到嘴边的话，但她仍给予了他足够的关注，因而吉恩也等了更久。只有当教师不再回应吉恩的磨蹭时，他才发现继续等下去是没用的。

有一天，我看了看吉恩，发现他躺在地板上，脚朝着空中乱踢。由于我要开始组织一个孩子们都喜欢的游戏，我说："我将选一个坐得端正的孩子开始这个游戏。"吉恩翻转过身来，不再躺着。我当时没有选择吉恩，但巧妙地让孩子们选了他。

案例分析

教师在这里做得很好。教师忽略了吉恩的所作所为，而是采取了令他印象深刻的行动。没有直接的注意，没有提醒的字眼，也没有通常多余的警告。

当我第一次看到吉恩玩这些把戏时，我和他妈妈聊了一会儿。她并不感到惊讶，因为他在家里也做过这样的事。我向她建议说，他这样做可能是为了吸引我们的注意；也许如果我们不理会他幼稚的"把戏"和"滑稽的行为"，他可能就会放弃。吉恩有一个弟弟，比他小两岁，我提醒他母亲，吉恩和他的弟弟可能会一起争夺她的关注。她认为这种可能性很大，她会留意，尽量不上当。

几个月后，吉恩几乎已经不再调皮胡闹了。他画画很不错，和其他孩子相处得也很好。现在他对玩耍、绘画和游戏的兴趣比最开始时要大得多。我一直鼓励吉恩尝试参与各种活动，而他在这些活动中的成就感，似乎又给他的活动增添了不少乐趣。

最后，老师总结问，她是否理解并正确处理了这个案例？

案例分析

她在此案例中的做法当然非常好。教师不仅很好地了解吉恩，还最终找到了应对他的方法，而且很显然，她能够把这些对孩子的理解讲给他的母亲听，并为她提供了正确的建议。尽管如此，看起来，这位教师肯定还不熟知这种理解和处理事情的方式，所以她最后表现出不太确定。或许，她是在寻求别人的认可？

案例38

玛丽，六岁，是家里三个孩子中最大的；她的弟弟三岁，妹妹两个月大。玛丽九月份入学时，是一个腼腆、依赖他人、可爱的小女孩。作为班上最小的孩子，其他同学都将她看作宝宝，而不以同学相待。玛丽表现得非常害羞，接受了这个宝宝的角色。很快同学们就为她代劳了她觉得不会（或不想）做的事，甚至包括她能做的事情。

案例分析

玛丽是班中最小的孩子，这个事实推动了如今这种现状的形成；但这并非孩子们把她看作宝宝的真正原因。这显示了某个群体成员被推动——或者让自己被推动到某个位置时——发生在群体内部的微妙但有效的人际互动关系。形成这种发展局面，很难说是由谁引起的。但通常是"受害者"本身有意或无意地诱导其同龄人和教师，让他们按照自己所期望的方式对待自己。玛丽在这方面的确表现出相当厉害的本领，即她诱使班里其他孩子都变成了她任命的"奴隶"。

后来，我与孩子的母亲进行了一次会谈，发现玛丽的父母分居了，上学期间，玛丽与姨妈一起生活，周末与母亲生活。两个女人都像照顾婴儿一样呵护她。玛丽没有独立做过任何事，从不自己穿衣服，也从不收拾玩具，极少出现不良行为。与玛丽那三岁的"总是调皮捣蛋"的弟弟相比，她被看作一个非常乖的孩子。她被动而讨人喜欢的行为使她成为家里的焦点，这种现状也延续到了幼儿园。

案例分析

这些事实"充分解释"了玛丽的行为。她的姑妈和母亲都喜欢她的可爱和被动。父亲在导致这两个女人过度保护孩子方面起了什么作用，我们还不太清楚。弟弟则可能表现出与之相反的积极的方式，同样让两个女人为他忙碌，这也许是男性在这个家里确立自身位置的指导原则。有人可能将玛丽的行为归为消极—建设性的寻求关注方式，因为她成功让所有照顾她的人非常满足和快乐,而她的弟弟则表现出积极—破坏性的寻求关注机制（AGM）。

有时玛丽会站在她的衣柜旁,表情悲伤,还哭过两次,直到有人帮她脱掉外套、挂起来,她才停止哭泣。在玩耍的时候,她会一人远远地站在一旁,直到有同学邀请她加入。阅读时间,当老师要求她给同学们讲述一幅图画时,她把手指放进嘴里,只是甜甜地笑。

为了让玛丽摆脱这个被动接受的地位,我很快就选玛丽做她那一桌的小帮手。她当天上午的任务是准备学习用品,如纸张、铅笔、剪刀和书等各种用品。她非常喜欢这项任务。过了一段时间,她甚至不再在衣柜前停留,而是毫不犹豫地脱掉外套并挂上,然后立即进教室开始做她的工作。她开始对其他同学和自己的学业产生更浓厚的兴趣。

案例分析

这是一个很棒的案例。教师并没有指出玛丽的缺陷,却成功给了她认可和位置,让她在这个位置上做出贡献而获得了关注。正是玛丽通过这种积极的"做事情"体验到了自我满足感,这使她有可能放弃之前通过消极方式刺激他人为自己做事而获得的满足感。

玛丽消极寻求关注的行为开始发生改变。在她生日那天（这是我们班的惯例）,她坐在"生日椅"上,孩子们为她唱"生日快乐歌",玛丽满脸笑容。她主动告诉同学们自己收到了什么生日礼物以及生日聚会计划。到了讲故事时间,玛丽仍然坐在"生日椅"上,她问我能否给大家讲一个故事。故事讲完后,她很高兴大家都喜欢。此后,她成了阅读小组中的积极分子,还能坐在自己的桌上独立完成课堂任务。

案例分析

玛丽表现的这些亮点证实了教师提到的变化。孩子们为她唱歌时,她的微笑仍是她通过被动方式得到关注的一种反应。而她主动向同学们讲生日礼物和聚会计划,则是一种更积极的保持风头的方式。她要求为大家讲故事的行为,完全是积极—建设性的方式。教师最后几句陈述表明,玛丽甚至无须任何关注,就转向了完全参与,最终结果是最理想的。有人想知道,这一切是否仅仅归因于教师课堂实践中的刺激作用,教师是不是同时也成功地帮助玛丽的家庭成员改变了一种方式?教师最后总结道:

我感觉,当玛丽发现自己是被接受的、并成为班级的一部分,且通过行动获得关注时,她逐渐摆脱了消极—建设性行为,而越来越多地表现出积极—建设性行为。

我们甚至可以加上一点——即使玛丽发现一点儿关注也没有,也会表现出同样的行为。

上述案例引出了对于寻求关注的孩子行为,我们推荐的一些主要原则和应对手段。这些原则同样适用于同类心理动力机制下的各种行为类型。我们主要的努力和解决方向,是将破坏性行为引导为建设性行为,将消极行为变为积极行为。

教师需要努力认识孩子的行为背后的目的,且不屈从于它,孩子寻求关注的要求要么可以被教师忽视,要么以孩子未曾预料到的方式回应。孩子针对教师和同学实施的"诡计",可以被引导转向教师教学体验的一部分。这样就把**过分关注转化为合理关注**,从而使孩子不再从错误的方式中获得满足。如果教师不理解他的行为目的,也不做出回应,孩子就不能继续从他的不端行为中获得满足,那么他就没有理由继续坚持下去了。

对上述报告中提到的两种寻求关注的方式,我们可能需要进行进一步阐释。第一个是通过争强好胜来争夺关注（案例32）。这种方式并不一定总是积极—破坏性的寻求关注机制（AGM），即便它需要获得别人的认可。我们所说的"寻求关注"模式，指的是寻求教师的关注。然而，如果孩子想在群体中争取到特殊地位，这往往也是争强好胜的原因，未必是要求得到教师的过分关注。这样做是因为，孩子认为只有在成年人的积极支持下，才相信自己能在同龄人群体中获得一席之地——这表现了他依赖于特别关注。同样明显，好胜心在目标4（自卑感）的形成过程中，发挥了重要作用（案例33）。这点在之后的讨论中会更加清晰。

可能需要澄清的第二点是，当孩子渴望得到他人服务时，这肯定属于寻求关注机制（AGM）中的一类模式。孩子主要关心的不是父母或教师实际为他做了什么，而是只要他们为他做事就行，从而获取一种归属感、获得感或仅仅是被关注；他充分利用任何机会，似乎都是要证明，他所需要的过分帮助和服务都是合理的。

2.权力之争

如果教师遇到挑战自己权威的孩子，情况就完全不同了。**抵制这种倾向的主要原则是让自己远离权力之争，这样就会使孩子的努力徒劳。**这就好比是只有风，没有帆，帆船自然无法前行。只有如此，才有可能将孩子的行为转向更具建设性的方向。如果这种对权力的渴望是自己好胜心的一部分，希望通过拥有过多的权力成为重要人物，或者让别人感觉自己很重要，那么引导他调整方向的方法和通过争强好胜来寻求关注的应对方法类似。如果成年人不想，也不会和孩子发生权力之争。

案例39

艾尔，八岁，刚上四年级，很聪明。常规的课堂作业对他来说没有什么挑战性。他不做作业，经常走到老师的讲桌前寻求得到很多关注。他对每个人都持批评态度。举个例子，我在黑板上写下一道题："看英文，写数字：'four hundred seven'。"他会走过来，告诉我漏掉了"and"这个单词。他说我应该写"four hundred and seven"。

案例分析

艾尔仍然表现出孩子的一些寻求关注的特征；但他所表现出的挑剔式的优越感，甚至凌驾于教师之上，表明了这场与教师的权力之争已然开始，即使目前它可能仅限于教师传授知识的领域。如果教师没认识到这一点，并且回应不当，那么孩子很可能将他的权力争夺延伸到行为领域。

每天我都在黑板上出五道题，要求孩子们一进教室就尽快完成。当我批阅卷子时，他们继续完成书中的另一项作业。如果我在评阅试卷时发现了错误，我会要求那个孩子把正确答案写在黑板上。通常这些错误是由于粗心而不是知识掌握的问题。只有当孩子真的不会做出正确答案时，我才帮他找出问题所在。然后，我会给每个孩子打分。如果孩子只出现一个错误，我会给打"S"（satisfying）。只有每道题都做对，才能得到"E"（excellent）。

我给艾尔打分是"S"。他找我来理论："你给我的卷子打分是错的，你给了我'S'，我本应得'E'。"我记得他漏掉了一道题，并指出了他试卷上的问题。我本想让艾尔到黑板前做出这道题的正确答案，但恰在艾尔之前，另一个孩子也犯了同样的错误，而且已经在黑板上改完了错题。艾尔仍然坚持自己的答案是正确的，这是一道加法题，正确答案是48，而他的答案是47。我对他说："也许我给你的卷子打分不对；那来我的讲桌一下，我们一起检查你的试卷。"我们找到了他的卷子。大家都看到了那个错误——我看着他，他看着我，他在试卷上的确写的是47。他说："我以为我写的是48。"之后，我什么也没说。

案例分析

很明显，艾尔试图让老师卷入他的争论，因为他可能已经学会通过争辩来击败对方。他顽固行事。教师并没有和他争论，而是请他检查一下自己的试卷。报告中最重要的部分是结尾一句："我什么也没说。"教师本会轻易滑向一个误区，利用此刻的胜利来就艾尔的错误行为开始说教，并让他长记性，但这种方式，只会加强艾尔下一次更想获胜的决心。教师没有让自己卷入这种对抗中。

最近有一次，我忘记了告诉孩子们去准备与月食相关的资料。我感到，这是个好机会，我正好借此将艾尔引向积极建设性方向。我给他家打了电话，让他当天晚上观看月食，第二天给全班汇报。我认为，这也是给他一个机会，让他通过有用的方式为班级做出贡献，从而使自己在班级中获得一定的地位。因为他总没有团队的归属感，还经常抱怨同学们不和他一起玩。

第二天，艾尔非常兴奋地向全班同学做了月食汇报。他带来了自己的参考资料，那是一本关于太阳系知识的小册子，是他收藏书籍中的一本。他的汇报和表现都非常精彩。我们决定把艾尔的报告刊登在每月出版的校报上，并将他的署名放在文后。

案例分析

在重新引导孩子的动机方面，像本例中抓住合适的时机很重要。它需要教师的警觉性、想象力——但首先，需要认识到问题所在。

案例40

厄尔，八岁，今年新转来的学生，去年在另一所学校就读。来到我们学校后留在同一年级。总的来说，我能和他保持和谐的关系；但有时，令我惊讶的是，他竟如此轻易地被激起反抗情绪、破坏力和对权力的渴求。

他学习很棒，但表现出一定破坏性，特别是在艺术课和书写作业中不尽如人意。前几天，他明确表示拒绝做作业。在我给全班同学讲课时，他和一个男孩聊天。我给他换了座位，接着讲课。他竟挑衅地说："这刚好是我想坐的地方。"我微笑着说："那很好。"

案例分析

这位教师展示了她是如何与厄尔保持"良好关系"的。她只是采取了行动表演，没有说多余的话。而当厄尔挑战教师，假装教师的行为正合他意时，教师并没有被激怒，而是会心一笑，假装他是胜利者。

放学后，我把他留下，给了他一张试卷，让他完成课堂上落下的作业。他说他已经写了前四句话，因此只要写最后两句。当他写完最后两句时，我看了看他的作业，说："很好。"他目瞪口呆地看着我。然后我告诉他，把书拿到讲台，在黑板上写出前四句话。他看起来非常愿意这样做。

案例分析

教师是怎样让厄尔去做最初他坚决拒绝做的作业的？她没有对这件事大惊小怪，而是称赞厄尔完成的部分做得很好，且没有谈及他没做的那部分。这个男孩过去没有从其他教师那里得到过这样的待遇（从他转学以前的失败经历中可以推断出来）。教师想证明的是，他们是朋友关系，并没让自己卷入权力之争。因此，厄尔才十分配合。

第二天，我注意到他努力完成类似的学习任务。课间休息时，他主动把作业拿给我看，向我表明他已经完成了作业。我告诉他，我注意到他学习得很认真。

案例分析

教师不是"强迫他去写作业"，而是成功地激励了他去完成作业。当一个孩子挑起权力之争时，这是我们要记住的两者的主要区别。

案例41

内德，八岁，特殊班学生，读课文时只是一个单词一个单词地读，完全不去理解句子的意思。有一次，他在朗读一句话，中间便停了下来，转而聊别的。这时，我说："哦，现在你停在句子中间了，你必须重新读。"

他说："我才不想重读。我已经读过了前面的词了，不会再读一遍的。"

"好吧，"我回答，"让我们停下来，谈谈为什么我要你这样做。假设我正在读一个句子，'看那只树枝上的鸟'。但其实我是这样读的：'看那只——哦，你觉得要下雨了吗？今天天气可真好。——树枝上——你这张画真漂亮，我喜欢——的鸟。'看！这句话你能听懂吗？"奈德笑着说："你真有趣！"我也认为很有趣，也跟着笑了起来。

"你看，"我解释道，"你一直是这样在读书，难怪你讨厌读书。如果光是逐字阅读，那么朗读就会变成令人烦恼的事，但当你能整句朗读时，它们就很有意思了，就像说话一样。现在，你读一下整个句子，看看它是否很有意思呢？"

他照做了，并用完整的句子朗读了剩余的课文。我觉得他对阅读过程有了全新的认识，我告诉他，他在这一天进步了一大截。

案例分析

这个案例很典型，讲的是孩子假装阅读，但实际却拒绝阅读。内德读课文时，一直一个单词一个单词地读，这表明他试图打败老师，当他拒绝重读时，就表明他在公然反抗老师。教师是如何摆脱这种局面的？首先，教师没有陷入内德的圈套，没有被激怒。教师用两种方法从侧面解决了这个问题。第一，她用模仿的形式，向内德展示了他刚才的断句朗读有多愚蠢，然后她用幽默逗他大笑。单凭这一点，局面就会有所缓解，会促使内德继续配合。但教师做的还不止这些。那就是第二点，她对内德讨厌读书这件事表示同情。她激励内德去整句朗读，从而消除了内德认为阅读毫无意义、只是服从老师安排的心理障碍。这也否定了内德认为自己不会阅读的假设。

案例42

教师在报告开始时评论到："这份报告将阐释我在应用所研究和讨论的原则和理念时出现的困惑和错误；我希望在方法上有所改进。"

查尔斯，十五岁半，是我七年级班上的一名学生。他身材瘦小，几乎比班上其他同学年长近三岁。他来自一个大家庭，有几个哥哥姐姐已结婚。还有一个妹妹，比他小一岁，和他在同一个班，最近家里又添了一个孩子。

案例分析

报告中，关于查尔斯的家庭背景，并没有提供太多的重要信息。表面看来，他和妹妹关系更好。虽然妹妹已经设法以某种方式赶上了他，但还没有超越他；所以可以预见妹妹在智力发育上一定也较慢。他们俩都是这个大家庭中的小孩子，兄弟姐妹比他们大很多。这可能是目前我们获取的最重要信息。

四个月前，我作为一名代课教师接管了这个班。当时，查尔斯很不合作，总想在教室里随意走动，而且随心所欲地讲话。他经常无视我的要求，不回到座位上，也不完成指定的作业。即使他偶尔专心听讲，也显得十分招摇，但很快就又故态萌发，离开了座位到处晃荡。他经常乱扔东西，并对身边的人拳打脚踢，扰乱小组的活动。在整整连续两个半小时内的课堂，虽然查尔斯不是唯一扰乱秩序的人，但他比其他孩子更傲慢、更顽劣。

案例分析

从对查尔斯行为的描述来看，他属于对抗权威的那类孩子，尽管他的顽劣和打人的行为中也含有报复的成分，然而，展示自己的权力似乎更为明显。

由于不了解情况，我一开始几乎没采取任何行动，只是一直关注着他，并努力表现出自己的友好和尊重，希望以此把他拉回正轨。其他所有老师都会使用戒尺维持纪律,有老师建议我也开始使用为我配备的戒尺。虽然查尔斯对我来说挑战不小,让我大为担忧,但我决定不使用戒尺。

案例分析

在还没"了解"这个案例中很多心理动力因素之前,这位教师的态度是正确的,而且有一定的敏感度。一般情况下,使用戒尺反而更可能造成班级的混乱。当这位教师不知道该怎么做的时候,我们很欣赏她决定不使用戒尺,也不介入过多的做法。

如果尝试让全班同学都来参与评价,有时会导致更多的混乱、喧闹和来自各方的指控。我有点儿担心学校办公室的双向公共广播系统,它覆盖了每个班级。我们班关于秩序和纪律的讨论有时会因办公室传来广播要求保持沉默,导致我们必须中断。

案例分析

群体讨论的技巧将在后面章节中探讨。显然,这位教师不知道如何进行有序的班级讨论。

我注意到查尔斯会寻找更强壮结实的男生作为对象,一有机会就对他们拳打脚踢,大打出手。有一次,他甚至拿出了刀,一把弹簧刀,我平静地告诉他,不要让我看到这些东西,否则我就没收。他同意不再把刀带到学校来,我认为他并没有一直信守这个承诺,但至少我没有再看到他拿出刀。

案例分析

查尔斯显然受到了流行的男权理想主义的影响,认为彪悍野蛮才意味着成为男人，才能变得厉害或获取一席之地。教师对他的处理方法似乎相当有效。显然，对于促使查尔斯遵守规则方面，教师成功的秘诀在于冷静和坚定。毫无疑问，在任何人眼里，倘若教师再看到查尔斯带刀来，他肯定会没收。教师有关男孩再敢展示刀就没收的声明，并不是一种威胁，也不是对男孩的挑衅。男孩对教师这种平静而坚定的处理方法做出了回应。

有一次，在我多次友好但坚定的提醒后，查尔斯还是离开了座位，对此我很恼火，再次问他在做什么。查尔斯说他找不到书了，正在找。而十五分钟前，我刚刚布置了书中的作业。为了不吓唬他，我说："好吧，也许你最好坐在座位上，这样椅子就不会也不见了。"全班同学都笑了，查尔斯闷闷不乐地回到座位上。这时，全班同学主动建议我使用戒尺："其他每个人都这样做。"查尔斯咕哝着，暗示谁也别对他使用戒尺。

案例分析

起初，这位教师做得并不那么成功。尽管教师对这个失败并没充分的意识，但他已经在报告里告诉了我们原因。不管教师的提醒有多友善，如果天天重复，那再友善的提醒都是无效的。教师的方法注定要失败，因为他已经被激怒了，这确信了自己的失败以及对改变现状的无能为力。这正是查尔斯想要教师得到的感受。在这种情况下，查尔斯掌控了局势并发号施令，教师只是被动服从他的安排，直到他决定采取主动的行动。教师本可以停下讲课，直到查尔斯就座才继续；或者公开宣布自己的失败，但不带怨气，让查尔斯去寻找那本书。但她没有这样做，而是选择通过幽默来解决——这很有效。教师至少获得了全班同学的支持，而不是去帮查尔斯，这有助于改善局面。总体说来，**调动群体压力是一种强大而有效的方法。**如果一些教师不知道这点的话，很可能全班的群体压力会偏向麻烦制造者一方；那么，被嘲笑的就会是教师。当然，如果是全班的人，包括查尔斯和老师都能一起笑，那就更好了。

还有一次，我把查尔斯带到教室外，试图规劝他的行为，我训斥了他。他哭了，说我总是说些让全班同学嘲笑他的话。我认为这是一个相当中肯的建议，在仔细思考了他的话之后，我想确定对他的批评是否合理。我说："也许你误解了；我无意让全班同学嘲笑你或嘲笑任何人。我只是想让你参与班级活动，但不要对此感到不快。如果你认为我是在取笑你，那我向你道歉。"查尔斯说："哦，没关系，我错了。"

案例分析

这是一次有趣的谈话，尽管两人的互动不那么显著，但仍然有效。

首先，利用全班同学对查尔斯的行为发笑，被证明是有效的。查尔斯承认了自己的失败；这个"硬汉"哭了。正是这个时候，教师充分利用了自己有利的战略地位。她没有穷追猛打，而是选择了战略撤退。首先，她否认自己有意让全班同学嘲笑查尔斯。当然，这不是真的；因为她已经让全班同学嘲笑了查尔斯，无论是有意还是无意。然而，教师表达了自己的友善，即不想伤害查尔斯，而只是想让他参加班级活动，并诚恳地向查尔斯道歉。这使查尔斯完全放弃了进攻行为。作为回应，查尔斯也公开承认自己错了。

必须再次强调的是，像这样的简单事件不会产生多么持久的影响，特别是这个男孩已经十五岁半了。但每一步都是朝着正确方向，一步一步前进，这样就有助于建立平等友好的关系，没有这种关系，就不可能有真正的帮助。

每当查尔斯的学习任务完成得很好，或取得进步和表现配合时，我就会抓住机会对他表示认可。但有时他还是会和班上其他同学发生矛盾。

案例分析

这位教师在希望查尔斯突然变得完美吗？还是自己有过高的期待？

在另一节课上，一位教师用戒尺狠狠地揍了查尔斯一顿，用力到查尔斯在全班同学面前哭了出来。他抱怨自己的脊椎被教师打伤了，直到教师威胁他说，要当着其他证人的面，对他的脊柱进行检查，查尔斯才停止了抱怨。

案例分析

查尔斯必须与其他人对抗，但并非所有人都能对他产生同样有益的影响。

据我观察，似乎是查尔斯的瘦小体型给他带来了困扰，因而他才尝试用勇敢来弥补。他会偶尔公开吹嘘与警方发生过摩擦，而且总是表现得很强硬。他说他喜欢肯，因为肯什么都不怕。

案例分析

教师可能是对的。我们需要进行更彻底的研究，才能获得查尔斯行为的心理学依据；在查尔斯身上如此明显的男性补偿性心理，往往是基于家庭氛围的影响，而这种家庭氛围源于某种社会文化模式。也可能是由于他的矮小让他尤其反感，因为这让他想起自己在家里是最小的男生，大家只像对待一个宝宝那样待他。因而，我们有关他补偿驱动（即通过勇敢来弥补自己的弱小）的假设是合理的。

在一次与查尔斯的简短谈话中，我曾随意提到，如果体型是衡量一个男人的唯一标准，那么类人猿比我们任何人都更像男人。他认为我是对的，我鼓励他好好利用自己的大脑，因为他很聪明。

案例分析

这是朝着正确方向又迈出了一步。

查尔斯继续获得进步。他挑衅我的行为越来越少了。然而，全班同学抱怨说，我纵容了查尔斯，因为对于同样发生的事，我会斥责别人，却不会责备查尔斯。我给查尔斯安排了一些日常任务，他很愉快地完成了。

案例分析

虽然教师赢得了查尔斯的配合，但显然他未能获得全班同学的配合。教师曾经利用全班同学的支持来对付查尔斯，很快查尔斯感到了不满。也许，教师真的转向了另一边，即对查尔斯表现出优待。除非教师能成功地赢得全班的支持来解决问题，否则就不可能有效地应付班上任何捣乱的学生。

在我管理这个班的头两个月里，我因纪律不严两次受到学校办公室的训斥：一次是因为我尝试采用自然结果法，一名学生不遵守纪律，他选择站在教室外，于是我允许了，直到他觉得可以融入班级的合作再进来；另一次是因为我允许学生在两个半小时的课堂时间里腾出了"休息"时间。这时，校长走了进来，正好一个学生从课桌里拿出一根香蕉准备吃。校长对他说："你们在课间休息吗？"然后他走了出去。第二天，我接到学校办公室通知，说我应该加大班级管理的严格力度，而且我应取得更多的教学成果。

案例分析

如今，整个教育体系正在经历剧烈的变革，这可能是我们所说的"教育革命"的一部分，在教育方法、途径和标准上出现差异不可避免。这种差异不仅存在于不同学校体系之间，而且往往存在于同一学校体系内，甚至存在于同一名教师的做法中。反映教育民主趋势的做法自然不适合于那些甚至要求使用戒尺的学校系统。这需要教师的勇气、信念和毅力去实践与流行的、往往过时的传统方式相悖的新方法。"新思想"的采用势必受到威胁，这需要教师拥有相当强大的内心和职业安全感。

两个月后，我最终还是不情愿、也很遗憾地诉诸戒尺教育了。我已经对某个同学给予了两次警告，而他还是不听，那自然结果便是用戒尺打手来处理这个叛逆学生。我曾经在班里说过，班里所有人都不会受到戒尺的惩罚。最终，我仍旧陷入了给自己设计的陷阱。第二次使用戒尺，是查尔斯曾两次与一个大块头女生扭打在一起，这惹出了麻烦。我带着些许顾虑，开始使用我的戒尺。因为查尔斯曾经被一位老师用戒尺打过，他被激怒了，我可以理解他的感受。于是，我问他，谁先来，是他还是那个女孩，查尔斯问，"你打算打她哪里？""像往常一样，左手掌。""你要打我哪里？""像往常一样，手背。""打多少下？""一下。""哦，不，"查尔斯说，"我不会让你碰我的。"他回到了座位上。

我不想卷入这场权力之争，就让他返回了座位。有人低声说："查尔斯，去吧，我曾经被打过一次。"而另一个人说："他是胆小鬼。"这句话激怒了查尔斯，他立刻站了起来，疯狂地紧握双拳，眼里噙着泪水。他似乎要打碎那个男孩的下巴。

我告诉全班同学继续上课，这不关他们的事。我说，如果这仅是一个涉及勇气的问题，查尔斯的勇气不亚于班上任何一个男孩。当查尔斯准备为自己的行为接受自然的惩罚时，他自然会来找我，因为他知道他错了。

查尔斯平静了下来，全班继续学习了。两分钟后，查尔斯过来了，说他已经准备好了，但希望我能带他到教室外面执行。我们可以推断，查尔斯回来时会非常自豪，因为他会认为自己是一个男人，现在成了"被打兄弟会"的一员。

案例分析

这是个很难处理的情况，但教师处理得相当精彩，前提是接受教师诉诸戒尺的决定，作为学校教育模式中的必要手段。当然，使用戒尺打手从来都不是一种"自然结果"，但在此案例中，教师通过有效方式让戒尺成了自然结果，几乎消除了任何权力之争的苗头，而这种权力之争在此情形下很容易发生。教师能够与查尔斯达成协议，甚至让他在教室外讲出条件，以强调自己没有对男孩施加权力威胁。当查尔斯和同学之间即将发生冲突时，教师打破冲突的解决方式也值得注意。教师本处于矛盾现场，问题很有挑战，但他找到了一个好办法突围。他运用自己的敏感性和想象力，有效地完成了他决定做的事，没有导致外部冲突发展下去。如果放在以前，不会有人相信像查尔斯这样的男孩甘愿从容不迫地接受惩罚。

表面上，查尔斯并没有表现出怨恨之意。他的参与度还在不断提升。他甚至开始批评妹妹上课不专心听讲、在课堂上讲话。有一次，他犯了错甚至主动要求我用戒尺惩罚，但我拒绝了。

案例分析

当然，查尔斯现在正在发生改变：他渐渐放弃了做硬汉的男人理想，取而代之的是更关注合作。接下来问题自然会出现，人们会问，这种变化到底有多深刻？他主动提出接受戒尺惩罚，这似乎表明，在他内心深处仍然认为自己是个坏孩子。他还没有完全接受自己在班中被尊重、并拥有自己的位置。

在另一次课上，一位身高一米九三的女老师拿戒尺惩罚了查尔斯，她说查尔斯此后再也不给她添麻烦了。

案例分析

这个问题是源于戒尺还是与之无关？查尔斯在我们这位提供报告的师范学员影响下所取得的进步，也必须考虑在内。

然而，有一起事件展示了查尔斯内心在想些什么。有一天，我提出了一些自主命题的作文话题，比如让我开心或不开心的事情，我长大后想成为什么样的人，诸如此类。查尔斯大声说："哈哈，这个话题我不必写了。我可以直接告诉你。我想成为这个国家最邪恶的罪犯。我想要十几把手枪、二十几把刀，然后把全国所有人都杀光。"有人问："为什么，查尔斯？"但这个问题被淹没在学生们热烈的讨论中。

案例分析

值得注意的是，我们应该注意到查尔斯在这个场合故意夸大事实的态度。他说话的方式表明他清楚自己在做什么。原来的旧思想仍然存在，但不再那么根深蒂固。他的话，近乎幽默，更多的是虚张声势，而非真诚的愿望。

过去，查尔斯经常口头讲述自己如何从警察和路面巡视员那里逃脱的故事。他有不良行为的记录。在学校里，他参加的是"后进生班"。有一次他透露说，在他们搬到这里之前，他的父亲在南方杀死了一个"黑鬼"。

案例分析

现在我们越来越清楚他的家庭里男人理想是什么。

但当要求查尔斯遵守课堂纪律时，他不再叛逆。在这样一个有很多其他行为问题且学生的平均智商大概为80的班级里，我感觉自己正取得相当大的进步。

在4月份的成绩单上，我给查尔斯评定为"在各方面都在稳步提升"，因为他已经在承担责任和完成作业方面有了很大进步，尽管他有时会抄作业（抄另一个男生的作业）以便按时完成。但是，在对他的行为模式的评定方面，我还有些顾虑。我把他评定为"需要帮助"或"自我努力"，主要体现在两个方面：积极关心群体利益和对待自我的态度。

案例分析

这位教师确实在取得进步。然而，目前我们还不清楚这位教师是否理解为什么查尔斯为了按时完成作业而抄袭。这是他争强好胜的又一个表现。但教师对查尔斯的评价是正确的，即查尔斯还没有融入这个班级；尽管他已经减少了与这个社会群体（班级）的代表——即教师——的斗争，但他仍然不认为自己是一个有价值的成员。

所有低于平均分的成绩单都需要配有评语。我犹豫了很长一段时间，最后终于下定决心，让学生们依靠自己。我还咨询了另一位教师（一位认为戒尺过度使用的教师），问他是否认为我在一个无法干预的领域莽撞行事。

在某项活动期间，这位教师每隔一天与查尔斯接触一次，即在他组织的45分钟活动里。他就是查尔斯告状打中了他的脊柱的那位老师，但是，我认为查尔斯并没因此而憎恨他。而且，查尔斯在这位老师的课上完成了一件很出色的作品，为此他还受到了表扬。这位老师经过仔细考虑，认为我处理得当。我又思考了两天，在解释了查尔斯在学业各方面都有所进步之后，才决定在他成绩单背面的"评语"处写道："查尔斯对班级利益的态度不够积极，可能是因为他对自身的态度也不够积极。他似乎认为自己不够重要，但是，我们认为查尔斯很重要，不亚于班里任何其他人，因为他是查尔斯，而不是因为他有时有多强硬，或者多么不合作。"下课时，查尔斯读到了这些评语，他说："这是谁在我的成绩单上写的？"我说："我想是我，查尔斯"。他没有说什么就离开了，此后再也没提及此事。

案例分析

与他处理其他棘手问题一样，这位教师同样保持了敏感，设法通过鼓励和启发的话语，暗示批评之意。从心理学上讲，他是完全正确的。他说话的方式和场合一定会给查尔斯留下深刻印象。如果查尔斯能完全理解教师的意思，如果他能改变对自己的错误认知，那他将真的获得重生。

最近，查尔斯和一位女教师D发生了冲突，卷入了一场"权力之争"。一个男孩在教学楼大厅被责骂，还做了个鬼脸。查尔斯对他的行为大笑不止。于是，D老师抓住查尔斯，打算用查尔斯的头去撞击那个男孩的头。于是，两人发生了冲突。查尔斯告诉D老师，他不会让她把自己的头撞墙或其他任何人的头，她没有权利这么做。D老师坚持她有这个权利，并一直说："你这个小不点儿还敢说大话！"

查尔斯挣脱开D老师的控制，跑到我的办公室，而D老师紧随其后，两人继续撕扯，都非常气愤。我担心这场冲突会以悲惨的结局告终，于是把手放在查尔斯的肩膀上，悄悄告诉他要冷静下来。他渐渐停止了与D老师的扭打，D老师才松开了他的衣领。查尔斯平静下来，我建议他和D老师一起回到她的教室，试着在不发脾气的情况下解决他们的矛盾。我下课后，去了D老师的教室，结果发现她和查尔斯的斗争又开始了，D老师让他留校受罚，而查尔斯坚持说绝不会让D老师使自己错过校车；D老师坚持认为她有这个权利。查尔斯气愤地掀翻了一张桌子，并扬言要冲出教室。我又一次为查尔斯说情，请他平静下来，并告诉他，只要他守规矩，就不会错过校车。否则，就得专门有人开车送他回家了。他不想那样。于是，他平静了下来，我告诉他去坐校车，并在第二天返校之前好好反思一下。

　　第二天早上，查尔斯仍然很不高兴。他不愿意承认昨天是自己惹了麻烦。他告诉我说，他并不是在嘲笑D老师，而是在嘲笑那个做鬼脸的男孩。这并不能给D老师权力去打他。D老师也并不打算碰他。"如果她真这么做了，她会后悔的。"

　　我还没来得及给查尔斯解释明白他错在哪里，D老师就出现了。她问我查尔斯做了什么决定。我把她拉到一边，告诉她查尔斯仍然不服气，他觉得嘲笑那个男孩并不应像她想的那样应该接受惩罚。D老师承认昨天她很生气，也许她不应该抓住他，也不应该嘲笑他的体型。但她昨天已经和丈夫商量过了，他们一致认为，不应让查尔斯逃脱惩罚；否则他可能会觉得自己侥幸逃脱了处罚，做了坏事都能得逞。D老师决定把查尔斯送到校长办公室。

　　查尔斯被叫到校长办公室，受到了戒尺惩罚，还被要求向D老师道歉。他问她是否可以在教室外的大厅道歉。但D老师坚持要他当着全班同学的面向她道歉，于是查尔斯在全班同学面前咕哝了几句就走了。他泪流满面，怒气冲冲地回到我的办公室，喃喃地像对一个朋友似的对我说，他不应该忍受这样的委屈。

案例分析

　　这是另一个例子，表明了最需要鼓励的孩子反而得到了最少的鼓励，那些最迫切需要得到尊重的孩子反被推到最坏的境地。如果查尔斯以前在学校表现良好，当他对那个男孩鬼脸发笑时，D老师可能只会问他出了什么事，绝不会像她那样处理。另一方面，如果查尔斯是一个适应良好的男孩，他会对D老师的挑衅做出不同的反应，有可能会道歉，一切矛盾都会得到解决。所以，本案例就成了一个"痴迷权力"的男孩和一个"沉迷权力"的教师之间发生的冲突。

　　我们的师范学员再次有效地缓解了一个糟糕的局面，尽管他无法阻止他人对男孩的尊严和自尊造成伤害。他无法反抗整个教育体系，但在这种情况下，他进行了一场勇敢的保卫战。

　　第二天，在我的教室里，查尔斯几乎回到了他最初的状态，不合作，也叛逆。他频繁离开座位，作业只做一半。他还在我面前掷骰子，我要求他停止时，他才收了起来。他一边对自己的行为大肆吹嘘，一边摆弄着一把刀。在D老师每周两次的美术课上，他画了一张女人的肖像，然后给她画了小山羊胡，看上去像D老师的姓氏首字母D。D老师把画还给了他，表示她不接受这个作业。

　　在我看来，查尔斯的行为已经超过了权力之争阶段，正逐步恶化为报复。如果认为查尔斯为自己感到难过，这种猜测有错误吗？

案例分析

　　这位教师说得对，查尔斯的主要行为即将转向报复，主要针对他认为"虐待自己"的社会及其代表——教师。他也确实为自己感到难过。许多参与激烈的权力之争的孩子，至少有时会产生报复的倾向。他们认为，如果别人不向他们让步，反而试图让自己服从他们的要求，那是不公平的。在他们大量的相互斗争中，有报复的敌意和相互惩罚，这近乎报复目的的展现。

然而，这个案例是典型的权力之争。查尔斯刺激老师们陷入与自己的较量中，他对任何试图向他施加权力和权威的人都会做出激烈的回应。

我们的师范学员认为自己对查尔斯的成长贡献不大，甚至感到气馁，这是没有必要的。很自然，许多类似于有关D老师那样的经历，都对查尔斯产生了不利的影响。但我们可以推断，这位考虑周全而体贴的教师对查尔斯产生的影响，已经使他转而接受其他类型的人际关系。即便被D老师挫败的第二天，查尔斯的敌对情绪处于顶峰之时，在我们师范学员的要求下，他还是收起了骰子。他们之间良好的师生关系并没有遭到破坏；也许在查尔斯与其他教师的斗争过程中，这位教师所起的调停作用可能更坚固了他们之间的关系。查尔斯在第二天的课堂上，有可能仅是测试他与老师之间的关系。可惜的是，有关教师对查尔斯故态重生的反应，并没有做详细的报告。也许这位教师没有通过查尔斯的"测试"，因为报告中最后的话语听起来很气馁。也许教师对孩子的这种灰心只是暂时的，他还应该是孩子获得鼓励的主要来源。但我们可以假设，这位师范学员花了一整年建立起来的良好师生关系，将在查尔斯的成长过程中开花结果。

在报告的结尾，这位教师手写添加了脚注：

这份报告不必以这样一种沮丧的口吻结束。我和查尔斯又谈了一次，希望他能"重新恢复状态"，对此我充满希望。

3.报复

很明显，要区分激烈的权力之争和复仇欲望，并不总是那么容易。对在整个社会或至少对学校持敌对态度的孩子中，这两种情况可能同时存在。在许多情况下，只有强行要求孩子服从时，权力之争才有可能被报复所取代。

报复与权力之争的主要区别在于，敌对态度和恶意的强烈程度。在权力之争中，孩子只想赢得或至少击败老师的权力；在报复中，孩子希望将伤害最大化。

至于纠正措施方面，如果孩子的目的只是报复，除了等待恰当的时机进行心理疏导来赢得孩子外，几乎无法采取任何建设性的措施。因为这样的孩子犯了一个根本性的认知错误，即他认为自己不能被爱或被接受。对孩子讲任何行为性用语通常都不会有效，而只有用语得当，向孩子传达一种不同以往的自我评价方式，才是对孩子成长有益的。总的来说，要说服这样的孩子相信他还有机会，需要付出相当多的精力、时间和耐力。通常情况下，不仅孩子会抵制这种努力，因为他不相信老师是真心关心他，也会被其他成年人所妨碍，因为这些大人更担心自己的权威受损，而非怎样做对孩子有好处。更糟糕的是，即使是最有毅力和最有技巧的人也无法对所有这类孩子产生积极影响。在许多情况下，也许数月的持续努力都不会产生任何切实的效果。然而，把一个孩子从几乎不可避免的犯罪和痛苦命运中拯救出来，这种成就感和满足感，将弥补所有其他的失望。

等待能触及孩子内心的合适时机，这其中充满持续不断的挑衅。有必要防止危险和损害发生，保护其他孩子，并以最低限度的压制和最大限度的冷静、友好和坚定态度来维持秩序。更重要的是，我们要认识到，**无论对孩子挑衅行为做出的冲动反应，是多么容易理解，我们必须避免实施报**

复。因为报复是无效的，更糟糕的是，报复会强化孩子本已错误的信念。教师需要群体之力，来帮助她应对这些孩子。通常情况下，除非教师已经赢得了班级群体或至少其他一些学生的配合，否则班级群体大多是有抵触心理的，甚至会阻碍建设性措施的实施。在班里公开讨论此类问题通常非常有效。

案例43

彼得，六岁，去年在我一年级班上上课。他出生在欧洲，有一个比他小两岁的弟弟。他每天早上在幼儿园学习，学习英语，以便熟悉我们的学校，为一年级的课程做准备。下午，他来我的班上上课。他似乎很机警，学得也很快，所以，我们认为，在幼儿园课程准备就绪的情况下，他应该可以赶上一年级课程。

他来上学的时候穿戴很不整洁，但在身体上并不比其他孩子弱小。他继续进行计划课程，没发生任何值得注意的事故，直到有一天，校长来告诉我，彼得骂了幼儿园的老师，踢了老师的肋骨，甚至踢裂了其中一根。校长和幼儿园老师认为他的年龄太大了，不适合上幼儿园，应该全天来一年级学习。我没有警惕彼得的这类行为，就像对待其他孩子一样接受了他。

我想我像对待其他人一样对待彼得。在他请求帮助时，我会帮助他，并选他作组长，就像对其他孩子一样。不过，我肯定是在什么地方出现了疏漏，因为情况开始扭转。

有一天，我带全班学生到教室外休息。几分钟后，一个小男孩跑过来，哭着对我说，彼得把沙子扔到了他的脸上和衣服上。我立刻把彼得叫了过来。我们就此讨论了一番，想从两个男孩话里了解事件的经过。结果，他们互相指责，但都承认违反了一条规则，即如何使用沙箱的规则。因此，我告诉他俩需要坐在台阶上，观看别人如何使用沙箱。两人都坐在那里，彼得突然站了起来，从我身边跑了过去，尖叫着他不喜欢我，也不想留在学校里。他径直跑出操场，直奔家去。我之前从未遇到过类似情况，我不能离开其他孩子去追他，于是我派了一名学生去找校长。我想汇报一下情况，担心彼得在回家的路上出现什么意外。大约一小时后，彼得同她的父亲和继母一起回到学校。他们已经与校长谈过了，彼得认识到了自己的错，想和我道歉。我接受了他的道歉，这件事就算过去了。

案例分析

到目前为止，我们还不知道彼得是因为不能按自己的方式行事而参与了一场权力之争，还是因为感到受挫而采取了报复行动。我们很欣赏这位教师能够在事情发生变化时，怀疑到她在哪里出了疏漏，尽管这可能根本不是她的错。课堂之外的因素可能会导致彼得感到难过并出现破坏行为。**然而，如果一个孩子突然开始惹麻烦，教师仔细思考自己可能出现的过失，是一个好办法。**教师往往不知道自己所扮演的角色，而总是把越来越多的困难归咎于孩子或其他人。

彼得的功课写得很好，但是有点凌乱。他读书很好，似乎很喜欢一年级了。但令人不快的事情再次发生。有一次，他抓伤了一个男孩的脸，因为这个男孩告诉他，在我回到教室之前，他必须待在座位上不能乱动。还有一次，在阅读小组里活动时，他在其他同学的本子上乱涂乱画。在我看来，他在试图伤害别人，所以我和校长讨论了他的情况。

学校家访教师给彼得的父母打了电话，我还写了一张便条，请他们来学校找我谈话。在与他们的交谈中，我了解到彼得的父母离婚了，两人都不想收养彼得。他们已经多次将彼得送到寄养家庭，但他太淘气了，他们不得不把他接回家。他的继母告诉我，她并不喜欢彼得，但很喜欢他的弟弟，弟弟也不是她亲生的孩子。她已经厌倦了想尽办法让彼得保持整洁，因为他总是脏兮兮地回家。我试图向她解释，我班上其他几个孩子回家时都是那样脏兮兮的，但她只是向我摆了摆手。她也很明确地告诉彼得，她不喜欢他。得到了这些信息，我对这个男孩有了不同的看法。我知道他想要的是爱、亲密和安全感。

案例分析

当这个男孩在学校表现出不同寻常的行为，并且表现出明显的无缘无故的敌意，去了解他的更多情况，是一个很明智的举措。这位教师的发现很重要。我们可以看到彼得在家里是如何被弟弟打败的，弟弟不仅从家里"赶走"了他，而且还通过个人魅力和良好表现赢得了父母的喜爱。由于彼得怀有敌意和挑衅，我们可以猜到，他的弟弟恰恰相反。

我仍然对彼得一视同仁，但在某些方面有点儿不同，试着以此接近或影响他。放学后他想帮我擦黑板或整理讲台的时候，我允许他留下来。在这些短暂的逗留中，他给我讲了更多有关自己的事情。他告诉我，他的父母都认为他是多余的。他还说了很多有关弟弟的事，他们是如何一起玩，一起去操场。这有助于我更好地了解了这个男孩，但我还没有对他表现出过多的亲密。

案例分析

对一个感到自己多余且被冷落的孩子，教师的处理方式是正确的。目前尚不清楚他与弟弟的关系如何。他比弟弟大两岁，是弟弟的领导者吗？

是不是可以领导弟弟，彼得就喜欢和弟弟一起玩呢？他与受到宠爱的弟弟之间的关系有点匪夷所思。

事情在一段时间里发展得都很顺利，他有好几次给班里的同学讲自己和弟弟做的事情。但情况又开始有所转变，彼得似乎变得越来越刻薄。每当彼得这样表现时，我无论怎样，都没办法让他听我说话，或者让他和我好好说话。有一次，他不喜欢自己画的画，于是就撕碎了它，并投进了废纸篓踩踏。我走过去，问他发生了什么，是否想换个方式再尝试一次。他很激动，尖叫道："不！"我叫他冷静下来，他开始大哭，跑去抓起他的外套，然后朝门口走去。我抢先来到了教室门口，问他要去哪里。他说："回家！"我试图阻止他，但他又踢又抓，还破口大骂，叫我"闭嘴"。我们扭打在一起，我决心这次绝不屈服。我们挣扎着，我放开了他，我的手臂都在颤抖，想看看这次他是否会平静下来，心想这一次我也许能制止他。但我没有离开门口，因为我知道他会跑出去。我只是站在那里，看着他。

好吧，我们就这样僵持了几分钟，他站了起来，跑到废纸篓前，把刚刚撕碎的画拿出来又扔到了地面，碎纸片洒满教室，然后站在那里，尖叫号哭。我仍然站在那里，看着他，我派一名学生上楼去找校长，这样校长就可以看看此时的这种状况。她下楼来到教室，想和彼得聊聊，但他把脸扭到一边不听。最后，校长把彼得带出了教室，而我们其余的人继续做手头的任务。彼得在校长办公室待了好久，直到这节课快结束时，他才回来。然后，他走下楼，告诉我他做错了，想向我道歉，并继续留在我的班上。他说："请再给我一次机会？"

案例分析

这是一个相当有趣的案例，这位教师努力了解和帮助彼得。到底是怎么回事？是什么让她无缘无故卷入了与彼得的权力之争？彼得所做的，只是撕碎纸并把它扔进了废纸篓。然后，矛盾开始激化，因为教师追着他，"责骂了他"。这是彼得生命中的一个关键点，但教师并没察觉。

细看之下，这里的情况并没有那么困难。当时，教师本已经知道，彼得通过发脾气来表达对自己的敌意。**没有人在发脾气的时候是理智的；这时最好——也是唯一可行的办法——是暂时让这样的孩子自己冷静一番**。很快，他就会消气，然后就可以和他正常交谈了。从教师和彼得的经历来看，她本应该知道，一旦彼得生气了，他会做出何样的反应，而自己应当保持怎样的举动。

教师显然并不了解这个简单的要点，她也不知道如何正确面对这个发脾气的孩子，这显然是导致他们关系恶化的主要原因。教师将其归因于彼得自身的问题："彼得变得越来越刻薄"。尽管她给出了产生这种变化的原因，但她并不明白前后变化的关系。她说："每当彼得这样表现时，我无论怎样，都没办法让他听我说话，或者让他和我好好说话。"很显然，教师不知道，在这种情况下，她不应该试图和彼得交谈。然而，她不但想让彼得听她说话，还试图让彼得和她好好说话。人们可以感觉到他们之间关系的高度紧张。难怪彼得越来越刻薄——教师也是如此啊。

除了这些，这位教师还能做些什么呢？有人可能会说，她不得不"责骂他"，这样彼得才不会给别人造成坏影响，如果教师对他"置之不理"，那可能真会形成坏风气。如果教师保持冷静，就可以避免这种情况发生。有这样一个孩子在班里，这可能需要教师足智多谋且沉着冷静，来维持有趣而平静的学习氛围，但这并非不可以办到。一些友好、理解的话语才可以起到长久的作用。毕竟，有一段时间，教师曾经理解彼得为何这样做，并为之感到同情。她完全可以表现出这种理解，而全班同学，这些并没受到过彼得挑衅的学生，本可以成为一个充满友爱的集体，向这个从没有归属感的可怜男孩伸出援手。

而事实是，教师没有对彼得施加纠正的影响，而是屈服于彼得的暴怒，并证明没人会喜欢他。**如果没有帮助他的决心，任何人都不应该试图帮助一个觉得自己永远无法被爱的孩子。**向孩子灌输希望，然后又让他失望，这比从不试图接近他更糟糕。因为假如无法保证对每一次挫败保持警惕，对孩子的每一次挑衅都会证明别人无法成为他的朋友，我们应该避免参与其中。

我们又恢复了良好的课堂秩序，并开始上课。彼得继续留在了我的班里，他知道如果再发脾气的话，就会被永远赶出去。

案例分析

教师真的相信这种压力会使彼得感受到被人接受，并且他真的不会再发脾气吗？教师并没有尽量减少并消除孩子的怒气，也没帮助孩子克制他的脾气，而是把它变成了可能破坏师生关系的重要因素。教师当时对心理学知之甚少，这对彼得来说太糟糕了。

在冬天的几个月里，彼得带着午餐到学校吃。不久，孩子们来找我，说彼得正在吃他们的蛋糕和水果，我问是否是他们给彼得吃的，他们说是的，因为彼得找他们要。我和彼得谈了一下这件事，他告诉我，他喜欢其他孩子的那些食物，而他自己从没带过那样的午餐。我觉得有必要和他的继母谈谈，因为我不希望这种做法继续下去。但彼得的继母告诉我，彼得除了三明治，没有要过其他食物。我将现在的情况告诉了她，并建议她是否能试着给他带一些蛋糕或水果。哎，可惜彼得的继母从没有这样做，结果彼得继续吃着其他孩子的午餐；他甚至在课间跑去拿别人柜子里的食物。

有一天，他把自己的午餐扔了，告诉我他什么东西都没吃。我想了想，然后假装不知道他做了什么，问他是否愿意和我一起出去吃饭（我想这可能会让他感到一种被人喜欢的感觉）。我们享用了一顿非常愉快的午餐；他点了汉堡包、炸薯条和巧克力汽水，这些任何其他孩子都会点的食物。我们回到学校后，下午的课刚刚开始，彼得又开始挑起事端。我找校长谈论了我们今天一起吃午饭的事；当我回到教室后，班上有人告诉我，说彼得用书打了两个女孩的头，同时用我们的阅读专用椅打了一个小男生。此时此刻，我完全不知道该如何是好，只好告诉他要承担曾经警告他的后果。我带他上楼去见校长，把事情原委告诉了她。

案例分析

当教师不理解一个孩子时，就会出现这种情况。她已经快要了解彼得了，却又误入歧途。很明显，彼得不相信有人会真心关心他，因此，就在老师带他吃完午饭后，彼得摆脱了内心荣誉感的束缚，没有用言语而是用行动告诉老师，他不是个好孩子。教师不明白这一点，因此对他的表现信以为真。大多数成年人在遇到这样的孩子时，都会产生同样的想法。教师非但没有纠正孩子对自己的错误认知，反而被孩子说服了，放弃了"彼得其实可以得到帮助、被人喜欢"的设想。

如果教师了解了彼得这种情况，她早就该料到在她做出友好的、成为彼得朋友的伟大举动之后，会发生这样的事情，也就不会这么惊讶。然后她就可以向彼得解释连他自己都不知道的事情，告诉他他只是想向老师证明自己是个多坏的孩子。但这一系列事件早已发生。当教师因为彼得那张撕坏并丢弃的画争吵时，教师就让彼得放弃了希望。她威胁说，如果他再发脾气的话，就把他开除。这不是一个可以信任的朋友所做出的行为。她处理午餐问题的做法也是错误的。教师没有必要为他感到难过，因为彼得没有得到蛋糕和水果，也没有向他的继母求助，因为她无论如何也不会宠爱彼得。报告中，教师没有提到她怎样阻止彼得吃其他孩子的午餐并拿别人柜子里的食物。从前面的报告所描述的状况，我们可以想象教师也可能处理得不太好，极有可能是通过说教、责骂和威胁的手段。然后，在彼得刚刚对她撒谎之后邀请他共进午餐也不是一个好主意。她以为自己可以假装不知道彼得把午餐扔掉的事实，但其实并不能轻易瞒过像彼得这样聪明多疑的男孩。她完全可以肯定，彼得早已掌握了一切情况。这顿午餐作为对他所做事情的"奖励"，既不表示真诚，也不表示信任，所以彼得有意去测试了老师，结果她失败了。

任何对彼得的问题一无所知的教师，都可能像她那样行事。

这件事发生后，彼得的父母又被叫来参加家长会谈，学校心理辅导员也被邀请来参加会议。经过这次讨论，学校决定彼得不能继续留在我的班上学习，而是让他留在家里由一位家庭教师辅导。这种做法在一段时间似乎奏效，但后来他们发现，彼得有了太多时间制造麻烦。最后，福利机构开始介入，接管了对彼得的教育工作。

案例分析

这是对彼得所能做的事情中最糟糕的部分：让他一直待在家里。正是他的家庭环境造成了他不适当的社会行为模式，而其家庭成员根本不对彼得可能发生的态度转变抱有任何兴趣。

9月份，彼得二年级重新入学，可是很快又被开除。后来，他被送进一所教会学校。最近，我和福利机构的代表以及彼得的父母，一起参加了对彼得的庭审。我在法庭上只想说，这个孩子想要伤害别人，憎恨那些对他表现善意的人，这是因为他的父亲和继母虐待他，对他表现出仇恨感。

案例分析

看到其他人做错了什么，这很容易，也许还让人感到舒服。不幸的是，这位好心、真诚、充满善意、原本对彼得充满同情的教师，本来几乎成功地赢得了他，可以给他一次重生的机会，甚至改变他的未来，但最终还是失败了，因为她不知道如何对待像彼得这样的孩子。她的过错不是对彼得缺乏情感关心，而是源于无知。她不断向校长寻求帮助和保护，而那位校长和她一样，对如何帮助这样一个孩子也是知之甚少。

案例44

哈尔是家里两个孩子中的老大。我第一次见他是在我的英语课上。他很少预习功课，对课堂讨论不感兴趣，而且经常逃课。他十一岁时父母离婚了。为了养家糊口，母亲不得不从下午4点工作到晚上12点。因此，两个男孩只能单独待在家里。

哈尔和两个同学在抢劫一户人家时被抓，他们三人还成功地从其他人家中打劫了很多东西。哈尔是这三人中的主犯。三人都被判缓刑。

在学校里，哈尔表现得紧张、易怒和无礼。他认为大家都在和他作对。例如，有一次考试时，我碰巧看了他一眼，他立刻说："你看我干什么？"

案例分析

男孩的这种自我防卫态度主要表现在，哪怕最轻微的挑衅都会让他随时跳起来，随时准备报复任何可能伤害他或对抗他的人，伤害与对抗对他来说没有差别。一个经常被欺负的孩子已经习惯这种待遇，他们甚至刺激他人欺负自己，进而去报复他人，这样的孩子有这种态度还是能理解的。他所有行为的动机均是报复，去报复社会和代表这个社会的人，因为在这个社会里，他们没有立足之地，而这个社会中的人也伤害了他。

在我们学习戏剧时，我要求哈尔朗读某个角色的内容。他读了，而且读得很好。我高度评价了他的朗读能力，并建议他尝试在初级班的戏剧中扮演一个角色。他尝试了剧中的每一个男性角色，并且每个角色都比其他男生演得好。自然，我就让他担任主角，和他达成协议，要求他继续完成所有课堂作业，而且不要错过任何一次排练。

案例分析

哈尔有进取心，也很能干。这两种特质都很明显地表现在他的犯罪活动中；但在教师的戏剧表演这里，这两种特质是在社会框架的约束下、通过与社会合作而非反社会的方式展示出来。然而，这个男孩的反社会态度不可能太根深蒂固，否则他就不可能接受教师要求的条件。这位教师抓住了这个机会。一般来说，如果一个孩子已经很气馁，且具有反社会的倾向，那么别人对他的接受就是有条件的，这就违背了孩子的最初目的。首先需要让他融入群体，然后才可以在没有压力和威胁的情况下满足这些条件。

无须赘言，在话剧演出当晚，哈尔表现出色，并因此得到了认可。在本学年之后的时间里，他变得非常配合。他对学习开始充满兴趣，从不逃学，甚至性格也发生了变化，变得相当讨人喜欢。督学、校长和同学们对哈尔的巨大改变都议论纷纷。

案例分析

单是让哈尔参加话剧表演这一件事，不太可能使这个男孩发生根本性的改变。我们可以猜到，这位教师对哈尔的理解和鼓励，以及教师与哈尔进行的大量友好互动在帮助哈尔方面起到了很大作用。这件事远远不止她说的那么简单。我们还可以推断，男孩的反社会行为可能来自之前社会群体关系的刺激作用，在他参与话剧表演后，与这些同学形成了新的交往关系，使他可能放弃了之前的群体关系。话剧表演这一事件很可能使他成为群体的一部分，而在这之前，他从未被群体接受过。他非常希望得到认可，此前他只能在少年犯中寻找自身价值。虽然所有这些都只是猜测，但存在合理的可能性，这可以解释他为何相当迅速且彻底地改变。

校长曾经劝我，不要让哈尔参与话剧表演。我承认当时我很担心，担心自己冒了很大的风险。

案例分析

这个案例展示了**教师的勇气和胆识，是应付这种孩子所必需的品质**。虽然这份报告听起来太过理想化而显得有失真实，情节太简单以致难以让人信服，但它确实展示了采取纠正措施时我们的必要努力。

案例45

玛吉，十二岁，是我七年级班上的学生。去年所有人都对她失望至极，因为她经常偷东西，和老师或同学打架，而且所有课程都不及格。今年刚开始，她仍是老样子，两周内偷了三次东西，还经常打架。

她在家里排行老二，有个哥哥。

案例分析

这是一条重要信息，排行中间的孩子通常会感到被人忽视和不公平对待。玛吉的行为也许就是她对这种情况的反应，如果我们发现她的母亲偏袒另外两个孩子，那就更容易理解玛吉的行为了。我们想知道玛吉的哥哥是什么样的孩子。但更重要的是，教师努力了解了更多有关玛吉的背景。

关于教师和这份报告我们有必要做一些解释说明。这位教师决定以"简短报告"的形式介绍此例。作为一名培训经验丰富的学员，她自然知道自己简短陈述背后的所有含义；但对于缺乏培训的师范学员来说，则不会明白这是什么意思。对她来说，指出玛吉是排行中间的孩子，这条信息就足够了。她的假设是，每个人都会知道她所要表达的含义，这种特点也体现在她报告中以下的部分陈述中。

不久前，邻居们打电话到学校，告诉我们玛吉正在街上向一群小学生分发香烟。第二天，我们在会议室讨论了此类行为背后可能的目的，但没有提到具体名字。

第二天，玛吉表现有所不同，她变得更加友好了。当她问问题时，她会拉住我的手，比以往任何时候都更配合了。她开始主动谈论自己，讲述发生在她身上的所有"坏"事，例如她没有通过的考试，老师多少次把她赶出了教室；但她从来没提到有段时间，她是班里唯一一把数学作业全做对的学生，这也是我后来才了解到的。

我单独和她进行过两次简短的谈话，还到她家家访。我们谈到一些有关偷东西的事，我告诉她很多孩子或多或少都偷过东西，但随着他们越来越自信，所有的偷窃行为都会停止。

案例分析

请注意当教师被正式告知玛吉当街向学生分发香烟时的反应。她所做的，只是讨论这种行为的目的。她甚至没有提肇事者的姓名。这种克制需要相当高的心理敏感度。人们此时可能很容易禁不住借机去说教、训诫和威胁，当然也会向所有人说明"凶手"是谁。但这位教师可以十分肯定，即便没提到她的名字，玛吉也会明白她的意图，可能正因没有点名，玛吉反而更加清楚了老师的意图。

第二个重要细节是教师发起的讨论类型。她没有去讨论评判这里的道德问题，也没讨论为什么分发香烟是人们所反对的，人们会怎么想，学校是否应该负责等许多类似的方面，这些是很多教师大体会讨论的。这位教师讨论的是这种行为背后的目的。不幸的是，她没有报告此次讨论的具体内容。她可能考虑了多种可能性，或者更好的，教师会引导孩子们的思路，探索各种可能性，其中包括对抗、引发报复、因受到不公平待遇而惩罚等。遗憾的是，目前没有记录这场讨论的具体内容。

女孩身上发生的变化并不令人惊讶。她相信老师是她的朋友，并敞开了自己的心扉。教师提到玛吉在向她问问题时的一个重要手势，即拉着老师的手，这个手势展示了玛吉的敏感性。而且我们可以看到，教师一直在努力寻找玛吉获得积极成就的可能性，并找到了证据。

同样，教师提到了两次与玛吉的私下谈话，但没有说明具体的讨论内容，只是通过推理来描述谈话内容，强调他们没有谈论的事情，而这可能是缺乏相关培训的教师主要探索的话题。即使他们谈到偷东西的话题时，教师也不是去贬损，而是采取鼓励的态度。最后，她找到女孩的不端行为与缺乏自信之间的联系，点出了玛吉不良行为背后的本质原因。

我试着和玛吉建立起温暖的友好关系。她邀请我观看了她的钢琴独奏

表演。我再次表达了我的感激，并在第二天的课上，用很轻松的态度向全班同学提起玛吉在钢琴演奏上的出色表现。

七个星期以来，玛吉没有再盗窃了。上周，她所有科目的考试都及格了。她对老师和同学的态度也有了很大改善。

案例分析

教师成功地重建了玛吉对自己和他人的信心。可以想象，如果教师因为玛吉偷窃和撒谎是错误的，只是一味训诫和惩罚；或者她未能与女孩建立温暖的朋友关系，且让孩子自由地谈论自己的问题；又或者，也是最重要的，教师没有能力以女孩可接受的方式给出自己的见解，那么接下来玛吉会发生什么，我们可想而知了。

4.自卑的借口

寻求关注、争夺权力和寻求报复，这三个目的可能并不代表孩子所有行为的特征。在某些案例中，孩子的行为目的是多种目的的综合体；在其他一些案例中，孩子的行为目的只在某些特定情况下出现。受挫是导致孩子产生自卑感的主要原因，可能仅局限于对孩子某些方面的影响；但也可能会扩展至孩子的所有活动，影响更广。孩子会用自己的无能作借口，回避那些评判好坏或优劣的活动。学习中总会出现这样的评判活动。因此，这些活动很容易让孩子产生无能感，他们可能对自己的无能深信不疑，以至于不再做出更多努力。无论孩子是真实的无能，还是一种假想的心理状态，其实这并不重要；对孩子来说，这种无能感是实实在在的，并且总是在自己与别人的比较中不断增强。

虽然鼓励是所有纠正措施的先决条件，但它更是一种消解孩子认为自己无能信念的具体方法。对教师来说，难题在于，这样的孩子更容易让教师相信他确实完全无能，而让教师相信他有能力要困难得多。教师想成功解决这类孩子的问题，就要相信孩子能克服自己的失败主义。对于一个受挫的教师来说，要做到这点就很难，要求也极高；如果教师只关心自己的成功和声望，那她的努力也会徒然无用。然而，如果一位教师足够谦逊，尽自己最大的努力，并相信所有人天生都有巨大的潜力，那么她就会艰难前行，并最终成功，取得自己从未预料到的成功。

案例46

贝茜，是一名三年级的留级生。她的学习效率可能很低。例如，在算术方面，她可能会随意乱写答案，或者她可能只会抄写题目，但根本不算答案。她似乎害怕背诵。

案例分析

这个孩子显然非常气馁，而实际上她的学习能力并非所表现出的这样低。只要没有语言障碍，没有孩子不会背诵，而在报告中，我们看到这个孩子并不存在任何语言障碍的迹象。

我和全班同学曾经简单讨论过如何做一名好的听众。我们最终决定，以点名的方式给每位同学公平的背诵机会，只有在他真的需要时才提供提醒的帮助。我们一致认为，如果所有的孩子都举手帮忙，有时可能会妨碍背诵者尽最大的努力。因此，最好是所有同学都放下手，等待老师对全班同学的求助。

这次讨论后，当我点名让贝茜背诵时，班上同学不再举手。如果她背得很慢，我们会等着她慢慢背出来。贝茜开始逐渐获得自信，并在别人需要帮助时也举手主动提供帮助。

案例分析

教师的这个方法很有效，引导全班同学给贝茜以鼓励和精神上的支持。通过全体同学的广泛讨论来帮助贝茜找到解决方法，这点做得尤其好。

通常我会在黑板布置五道算术题，贝茜通常比其他同学花更多时间完成。我决定给她更多时间，允许她用一周的时间完成这些习题。一周后，贝茜交上作业，结果全都答对了。我给她打了一个"E"（excellent），并当着全班同学的面告诉她，我为她感到骄傲。第二天，她解答了当天所有算术题，又得到了一个"E"，我给她写了评语："我为你感到十分骄傲"。第三天，她又得了"E"，我在她的作业上画了一个笑脸。整整这一周，贝茜的作业都得了"E"。全班同学都为她欢欣鼓舞。我让她去校长办公室，把作业本拿给校长看。她回来时说，校长也为她感到骄傲。我们可以看到她满脸洋溢着成功的喜悦。

案例分析

这位教师是如何帮助贝茜在态度和表现上实现这种转变的？首先，教师一次又一次发现了贝茜气馁的原因。她意识到，这个孩子一直不敢背诵，是因为每当她背不上来时，其他人都会跃跃欲试，表现得比她好。教师制止了这种行为，结果贝茜不再害怕背诵。之后，教师消除了一切压力，并给她足够时间按自己的速度去答题。只要贝茜发现自己能解答正确，她就加快了解题速度,并赶上了全班同学的速度。

但教师也要确保,从一开始就须对贝茜的成功予以认可和鼓励。换句话说,她对孩子的评语,是针对孩子的沮丧状况,而不是她的绝对成就。其他孩子也会得到"E",但教师无须对此大惊小怪,因为这些孩子不需要,但贝西需要教师尤其关注。由于教师已经通过班级讨论,在班里营造了一种互助氛围,全班同学并不怨恨贝茜的成功,相反,他们会为贝茜的成功欢欣鼓舞,还会认为贝茜的成功也是自己的成就。

在这个案例中,还有另一个不太明显的因素,即**完全放弃的受挫的孩子可能仍然有很强的好胜心**。贝茜为自己的成就感到自豪,这表明她实际上非常争强好胜。虽然贝茜在刚刚进入这个班级时,并没表现出这种好胜心,但教师发现并利用了她这种潜在的好胜心。

案例47

罗尼,八岁,是一个身形单薄、面色苍白、性格胆小的男孩。因为他在一年级未能通过阅读课程考核,因此被安排在我的特别互助班中。二年级的阅读课对他来讲,极为困难,他需要消化很多之前未学会的知识,还要同时学会语音。那年,他的阅读处于一年级和二年级初级水平。

第一周,罗尼在行为和神色上都极度紧张和沮丧。他看起来既害怕又没有自信,可怜巴巴又费力地完成他的作业。但在新情况中,他就表现出对别人极大的依赖性,浑身颤抖,双手出汗,从来没笑过。

第二周,我们邀请罗尼的母亲来参加一次面谈。她承认自己曾对罗尼过度保护。"我太娇惯他了。"罗尼是她的第三个孩子,前两个孩子都夭折了。父母来自外国,有着不同的文化背景,这使得罗尼过于依赖他们。罗尼的母亲一直宠溺他，害怕也失去这个孩子，加之罗尼身体不好，这更加剧了母亲对他的宠爱。她下定决心，必须让罗尼活下去。因此，她代劳了罗尼的一切，为他做所有决定，关心他，并替他思考。

案例分析

对罗尼背景的简短陈述，为我们提供了重要信息。此案例很好地说明了罗尼生命中不确定的开端，他产生不安全感、依赖性和无助的根源。任何一个在哥哥姐姐夭折后出生的孩子，都会处于一种岌岌可危的状态。在罗尼的案例中，在他之前已经夭折了两个孩子，而不同的文化背景又加剧了母亲对罗尼的过度娇惯。他从没有机会体验自己的力量。

罗尼的弟弟帕特只小他一岁，但他积极进取，精力充沛，十分活跃。他甚至比柔弱、安静、沉默寡言且相当被动的哥哥罗尼还要高大强壮。每次罗尼与帕特竞争时，几乎都以失败告终。

案例分析

由于罗尼在童年时期的成长经历，他的弟弟帕特发现很容易超越他。帕特越积极进取，罗尼就越沉闷软弱。他们互相刺激，朝着相反的方向成长。罗尼体弱多病，而帕特越来越高大强壮，这或许不仅仅是巧合。反过来，这又成为罗尼自卑感的另一个来源。

我试图帮助罗尼母亲减轻焦虑，告诉她罗尼在学业上表现很好，她不必担心罗尼完成作业需要多长时间，也不必担心帕特可能赶上罗尼。我更担忧的是，罗尼无法放松自己，他总是闷闷不乐，在努力学习时总是极度紧张。此外，他对别人的过度依赖也令我苦恼。

案例分析

目前，尚不清楚这位教师是否在她的报告中明确说明了她到底想向罗尼的母亲传达什么信息。减轻母亲的担心和焦虑固然很重要，但不应该通过不符事实的信息，因为并没有迹象表明罗尼在学业上表现良好。但我们完全同意教师的一个看法，即现阶段，罗尼的学业没有他的情绪调节和个人适应性重要。教师正朝着正确的方向努力，希望最终提高罗尼的学业成绩。

开学第二周，罗尼去钢制文件柜取一张纸。他使劲拉柜门，但不能像平时那样打开，必须先把门把手推上去才行。他恳求地看着我说："我打不开。"我回答说："罗尼，如果是我，用这种方式打不开门（我用手臂演示着开门的这些动作），我会试试另一种方法。"经过几次尝试和失败后，他终于打开了门，拿到一张纸，面带着胜利的微笑回到自己的座位。

案例分析

不错。在罗尼请求帮助时，教师只给了他一些提示，没有做太多说明，只是为孩子留出一定空间，让他依靠自己的力量，自行去尝试。最终解决问题仍需要靠他自己。我们可以看到，罗尼是怎样通过自己的"依赖性"来要求别人为他服务的。

罗尼书写很慢，通常花太多时间，而且仍在写较大的字体，这种字体属于初级水平的书写。但与此同时，罗尼书写得却很漂亮，事实上，就像画出来一样。有一天我告诉他，三年级的书写只需占满作业纸一个空格的高度，不需像他现在这样，占满两个空格的高度。我称赞他阅读进步很大，并认为他一个月后就可以开始读三年级的阅读课了。我还称赞他字母写得很漂亮，美中不足的是字写得较大，建议他把字写成正常大小。"你用三年级和高年级的方式来拼写单词怎么样？"我花了15分钟用正常字体的样本为他做示范，第一节课后罗尼很快就"步入了正轨"。他开始用较小的字体书写了，由此产生了自信，也大大加快了他的书写速度。

案例分析

教师的做法重点在于，她强调的是罗尼书写的漂亮，尽管这种书写仍然存在不足；另外，教师对罗尼书写的纠正，从对—错的纠正模式转向低年级—高年级（"高年级书写风格"）的纠正模式。教师没有给他留下他书写错误的印象，而是向他展示出进步的可能性。同样重要的是，教师花大把时间向罗尼展示她希望罗尼能写出的字体，确保他不会感到压力，而是让罗尼认为自己有能力做好他应做的事。用这种方式，教师消除了男孩的气馁心理以及对自己能力的怀疑。

在一次拼写测试中，罗尼转过身（我在他身后）看着我，眼里充满恐惧。他焦虑地告诉我，他刚刚把铅笔弄断了。他的笔芯折断了！我说："嗯，罗尼，这可不是世界末日。"我笑了笑——他羞怯地笑了。我问罗尼，接下来该怎么做？他还没来得及回答我，一个叫肯的同学迅速而自信地插嘴说道："去削铅笔吧，罗尼。"我补充说："罗尼，如果下次再遇到这种情况，只需说'抱歉，我要去削铅笔'，好不好？"他点头表示赞同，眼里发出释然的光芒——然后去削铅笔了。

案例分析

教师的态度确实使孩子受到了鼓舞；然而，在处理这次事件中，她话说得太多，展现出了说教倾向。就这样，罗尼通过自己的"无助"，得到了过度关注，这对他始终是有害的。如果在肯插话告诉罗尼该怎么做时，她认为这样不妥，她完全可以告诉肯，罗尼自己知道该怎么做。这样就会消除肯的优越感，同时鼓励罗尼自己独立做好这件事。

教师还忽略了另一个细节：不要在发生这样的问题时，就急于开口说话或试图"解释"。这满足了孩子对特别关注的需求。告诉罗尼，他可以和老师说明情况并去削铅笔，完全没问题，但不是这个时候。在这种时候，老师说得越少越好。如果必须对某些情况加以解释，教师可以在之后的一般性讨论中简短进行。在这种情况下，教师可以提出这样的问题：如果铅笔断了该怎么办。那么，其他孩子可以自由表达见解，这时才是完全合适的。但在测试进行时发生这样的小插曲，情况就有所不同了：行动才是最重要的，言语仅应限于对行动产生提示作用。

起初，罗尼在一年级和二年级的阅读方面遇到了困难。罗尼在语音知识上基础牢固，我高度赞扬了他对元音、辅音混合和其他语音组合的掌握。第二周，我给了他一本64页的练习册，均是有关阅读和发音的练习。在完成常规课堂作业后，他开始做这本练习册——两周内他便完成了所有练习。第一天，他完成了20页，我对他说："罗尼，你做这本书的速度就像喷气式飞机一样。"罗尼笑得合不拢嘴！而且他阅读的成绩已经达到了"A-"。

他在阅读方面的进步似乎证明了一点，即良好的语音基础在词汇学习和独立阅读方面起到了很大的作用。在感恩节假期，我给罗尼布置了一项任务，让他拼写出今年学过的119个单词——他一个单词都没拼错。（我的评判标准是：i 没写上面的小点，或 f 没写小短横，均是不正确的！）你可以想象，我对他的作业表现出怎样的惊喜，我在他的练习册上打了一个大大的"A+"。他满脸笑容。他的手指不再颤抖，手心也不再出汗了。每次我给他布置任务时，他都会表现出一副胸有成竹的模样："如果可以的话，你来抓住我啊。"

案例分析

尽管这位教师在罗尼案例中已经取得了明显的成功，但她的实施方法也存在许多问题。从罗尼的背景来看，我们怀疑罗尼其实有很强的好胜心，他一直在追求卓越。即使他在书写方面有缺陷，即还在写一年级的大号字体，但这也暗示了他的完美主义；当教师评论罗尼的每个字母写得多漂亮时，其实是在鼓励他，也是在回应他的完美主义。（莫非这位教师也是一个完美主义者，对没写点的i和没写短横的f也会吹毛求疵？也许他们两个属于同一类人，这才是他们相互理解和回应的基础？）不管怎么说，我们不禁怀疑，如果罗尼不再得到"A+"的高分，他会不会再次气馁？这就是这种做法的危险所在。

此外，罗尼从老师那里得到如此多的特别关注，以至于罗尼会再次依赖她，也许他更多依赖的不是老师的帮助，而是老师的赞扬，这同样是对他有害而且危险的。教师的错误做法在于，她对罗尼家庭状况的误解。当她与罗尼的母亲交谈时，她没有怀疑或意识到，罗尼在家里已经获得了特殊地位。由于教师并不理解罗尼获得特殊位置的愿望和能力，她在班里为罗尼确立了同样的角色模式。我们可能会质疑，教师对罗尼的影响比罗尼对教师的影响还大吗？教师教会了罗尼拼写和阅读；从这个角度来看，她是成功的。如果学校的首要目标是掌握文化知识，那这种结果就可能使教师非常满意。然而，她自己也认识到，罗尼的情绪调整比他的学业进步更重要。教师可能会指出，即使在情绪这方面，也就是罗尼的紧张和情绪低落方面，她显然已获得了成功。罗尼不再颤抖，手心也不再出汗了，他笑得更多了，也比以前更开心了。但是，这一进步是通过罗尼更多融入班级群体，还是依赖于一位如此"理解"他而且对他大加赞赏的老师才实现的？

这些是教师必须提防的陷阱。只有清楚地理解孩子的心理动力，才能理解这些陷阱的微妙之处。气馁可能源于许多不同的原因和理由；因此，鼓励虽然总是有益的，但如果将之用作解决孩子问题的具体方法，就必须衡量每个孩子的心理动机。在这个案例中，这位教师成功地鼓励了罗尼，但也许没有成功地帮他提高个人的调节和适应能力。

案例48

泰德和奈德是双胞胎，今年八岁。泰德因病缺课很多次，因此在学业上远落后于奈德。由此他产生了自卑感。当向泰德提问时，他立即建议去问奈德，因为在他看来，奈德更聪明。而事实上，奈德的智商比泰德低。当这对双胞胎升入我三年级的班级时，我就意识到了这种情况。

最近有一次，泰德在"smart"（聪明）这个词的拼写上遇到了麻烦。我让他先听一遍，他就拼了出来。我告诉他，正是因为他很聪明，才能又快又好地拼写上来。他微笑着回到座位上，几分钟后他又过来，向我表示感谢。

案例分析

教师简单的鼓励给泰德留下深刻的印象，这可能反映了整个事件的真实情况。他起初因缺课而在学业上遇到困难，因此有所退步。不幸的是，他的智商比奈德高，但学业却不如奈德。我们可以更清楚地想象到，这两个因素的结合对泰德的老师和父母产生了破坏性影响。他们会忍不住指出泰德还有很多潜力，批评他的不足，给他施加压力。而过于频繁地使用这种做法只会使泰德更加沮丧。**对孩子说，"我知道你可以做得更好"，这是一种差劲的鼓励。这实际上是在说："但你现在为什么没做好呢？"**因此，这是批评而非鼓励。很显然，这位教师打破了泰德所经历的不利影响的恶性循环，否则，人们就无法理解，为何教师这样简单的、没有附加条件的赞美竟然让泰德无限感激。(鼓励的良好效果往往会因一些附加条件而完全抵消，比如，"如果你一直这样表现，你就会……"等等。)

通过这种鼓励，我认为泰德获得了自信。现在，他不仅能完成作业，而且再没提过他认为奈德比他更聪明。有时，他的成绩甚至比奈德还好，而现在奈德出现了一些我不得不应付的麻烦。

案例分析

在这种平衡杆似的情况中，教师预料到奈德会遇到一些麻烦，这是完全正确的。这两个男孩显然是在相互竞争，否则泰德就不会觉得自己落后于奈德那么多了。现在，他已经步入正轨，取得了进步，而他的兄弟就会感到气馁了；我们建议这位教师留意事态的发展变化，并做好准备也像应对泰德的情况一样，去应对奈德的问题。

此案例指出了一个往往导致孩子气馁并放弃的重要因素。**对孩子来说，重要的不是他有多优秀，以及他做得有多出色；更重要的是，他比别人更好还是更差。**自卑感，也就是认为自己不够好的信念，与实际能力无关。有些孩子可能会以自卑这种方式回应，因为他们实际上确实无法赶上别人。

在许多情况中，正如在泰德的案例中，是这种被事实证明的能力导致了孩子在绝望中放弃。正是由于泰德的智商较高，促使父母和老师向他提出更高的要求，使他认为自己无法达到。同样，这种争强好胜之心，这种追求优秀和卓越的愿望，也可能带来绝望，因为孩子看不到继续努力的价值，认为自己没有机会达到自己的预期。

父母和教师不能向孩子传达这样一种理念：你已经足够优秀。孩子们总会记住这样一个事实，即：他们还不够优秀，因为自己本可以做得更好。而这会促使无数孩子放弃任何努力，因为他们确信自己没机会做得足够好，这意味着他们没机会做得和别人一样好（形成竞争），或者没有像他们本应该表现的那样做得更好（形成压力），或者没有达到自己的预期（形成好胜心）。

受挫的过度野心是导致孩子放弃自己的最常见的原因。很多孩子被培养出这种信念，即超越他人很重要，这些孩子就会回避参与任何不能证明自己优越性的活动。自然，在他们自我放弃后，好胜心就不会明显表现出来。出于此原因，许多家长和教师发现，对于那些根本不去尝试的孩子，很难从心理学角度去解释他们还拥有很强的好胜心。然而，一旦孩子克服了挫败感，他们的过度野心就会明显体现出来。

本章要点回顾（最触动您的文字有）：

第九章　群体讨论

每位教师都有自己的方法组织班级讨论。教师并不一定要积极参与其中，但无论如何，她必须能够准确把握时机，知道什么时候需要对孩子们进行指导，什么时候需要让孩子们自己主导，因为此时，干扰讨论反倒是不明智的。群体讨论的关键因素在于所有成员共同承担责任，是一个对提出的问题进行思考的过程，并积极探索可能的解决方案。实现共同承担责任的最佳方式是问"我们能做些什么？"教师通过恰当的提问，激励孩子们朝正确的方向前进。苏格拉底所采用的技巧，即提出尖锐的问题引发别人的深层思考，仍然值得我们借鉴和效仿。

一些教师对班级群体讨论形成了自己独特的观点，以下是一些例子。

教师熟悉了班级状况后，就可以开始组织群体讨论了。她会请学生建议如何装饰教室，新学期的前两天想做什么，如何计划完成课业任务、组织班级委员会、进行班级责任分工等。如果教师计划布置家庭作业，她必须在布置作业之前征询学生的意见，与学生讨论做作业的利弊。如果学生们认为做作业只是一件"繁忙的工作"，没有任何实际价值，那教师有义务去倾听他们的反对意见。在低年级，需要讨论一些相对简单的问题，比如去卫生间、食堂的就餐秩序等。

教师必须邀请每个孩子都提出自己的建议或意见。 如果孩子很腼腆或持完全消极的态度，教师可以询问孩子的想法。教师在征求孩子意见或建议时，必须认真对待，否则就不要去尝试。重要的是，教师不仅要征求每个学生的意见，还要邀请大家都来发表评论。稍后，教师会引导学生讨论问题，形成互助氛围，这些问题包括准时到校、物品保管或完成功课等。

许多低年级的孩子希望参加群体讨论，但不知道该怎么做，因为在家里，他们要么控制一切，不服管束，要么无所质疑地完全服从。他们从未参与过友善的讨论。如果孩子们还没准备好讨论一些实质的问题，教师可以给孩子们讲一些故事，来训练他们对自己和他人的行为进行理解和分析的能力，尤其是理解故事中的角色在社会人际关系存在不协调时的行为问题。教科书中有许多类似的故事。下面这个故事就十分适合来讨论。如《小象提比的帽子》[①]故事中讲到一只小象喜欢抢别人的帽子，并将之撕碎。下面是在阅读了该故事之后，孩子们进行的讨论。

案例49

老师：你们怎么看待小象提比撕碎别人帽子的行为？你们喜欢这样吗？

（大多数孩子会表示他们不赞成这种行为）

老师：为什么不喜欢呢？

孩子：这样做不好。

老师：你为什么这么认为？

孩子：这对别人不公平。

老师：那为什么提比会这样做？

其中一个孩子：它觉得这样做很好玩。

老师：有些孩子觉得这样做不好，也不公平。那为什么还有人喜欢对别人做既不友好也不公平的事呢？

---

① 琼·莫里斯（June Morris）:《小象提比的帽子》,《新街道》, 芝加哥：斯考特·福斯曼英语分级读物, 1958年版。(在此感谢加里教育集团的伯妮斯·格尼瓦尔德女士为我们提供了这个例子以及本节中的其他案例。)

孩子：也许提比想让别人不开心。

另一个孩子：提比根本不在乎自己的行为好不好。

老师：为什么有人想让别人不开心呢？

孩子：也许我们在生他们的气。

老师：是因为来动物园的游客让提比生气了吗？你认为提比是不是不喜欢有人来动物园呢？

一个孩子：我想提比喜欢让游客们来，否则的话，它怎么能撕碎他们的帽子呢？提比没有生任何人的气。它只是喜欢这样玩。

老师：除了撕碎帽子的游戏好玩之外，提比还能有什么其他收获呢？

一个孩子：没有了，因为提比妈妈和动物园管理员会责骂他。

老师：你们当中有多少人认为，提比其实不喜欢被妈妈和管理员责骂呢？

（令我惊讶的事情发生了，只有几个孩子举起了手）

老师：那么，小象提比喜欢被责骂吗？

一个孩子：我觉得它喜欢。

另一个孩子：我也是这么想。

老师：为什么？

一个孩子：嗯，这就能得到关注，它喜欢这样做。

老师：我也很想知道，提比还从其他哪些人那里获得关注呢？

一个孩子：从动物园的其他的动物那里啊。

另一个孩子：我想提比想让其他动物嫉妒它。

老师：当提比受到如此多关注时，它会有什么感受呢？

一个孩子：它会认为自己是动物们当中最重要的，自己值得比其他动物获得更多的关注。

老师：也许你们是对的。提比认为撕帽子的行为会使自己成为大人物。那么，你们认识像提比一样的孩子吗？

孩子们：认识。

（细心的老师会注意到，这时许多孩子低下了头，试图回避老师的目光，或窃笑，这同样承认自己被"识破"了）

案例分析

时不时地，会有孩子主动承认这正是自己一直以来的做法。**只要一个孩子对自己的这种缺陷进行了坦白，就会激发其他许多孩子坦白自己错误的勇气。**这样的讨论总会产生效果，并对孩子产生良好的影响。

几乎每个类似的故事都能引发讨论，据此来分析故事中的人际关系及其角色的行为动机，并找到自己与角色行为的相似之处。善于引导孩子讨论的教师，能有效地引出班级里也存在类似问题，而同时不会让学生们感到难堪。

通过讨论故事中的角色，可以训练孩子们对自己及其他孩子的行为进行质疑和理解的能力。当孩子们学会接受每个人都会犯错，而且错误是可以改正的，那么讨论自己的问题时就不会感到尴尬了，这时，教师就可以引导孩子们在班上就特定同学的具体问题进行讨论了。

在孩子们接受了有关群体讨论的训练后，他们就应该成立自己的"政府"（组织），以班级委员会的形式，每周召开一到两次会议，可以讨论任何他们想讨论的主题。通常，孩子们对这个建议充满热情。班级委员会总会非常成功，但通常需要经过几周的艰难运行才会正常运转。一开始，教师会面临相当多的困惑，这可能会打击教师对孩子们的足够信心。

班级选出两到三名成员作为班级委员会委员，他们的委员资格有一定的时间期限，通常是两周。班级所有同学的不满和建议，都会首先提交给委员，然后由委员代表把这些问题带到全班去讨论。班级委员会的意见比教师的意见更重要。如果班级委员会决定讨论约翰敲桌子影响班级秩序的行为，那么该问题总会比教师直接训斥约翰得到更令人满意的解决答案。班级委员会每两周选举一次新委员，直到班上每个孩子都当过委员。

孩子们要实现以民主的方式有序地进行班级讨论，需要一段时间的训练。当孩子学会接受群体价值观时，他对自己及他人之间关系的认知就会发生改变。这样，孩子就开始解决自身的一些问题了。

在一学年的第一学期，教师必须以成员的身份，积极参与到班级讨论中。当讨论内容偏离主题时，教师必须将话题引回正轨。当有些同学还没有被询问及表达他们的想法，或者某些同学发言时间过长时，教师应适当地提醒班级委员会要兼顾到所有同学。有时，教师可能需要与班级委员会召开特别会议，指出班级中存在的具体问题，并拿到班级委员会中进行讨论。班级委员会必须定期召开会议，并作为学校日常活动中的重要组成部分。

有些人可能会问，孩子们可以提出哪些问题进行探讨。孩子们应该能够提出任何与他们有关的议题。这些话题有可能包含对他们构成威胁的情况，例如考试，或者教师与家长讨论学生的不当行为等话题。

教师和孩子们的关系越好，孩子们就越能自由地讨论任何困扰他们的问题。一些孩子会提出他们在家里遇到的问题，在班级中进行讨论。以下是班级讨论的几个话题。

帕西在班级讨论中的话题是，她是否应该邀请一个女孩参加自己的生日派对，尽管这个女孩从没有邀请过帕西。孩子们建议帕西不要在意这个女孩的所作所为，如果她真的想与她交朋友，就去邀请她。帕西接受了大家的建议，后来她对大家说，她们俩成了亲密的朋友，一起度过了美好时光。

哈利讨论的议题是，他想知道别的孩子在家中做多少家务。哈利认为他的母亲要求他做了太多。通过班级讨论，这个话题演变成有关家庭归属感和责任感的讨论。结论是，我们不能简单地比较不同的孩子在各自家中所承担的家务量，因为每个家庭情况都不同。无论哪种情况，我们都必须根据家庭所需尽自己的一分力量。

苏想知道，每天她必须和弟弟同时上床睡觉这件事是否公平。在讨论中，我们发现，每当苏在家里必须比弟弟做更多家务时，她表现得都很差劲，要求和弟弟平均分配家务。通过班级讨论，大家一致认为，在这种情况下，苏在晚上就没有为自己要求特权的权利。如果她想被当作大孩子来对待，想拥有更多权利，那么她也必须比弟弟承担更多责任。苏接受了班级讨论的建议，并马上与父母就此进行了讨论。

案例50

以下是一段课堂讨论的部分记录。

现在，我们将会参与一个三年级班级委员会的会议。我们来自33班，我们班主任是G老师，我叫玛丽亚，是班级委员会的主席之一。班里每个孩子都有机会加入班级委员会。每当有人提出议题时，就可以在班级委员会的笔记本上进行登记，我们召开班级会议时，只需邀请那些报名登记的同学。讨论的话题不只包括遇到的问题，还会探讨哪些同学一直在进步，哪些同学不再迟到，也包括木偶剧和聚会等。最后我们进行投票表决。

玛丽亚：请大家安静一下。现在，我们开始举行班级委员会会议。以下是今天报名登记的同学（念出几个学生的名字）。

第一个女生：我想说一下有关卫生间的事。我发现总有人在卫生间乱写乱画，我觉得这种做法不太好。我知道是谁做的，但不想提她们的名字。

玛丽亚：嗯，好的，有谁想对此发表一下意见吗?

男生：我想不管是谁做的，我们都应该警告他不要继续这样做了，无论是谁都不可以。

另一个男生：我们应该再给别人一次机会，如果他们继续乱写乱画，我们就应该召开会议解决。

另一个女生：还有一件事要说。我认为保罗在倾听别人讲话方面有了明显的进步，而且他完成作业的速度也加快了不少。

玛丽亚：有多少人想对这件事发表意见？

另一个女生：我也认为保罗在完成作业和倾听别人方面有了很大进步。

另一个女生：我是在另一栋教学楼认识的保罗，那时他不太喜欢上学，阅读能力也不好，是个坏孩子。他现在确实有很大改进。

玛丽亚：还有人想要补充吗？

一个男生：我想保罗比以前更喜欢上学了。

玛丽亚：保罗，你是怎么想的？

保罗：我觉得我有进步，我更喜欢上学了。

玛丽亚：下一个发言的是……

女生：每次我来上学时，都要经过DQ冰淇淋店的小巷，我不知道为什么那里有几个男生总想打我，而且我不敢走在前面，因为那里还有一只又大又老的狗不停地冲我吠叫，我很害怕。

女生：我知道她家住得离我们常去的教堂很近，她不必非走那条小巷，而是可以穿过我家的院子。我想应该没人会介意的。

男生：嗯，你为什么不打电话给狗的主人，让他在你经过他家门口时把狗拴起来呢？

提出问题的女生：约翰，我想我会采纳你的意见。

（玛丽亚叫了笔记本上登记的下一个名字）

男生：我想说，你帮我解决了我家里的问题。

玛丽亚：很高兴能帮到你。有人对此有什么要说的吗？

另一个男生：是什么问题？

提出问题的男生：我的问题是，以前我的姐姐一直对我指手画脚，干这干那，但现在我只做我认为正确的事情。

老师：你是什么意思，你认为你做的都是对的？我不太明白你的意思。

案例分析

　　这个例子很典型，体现了教师的敏感度。她没有让孩子泛泛而谈或单纯宣扬道德上的进步，而是想要孩子知道这种"进步"的具体意义是什么。

提出问题的男生：嗯，就像我的姐姐命令我做某事时，如果这样做是对的，我会去做；如果我不想做，我就不做。

老师：你是不做你不想做的事，还是不做你认为不对的事？

男生：如果姐姐告诉我做的事是错的，那我就不去做。

老师：但这和以前不一样，是吗？和以前有什么区别？

男生：以前，我会和姐姐争论，但还是按她说的去办；现在，如果我认为这件事不对，我就不去做。

老师：现在有什么不同？

男生：我们不再争吵了。姐姐也不再对我发号施令了。

　　（玛丽亚叫了下一个男生的名字）

乔：每次我去朋友家玩，我弟弟总跟着我，还老是打我。

另一个男生：你弟弟为什么打你？

乔：因为每次弟弟都不想让我去找朋友玩，所以他就开始打我，他不想让我出去玩，这就是原因。

女生：我认为你不应该问乔这个原因，因为如果乔知道他的弟弟为什么打他，就不会把这个问题带到班级委员会来讨论了。

另一个女生：我想你弟弟认为你总是不陪他一起玩而已。

乔：不是的,我在家里陪弟弟玩啊。我们一起玩开火车的游戏。

女生：乔,我们都知道你在学校的表现,也许你惹火了你的弟弟,所以他才会打你。

乔：我才没惹他生气。即使没有惹他,他也会不断地打扰我。

女生：你应该花更多时间和弟弟玩,这样他就不会打扰你了。

老师：到目前为止,还没有人为乔提出明确的解决方案。毕竟这就是乔所描述的现状;他需要获得大家的一些帮助。你认为乔能做什么?

女生：嗯,你应该告诉你弟弟,你会和他玩一个小时或半小时,然后他就会停下来。

另一个女生：我想乔的弟弟是出于嫉妒心理,因为老师可能会过多地谈论乔的事。

男生：你为什么不告诉你的妈妈?告诉她弟弟在打你?

乔：我问弟弟为什么总打我,他说他不喜欢我之类的。

玛丽亚：你建议的是错误的;你不应该让乔的妈妈介入。

另一个女生：玛丽亚的建议是对的,乔的妈妈的确不应该插手,因为这样乔的弟弟可能会认为妈妈更喜欢乔,他可能会变本加厉表现更差。

男生：当你买东西的时候,也分给弟弟一些。

女生：乔不应该得到这么多关注,这样他的弟弟就不会嫉妒他了。

老师：你们都在告诉乔不应该做什么。但没人告诉他应该怎么做。送给他弟弟礼物就是在贿赂他。这不是交朋友的正确方式。也许乔自己有什么办法?你觉得应该怎么做才能和弟弟成为朋友?你有什么主意吗?

乔：我没有任何主意。

老师：其他人有什么建议吗?

女生：嗯,我觉得乔应该和他弟弟一起玩,这样弟弟就不会打他了。

老师：乔应该怎样跟他弟弟一起玩？

女生：对他弟弟友善一些，让弟弟做他想做的事，然后乔也可以做自己想做的事。

老师：乔还能做些什么呢？乔知道他多久让自己的弟弟生气一次吗？乔认为他没有让弟弟生气，但你觉得呢？

女生：也许是因为自己年龄更大，就表现得有些居高临下，而他的弟弟不喜欢乔这样。

老师：你们觉得，当乔的弟弟打他时，乔是怎么做的？

男生：他会向弟弟大喊大叫，然后发脾气。

老师：乔还能做什么？

女生：乔可以告诉弟弟，自己并不是真心想要居高临下，而是想成为他的朋友。

老师：你的意思是他们应该学会分享？

乔：嗯，我觉得这是个好主意。

女生：你可以试试看，如果这样有效的话，你可以告诉我们。

乔：谢谢。

（玛丽亚叫了另一个女生的名字）

女生：我认为我们班应该设立一些新的目标，因为现在的目标是我们好久之前设定的。

另一个女生：我赞成她的说法，那些目标已经贴在墙上好长一段时间了，我认为应该换换了。

另一个女生：我认为我们可以在以下这些方面做出调整，比如老师不在教室的时候，我们要保持安静。在这方面我们已经进步了一点，但仍需继续努力。

另一个女生：我认为我们应该改进的是不在卫生间乱涂乱画。

男生：我想我们应该在下楼时更加安静，而不应在楼梯上跑来跑去。

女生：我想我们已经在保持安静方面有所改善了，那么，在走路时，我们可以把脚步声调整得更小。

另一个女生：我同意她的观点，让我们投票吧，看看最终结果。

（进行投票）

玛丽亚：大多数人都同意刚才那位女生的建议，所以我们将以此作为目标。今天的班级会议到此结束，这就是今天的所有内容。

案例分析

在这个讨论的案例中，孩子们已经掌握了独立进行班级讨论并解决问题的基本方法，其中教师的参与极少。与现场聆听相比，在这里仅通过文字描述，不像现场观察到的那样能真切体会到孩子们彼此之间的认真态度和相互关心。它提供给我们一种成为群体成员的体验，其中人人都为对方负责，即使意见相左，也能像朋友一样沟通。

案例51

我们正收算术作业时，鲍勃走过来想和我说些事。我告诉他等我收完作业准备就绪后再聊。

鲍勃想知道怎样才能不和来他家的表弟打架，表弟和鲍勃同岁，都是八岁（鲍勃在学校经常打架，男生们都不想和他玩。而鲍勃还总是抱怨其他男生欺负他）。

我问："你表弟来你家时，你们因为什么吵架？"鲍勃说："因为玩具。"我建议鲍勃向全班同学再次讲讲自己的这个问题，给我们讲更多和表弟打架的事情。鲍勃告诉我们，有一次他把一个金属垃圾桶扔向表弟，结果表弟被划出很严重的伤口。我问班里的孩子们，有谁能想出办法，让鲍勃不再继续这些打架争吵。

案例分析

这个案例体现了教师的做法，即在孩子们提出或发现一些有趣或相关问题后，立即开始组织常规的班级讨论。**其实我们并不建议在孩子提出问题时，就立即组织讨论。最好留出一些固定的时间，来进行此类讨论。**本报告其余部分将对此做进一步阐释。

这位教师开始组织班级讨论是正确的。她让男孩重述自己的问题，并做详细说明，男孩照做了。但是，之后教师立即开始寻找解决方案，而没有让自己和孩子们探讨鲍勃为什么打架。在鲍勃汇报完自己的问题之后，教师应向全班同学提出一个问题——"你们是怎么想的？"——这是保持讨论气氛活跃，并引发全班同学提出新想法的好方式。这样孩子们就会大胆地提出一些自己的见解，包括打架的原因和可能的解决方案；接下来，就应该由教师从大家的评论中找出与鲍勃打架可能有关的动机和原因了。

汤姆说："鲍勃的记性不太好。我们在礼堂里看过一部有关解决打架问题的电影。"他接着说，"电影中，两个男孩争抢骑同一辆自行车，因此开始打架，他们闹得太凶了，结果谁都不能骑车。最后，另一个男孩从街上跑过来，告诉他们可以轮流骑车，这样就能制止他们的争吵。于是两个男孩决定轮流骑，一人骑一圈。通过分享，他们最终解决了争斗。"

鲍勃说："我的情况和电影中的不同。那些都是我的玩具！"

汤姆回答说："鲍勃不明白，这和电影中没有什么两样。如果他找他爸爸帮忙，我敢打赌，鲍勃的爸爸同样会告诉他分享玩具，而不是打架。他们不必同时玩同一个玩具。他们可以像电影中的男孩分享自行车那样，分享自己的玩具。"

鲍勃仍然坚持他的情况不同；接下来，他质问为什么男生们总是联合起来针对他，玛丽问鲍勃："男生们联合起来针对你，这有什么充分的理由吗？"这时下课铃响了，讨论到此终止。

案例分析

如果教师没有专门留出适当时间进行班级讨论，这种情况肯定会发生。在讨论进行到有趣和关键的时刻，铃声响了。而不幸的是，下一次讨论无法从中断的地方开始，因为这会使鲍勃越来越强烈地感受到其他人都不理解他，并联合起来对付他。而很可能是同样的原因——即鲍勃感到自己总是被不公平对待——导致他和表弟吵架。

事实上，这根本不是一场适当的群体讨论。教师只是允许汤姆对鲍勃进行说教和羞辱。其实，教师应该打断汤姆，或至少在一开始提到鲍勃记性不好时，就应该组织全班对此观点进行公开讨论。实际上，这场讨论对解决问题并没有起到任何作用，也没有改善鲍勃和班里其他同学之间的关系。玛丽开始将讨论引入正题，但仍没说清楚。讨论被中止了，再继续展开将更加困难。

案例52

雷蒙娜，十三岁，认为班上很多人都不喜欢她，还经常抱怨其他同学故意挑她毛病、取笑她。一天，一个女生借给雷蒙娜一支铅笔，在拼写测试前要求雷蒙娜归还。雷蒙娜在隔着两排座位的地方，直接把铅笔扔给了这个女生。学生们马上提醒我，说他们已经被警告过扔东西很危险，认为雷蒙娜不遵守学校规则，应该受到惩罚。但是怎么惩罚呢？我借此机会就这个问题在全班进行了讨论。学生们认为应该用戒尺惩罚雷蒙娜。我问大家还有什么其他建议，或者大家对用戒尺惩罚还有什么看法。一个男生提出大家投票决定。借给雷蒙娜铅笔的女生特蕾莎说，这样做不公平，因为班上很多同学都不喜欢雷蒙娜。班上开始窃窃私语，表明并不同意特蕾莎的说法，我对讨论话题的转变有些不安，于是我说，"不，特蕾莎，如果你不介意我说的话，我不同意你的观点。我并不认为大家都不喜欢雷蒙娜。"后来我又想了想，因为雷蒙娜正好就站在我旁边，我继续说："好吧，让我们看看……雷蒙娜，你介意背对着大家一小会儿吗？"雷蒙娜照做了，我站在她身边说，"现在，我请班上那些真心不喜欢雷蒙娜的同学举手。"我们等了一会儿，并没有人举手。

"大家保持原状不动，"然后我转向雷蒙娜说："雷蒙娜，你愿意转过身来看看，全班有多少同学不喜欢你，好吗？"

她慢慢地转过身来，没有看到任何人举手，然后说："但是特蕾莎不喜欢我。"

"这怎么可能？是她说，投票对你不公平。特蕾莎维护了你。"

雷蒙娜转过身去，安静地回到了自己的座位上。

案例分析

这个案例中有许多关键点。首先，教师敏锐地觉察出整个班级的氛围，并没有将雷蒙娜的违规行为看成是一个孤立事件，而是作为组织班级讨论的良机，从而可以改善其他学生与雷蒙娜的关系。教师将讨论组织得很充分，让孩子们畅所欲言，但同时掌握并引导着讨论的方向。这位教师表现出自己的想象力，同时勇气可嘉，这是处理学生问题时最基本的品质。他没有受到同学们惩罚雷蒙娜的诱惑，对孩子们进行说教，也没有提出自己的建议，而是采取了行动，这一行动充分鼓舞了雷蒙娜。很明显，如果孩子认为别人对自己不公平，任何一次这样的经历都不足以改变孩子的想法，也不足以制止她招惹其他孩子，只会为这个孩子受到纪律处分提供新的证据。但上述经历将使雷蒙娜和其他孩子停下来并思考——也许会重新思考自己的观点和行为。

案例53

下面的案例摘自一位教师的笔记，笔记中记录了一系列群体讨论的实验。

班主任挑选出班里适应能力最差的五名男生，作为实验对象。他们的年龄都超过了七年级的平均年龄，属于所谓的特殊学生群体，即差生群体。其中四个男生在所有课堂中都出现不遵守纪律的问题。另外一位叫罗伊的男生没有纪律问题，但在大部分课堂中，他都不努力完成课堂任务。

校长告诉这五个孩子，他们有机会讨论自己的问题，并更好地了解自己。如果他们愿意，可以每周少上两节课来这里参加这个讨论。

参与讨论小组的教师也是他们的一位任课教师。在学年结束前三周，该小组开始举行每周两次的讨论，每次大概40分钟，并在第四周进行会议总结。该小组总共进行了七次讨论，地点在教室隔壁的一个空置房间，以告知孩子们这些讨论与课堂形式不同。孩子们讨论时会围坐成一圈。

讨论结束后，教师会尽快撰写相关记录，以保留会议正式的"感觉"，并保持会议记录的准确性；这些记录方便教师之后查阅，以确定下一次讨论从哪里开始。

案例分析

这些讨论被设置为特殊项目，因此带有团体心理治疗的因素。最终，组织协调教师、辅导教师和班主任均应接受相关方面的培训，以组织类似的讨论，并达到同样的效果。这种讨论应该成为必修课程的一部分。但很明显，这种定期讨论程序并不能归类为"心理治疗"。虽然其中采用的方法与团体心理治疗非常相似，但该过程必然仍属于教育行为活动。

第一次讨论：

哈利向罗伊解释了讨论目的，因为昨天校长给孩子们解释这个计划时，罗伊没有在场。我告诉孩子们，这里就像一个亲密朋友小组，大家可以畅所欲言，比如可以提出对这个会议室和讨论有怎样的期待。这里的讨论与上课不同，因为我们的男生更少，也无须完成作业。没有他们的允许，我们绝不会将他们讲过的话告诉其他老师。

案例分析

这是营造良好气氛的好方法。但从这份报告中，我们无法得知上述内容只是教师自己做出的决定，还是和孩子们经过讨论得出的。如果教师从这里开始，没有征询孩子们对讨论的期望以及对该讨论方式的看法等，那她就忽略了一个关键点，即对所有群体讨论方法都必不可少的热身环节。为了得到孩子们的充分配合，必须从一开始就引导孩子们参与进来。从这个意义上讲，在讨论开始时，由一个男孩（哈利）向另一个男孩（罗伊）解释该小组讨论的目的，是非常棒的做法。但是，在做完相关解释之后，教师本应立即开始组织孩子们讨论——也许教师这样做了，只是没有记录下来。

我让孩子们介绍自己的家庭，这样他们能更好地了解对方，我也能更好地了解他们。

案例分析

这个开端很好，前提是教师接受过相关培训，理解家庭结构和家庭成员内部关系的重要性。

哈利是家里三个孩子中的老大，还有一个十二岁的妹妹和一个小弟弟。相反，厄尼是家里六个孩子中最小的，有两个哥哥和三个姐姐，其中两个姐姐已经工作了，但还住在家里；另外一个姐姐和两个哥哥都结婚了。罗伊家里有八个孩子，他排行老六。他有一个弟弟也上七年级。还有一个哥哥比他大一岁，从来不读书，而罗伊和他几乎一样。雨果家里有三个孩子，他最小，大哥在读大学，二哥在我们学校，是篮球队成员，最近刚当选为九年级学生会的副主席。兰迪缺席了第一次会议。

案例分析

让我们从这些有限信息中找出重要的细节。事实上，如果评估得当，每一条信息都具有重要的意义。哈利作为家中最大的孩子，而厄尼有很多哥哥姐姐，是家中最小的孩子，因此，哈利受到的家庭影响可能比厄尼要小。罗伊的弟弟已经赶上了他，和他读同一年级，这条信息可能很关键。然而，最能说明问题的是雨果的情况，他不仅是家里三个男孩中最小的，而且很明显，他还有两个非常成功的哥哥，尤其是他的二哥。所以，雨果的处境很艰难。

为了在整个讨论过程中更好地了解每个男孩的行为，教师应该记住关于每个男孩的这些事实。

　　孩子们讲了一点儿有关自己家庭的情况。雨果有时想要离家出走,哈利也这么想过。雨果的父亲曾用皮带绑住他,但现在已经不这样做了,有时他会被禁足在家里。禁足也是其他孩子通常受到的惩罚。哈利提起他的父亲,他说:"当爸爸生气时,他真的会大发脾气。"

　　老师问男孩们最喜欢的和最讨厌的初中生活的事情是什么。他们最喜欢每天有不同的老师讲课,最不喜欢老师对他们唠叨和斥责。

案例分析

　　可以将这些有关家庭和对学校感受的问题,当作热身环节的一部分提出来。然而,教师在这里以一种相当突兀的方式提出,一个问题接着一个问题。也许,这种方式对这群男孩是必要的。**通常最好先问问孩子们想谈什么。只有在孩子们想不出什么话题时,教师才应该提出一个话题。**可能在这里教师也是这样做的,只是没有记录在报告中。

　　我问孩子们,什么事情让他们感觉良好。雨果说打球;哈利说,把从脖子到腰部的石膏脱下来的时候。我提醒哈利,这只是让他"感到自由"。他说:"是的,自由!"罗伊和厄尼在游泳或钓鱼时感觉最好。

　　我们又谈了一些有关家庭的话题,然后雨果把话题转到棺材里的死尸。于是,我们又就此开始讨论,大约五分钟后,下课铃响了。

案例分析

　　男孩们终于进入状态了,开始谈论他们喜欢的话题。雨果在此场合,确立了自己的讨论主导地位。教师跟随雨果的话题继续讨论,是正确的做法。

总体来说，这次的热身活动效果良好。所有人都参与进来，还激发了一些孩子的主动性。教师也可以采取类似方式，在常规的班级讨论系列中的第一环节进行。唯一的区别可能是，在常规班级讨论中，话题的范围可以更为宽泛，让更多的孩子有机会表达自己的想法。

第二次讨论：

第二天，昨天缺席的兰迪也来参加讨论了。哈里准确地总结了昨天的讨论内容。然后厄尼说："我们昨天讨论到死尸的话题，就结束了。"

案例分析

为什么哈利每次都会在讨论开始时给出解释，这点很有意思。我们很想知道，他是自愿的，还是别人要求的？哈利确实发挥了领导作用，具有建设性意义。我们也可以看出，在昨天孩子们的自发讨论中，有些孩子对死尸的话题相当感兴趣。显然，哈利出于建设性方面的考虑，在解释时忽略了厄尼和雨果提出的他们所感兴趣的话题。这是小组中两个派别的初期划分吗？敏锐的群体讨论负责人，此时很可能会在心里产生疑惑。为什么哈利忽略了这部分内容，而厄尼反而补充强调呢？

在此次讨论中，我再次强调了自由发言的宗旨。兰迪介绍了自己家里的状况，他家有四个孩子，自己最小，一个姐姐结婚了，另外两个姐姐在上大学，但还住在家里。

案例分析

这也是一条重要的信息，兰迪是家里众多女性中唯一的男孩，更糟糕的是，他是最小的，大家像对待婴儿一样对待他。他可能有很多"母亲"，有些"母亲"可能宠坏了他，或者过度保护他。

我请男孩们讲述自己最早的记忆。哈利讲到他三四岁时，拥有了一辆三轮脚踏车。那时他的妹妹刚刚出生，这辆自行车是他"最好的朋友"。

案例分析

显然，教师在哈利回忆这段经历时没有打断他，也没做任何评论，尽管接受过训练，她也可能知道哈利的这段回忆意义重大。作为家中的老大，妹妹的出生将哈利赶下了"王位"，他感觉受到了排挤。唯一剩下的朋友就是他的三轮脚踏车。他感到现在独自一人，被家人忽视了。

雨果回忆起他从姨妈家跑出来的经历，当时母亲不在家，他和姨妈住在一起。兰迪记起自己骑过一辆自行车，坐上一辆小汽车，这些都是邻居家的。厄尼记起有一次他在睡梦中梦游，走到了好几个街区以外的地方，之后被带回了家。

案例分析

厄尼回忆的是一次真实发生的事件，相比之下，雨果和兰迪的回忆不够具体，无法进行可靠的解释。但我们可以看到，厄尼当时作为一个幼儿，并不能照顾自己，必须由别人带回家。我们还可以看到，他的话中表达出一种敌意，梦游是一种微妙的反叛行为。

罗伊记得他们家住在一个小镇上，男孩们会敲打乌龟的头，而印第安人会对此行为非常气愤。

案例分析

对罗伊来说，世界似乎是完全自由的。这是教师到目前为止获取的信息。现在她开始和孩子们就此进行讨论。

如果哈利不介意的话,我建议大家开始讨论一下哈利的情况。他喜欢脱掉石膏的束缚,小时候骑自行车,这都让哈利开心。这说明了什么?孩子们说,哈利想要自由、独立、掌控自己。兰迪评论道:"他喜欢指使别人。"

哈利:"哦,也不是所有时候。"我们谈到独立,我问:想要独立不好吗?孩子们说,不是不好,所有成年人都想独立。哈利说:"我不太同意你的观点,因为当我指使妹妹做事的时候,她无论如何都不听我的。"我问:"为什么不听你的呢?"他立刻回答说,妹妹也想自己做主。

兰迪说:"你知道我讨厌的是什么吗,是一个人独处。我喜欢露营——这样就会和一群男孩在一起。"我问:"没有女孩吗?"他说:"没有。但如果老师让我独自做一件事,我会很反感。你知道,当你让我在课堂里一个人坐着,那比被戒尺鞭笞还难受。"

案例分析

教师错过了一个向孩子们阐明重要观点的好机会。为什么哈利想要独立,而兰迪讨厌独处?因为哈利是家里的长子,是一个被妹妹的出生而夺取了主导地位的孩子,他觉得自己不会再依赖任何人;而兰迪是家里的小儿子,只能通过他人的帮助获得自己的位置,他会完全依靠他的母亲或其中一个姐姐。但总的来说,讨论进行得很好。它激发了大家的主动参与和兴趣。

我们又谈论了一些有关大家都喜欢被关注这个话题。哈利说:"校长说我喜欢被人关注,但我并不喜欢。如果他把我一个人单独放在一个房间,我会告诉他,我很喜欢这样,我也会去做的。"我问:"你为什么要和校长说这些话?"哈利表示不知道,但厄尼补充道:"哈利试图比校长先生还厉害。"

我问哈利对此有何看法。他清了一下嗓子,说:"我想,我确实想指使别人。"我说:"能说出这句话很难,难道不是吗?"之后,我称赞了哈利,因为他有勇气让我们大家今天都来讨论他。

案例分析

这是一次令人印象深刻的讨论,效果良好。这里关键的一步是,教师询问哈利"责备"校长的目的何在。厄尼的话有助于澄清此问题,使哈利最终能认识自己的问题。

这时,雨果在戳罗伊。我说道:"我们当中,有人正提醒我们,如果被忽略是件多么难受的事。你认为这个人是谁,雨果?"他说:"厄尼。"其他男孩都咧嘴笑了。然后,雨果又扭头看后面的人。我们大家都认为,这个人是一个穿着黄色运动衫的孩子(就是雨果穿的这件)。我接着说:"是的,雨果耍了个小把戏,于是我就上当了。我是怎么上当的呢?"孩子们说:"你刚才和他说话了啊。"

案例分析

我们可以看出,这些男孩能够敏锐地感知行为背后的目的,尤其是当教师给他们一些提示之后。这个例子展示了,教师可以通过怎样的方式引导孩子们得出重要的结论。

我因为有事,不得不先离开,结果在剩下的十分钟里,他们大吵大闹,肆意妄为。后来雨果说:"我喜欢这种说话的方式。"(后来英语老师说,那天早上,哈里和雨果上课时特别躁动不安。)

案例分析

目前尚不清楚，这次讨论与后来英语课上的骚乱之间是否存在因果联系。然而，我们可以确信，这之间是有联系的，尽管此次讨论造成的影响可能还没有那十分钟吵闹造成的影响大。

第三次讨论——一周后举行：

一开始，孩子们看起来有些焦躁不安，雨果玩起溜溜球，玩了几分钟，逗大家开心。他玩着的时候球突然卡住了，大家都笑他——后来，孩子们都安定下来。

案例分析

这是一个良好的开端。很明显，教师利用雨果闲玩的机会，将之作为组织讨论的焦点：他们都在看着雨果玩溜溜球。正是将此活动融入，建立起小组氛围，引发了大家的笑声，促使小组成员均"安定"下来。

我问孩子们，上次我们都讨论了些什么。哈利一开始什么都不记得了，但兰迪和雨果记起哈利想自己做主以及自由的感觉。然后，哈利想起了脱去石膏的自由。

案例分析

在以前的讨论中，哈利总是对之前的讨论进行复述，但在大家都讨论了他和他的问题后，他竟然突然不记得讨论了什么，这难道不是很有趣吗？这种遗忘现象在心理治疗中经常发生。哈利忘记上次讨论以及之后的有限记忆，是否表明哈利没有从上次讨论和解释中获益？当然不是，类似的讨论引起的洞察和感悟，需要经过一段时间，才能完全整合到哈利的想法中，并在实际行动中应用。

我接着指出，我们上次已经讨论了家里最大的孩子，这次我们可以聊聊家里最小的孩子。雨果指向厄尼。厄尼、兰迪和雨果都是家里最小的孩子。我问他们，作为家里最小的孩子，有什么样的感受。哈利和罗伊都有弟弟和妹妹，他们也想知道最小孩子的感受。

案例分析

教师从一个主要话题转向另一个方面，这种转变很巧妙。有趣的是，雨果和上次讨论时表现的一样，在谈到有关自己的事时，雨果再次指向了厄尼。这种识别类似问题并融入更大群体的方式，对这些男孩的群体讨论至关重要。这种做法不仅能挽回孩子的面子，还有助于提高孩子的接受能力。

兰迪着急发言，他说："姐姐们总是指使我做这做那，大人们还会说，'他是家里的小宝贝'，我非常讨厌这种说法！"厄尼同意兰迪的说法。雨果说："作为最小的孩子，你会得到更多的特权。妈妈带你一起出门，而其他人不得不待在家里，因为'你是家里最小的孩子'，妈妈似乎更喜欢你。"哈利认为，家里最小的孩子在圣诞节能得到更多的礼物，而不必送别人礼物。"当你长大了，你必须用自己的钱给别人买礼物，而你不确定自己是否能得到任何礼物。"

案例分析

此时此刻，教师没有充分利用机会将这个重要事实揭示出来，即：兰迪只看到了作为最小孩子的坏处，而哈利只看到了好处；两人都忽视了自己在家中的地位所带来的好处。只有雨果意识到自己作为最小孩子在家里的有利地位，并可能充分利用了这一优势。男孩们可能已经发现，每个人都认为其他兄弟姐妹在家中的地位更有利。只有通过群体讨论，才能得出以下的结论，即群体中的不同成员在各自家里处于不同的位置，可以彼此交换意见。

我问孩子们，他们喜欢被大人们当作大人还是小孩对待。当然，所有孩子都想被当作大人对待。"那你怎么表现出你希望被当作大人对待呢？男孩们通过什么样的行为来表明自己想要长大？"雨果说，要穿工程靴；兰迪说，要把裤腰放下来，穿得很低。他甚至站起来演示了一下。雨果建议要偶尔耍一下小聪明。哈利评论道："看来，你在试图惹人们生气。"

我问："为什么那样做让你感觉很好？"雨果喜欢让××老师生气；因为她生气时看起来很滑稽。我们又讨论了，如果别人对我们生气，那我们怎样做才能让我们感觉更成熟、更强大。兰迪补充道："你可以和一个小孩打架，战胜他，这会让自己感觉更强大。"哈利说："衣服也可以帮我们做到，就像（另一个男孩的名字）会穿青少年尺码的衣服。有一次，我和他一起去买皮带。他装腔作势，举止像个大人，可实际上他的腰带非常细。现在我可以取笑他总是穿少年尺寸的衣服了。"

我问孩子们，是否一定要打赢，才能感觉自己了不起呢。雨果说："不一定要赢，如果和大孩子打架，即使你输了，你仍然感觉良好。因为以你自己的体格，已经表现不错了。"之后，兰迪报告说雨果在周日、周一和周二，都试图装成大人，大显身手。"哦，他怎么做的？"我问。兰迪咧嘴笑着说："哦，我现在还不能说。"

我说："在这里，你可以畅所欲言。雨果，如果兰迪说了，你会介意吗？"雨果摇了摇头。兰迪说："雨果曾经离家出走过。"雨果很快补充道："我那样做是为了好玩。大人们找到侦探，试图动用一切手段。"我请雨果给我们多讲一些相关情况。雨果告诉我们，他母亲是如何在采石场找到了他，他是被禁止在采石场游泳的，但他还是去了那里。他母亲用爸爸威胁他，"等你爸爸回家——看他怎么收拾你。"雨果等了一会儿，可是他的父亲还是没有回家，于是他和另一个孩子骑自行车出去了。因为他们两人共用一辆自行车，而被开了罚单。这让雨果更生气了。"我不得不想想，如果我回家，大人会对我做些什么。所以我想，如果我在外面待一段时间，大人们就不会把我如何。于是，我在拉尔夫家住了下来；只有几个孩子知道我在哪里——包括这里的罗伊和另一个孩子帕特。"

我问雨果这件事的结果如何，他是否得到了想要的乐趣，有没有得到大人的关注。他说："是的，当我回到家的时候，家里其他孩子问我是否好玩。我说，当然好玩了，但实际上并没那么好玩，因为大部分时间我都是独处。"这些男孩子又提到之前说过的想再次加入那帮人这个话题。我问孩子们，雨果离家出走这个行为，是像大人的表现还是像个出逃的小孩子。兰迪说："像大人。"但罗伊说："像小孩。"我问他为什么，他补充道："因为雨果很害怕。""大人难道从来没有害怕过吗？"罗伊说："大人也会害怕，但雨果逃跑了，而没有留在家里面对这件事。"

我们讨论时，雨果剥开一块糖果吃了起来。听了罗伊的回答，雨果几乎把自己蜷缩起来，躲在桌子下面。我表扬了雨果，他有勇气站出来让大家讨论自己。

案例分析

有人可能会问，这样的讨论对孩子有什么好处？讨论的话题全都围绕着一个人如何表现才能让自己像个大人。用这种欲望作为衡量行为尤其是对社会无用的行为的标准，是非常重要的。这种做法，无须教师对他们道德说教，并评估他们的行为，因为对这种类型的男孩而言，他们早已习惯教师的说教，并且产生了免疫。通过这种方式，孩子们更好地了解了自己的动机。于是，罗伊在刚刚讨论中提出的问题便不可避免地暴露出来，即一个人是否真的像自己所想象的那样成熟。一旦讨论聚焦于行为动机时，孩子们便开始重新审视自己的行为了。他们可能会发现，实际上自己并没有获得想要的效果，进而他可能会考虑如何以更好、更充分的方式实现自己想达到的目的，无论是表现得更成熟还是更重要等。道德说教和谴责不会产生这样的效果。即便孩子知道自己做错了什么，他也会毫不在乎，或者他根本不知道该怎么做才能达到目的。

上述讨论唯一的不足之处，是并非所有在场的男孩都参与了讨论。厄尼，没有参与发言，哈利和罗伊也没说什么。为了确保小组的每位成员都能参与讨论，教师明智的做法是，在所有重要的时刻要停下来插话，征求每个人的想法。（有些心理咨询师反对这种做法，认为这会给孩子施加压力，并控制孩子的讨论方向；他们希望讨论不受框架约束，无拘无束地自由进行。但是，对于不支持这种或多或少无指导性方法的教师，可以采用以上建议。）

我问雨果，大家称他为"Tootsie（宝贝儿）"有多久了。其他男孩们解释说，大家都这么称呼他，那是雨果的昵称。雨果回答说，他开始上学时，老师问他叫什么名字，他说"Tootsie（宝贝儿）"。老师说："不对，应该是雨果。""但是，"雨果接着说，"我以前从没听别人这样称呼我。"直到现在，他的家人仍然叫他Tootsie，因为他父亲的名字也是雨果。

案例分析

教师没有跟进这次讨论。因此，她忽略了一条重要的线索，这就是雨果被剥夺了使用自己正式名字的权利，被剥夺了继承父亲名字的权利，取而代之的是，大家只用孩子的乳名称呼他。这就使他和两个成功的哥哥之间形成了更鲜明的对比，这也解释了为何雨果想要长大，以及在这个过程中为何他表现得像个受到惊吓的婴儿。教师本可以通过一场有针对性的讨论，把这一切呈现出来，使雨果和其他孩子都更了解自己的行为。但是，此时教师放慢节奏或许是正确的做法。

小组又讨论了离家出走这件事。哈利说，他的父亲也曾这样做过，这样只不过意味着家里少一个人吃饭而已。离家出走并不真的是一件多坏的事情——有时孩子们这样做只是因为某些事而报复他们的父母。我建议大家明天讨论，可以通过怎样的方式向家长和老师展示我们想要长大。兰迪补充说："表现得符合你自己的年龄，既不过于成熟，也不过于幼稚。"

案例分析

教师提出下次要讨论的话题是个好主意。这种建议不是命令，也不会扼杀孩子的主动性。

第四次讨论——于次日举行：

我让孩子们回顾昨天讨论的内容。雨果说："大家谈论了我的事情，以及为什么我要离家出走？为什么我表现得像个婴儿。还有，为什么在离家出走后，每个人都像侦探一样问你那么多问题？"兰迪解释说，他们这么做是想帮助他。我问孩子们，我昨天有没有责骂雨果。兰迪说："嗯，有一点儿。"其他人都摇了摇头，哈利说："不是的，你只是做了解释，为了让雨果知道他为什么要离家出走。"我接着问："你的意思是，我解释了，离家出走和藏身是为了引起注意，或者是向他人展示我们想自己做主，或者我们想报复某人？除此之外，当你们不想按照别人的要求去做，想按自己的方式行事时，你们还会怎么做？"

哈利说："当我不想上学时，我的身体会不舒服——头痛，诸如此类的事情，但当我想找点乐子的时候，我从来都不会头痛。"雨果："可以贿赂别人。我哥哥试图贿赂我洗碗，但我才不会上当。"我问："兰迪，当你的姐姐们指使你做事时，你会向她们表明自己的反抗吗？你是怎么做的？"兰迪马上回答道："我不听她的。"厄尼、罗伊和雨果都认为，直接不听是个好办法。

厄尼说："你也可以装傻。""装傻的目的是什么呢？"哈利和厄尼都认为，装傻后人们就不会指望你做任何事——"像多萝西那样"。（多萝西是目前班里中反应最慢、成绩最差的学生。）

案例分析

现在讨论进入了正题，开始涉及重要的心理动力学机制。男孩们能够清楚、坦率地表达自己的想法。注意，厄尼提出装傻的办法，实际上这是一种逃避现实的行为。（厄尼是一个大家庭中最小的孩子，在之前的讨论中，他显然也在装傻，以此不参加讨论。可以向他明确指出这一点。）还要注意，男孩们是如何通过讨论其他孩子的行为机制来了解自己的，这是一种极好的方法。

我们花几分钟讨论了多萝西的情况。男孩们认为多萝西一定很不开心。他们认为，如果有些人一直不发言，是因为他们经常说错，还会被人取笑，所以他们渐渐地就不再尝试和别人交流了。

哈利说："我认识一个不喝牛奶的男生。我觉得这种行为很愚蠢。"我说："他为什么不喝牛奶呢？你觉得是他的妈妈不让他喝吗？"

兰迪展示出自己手臂上的肌肉，说："那个男生想展示自己有多强壮。他的妈妈越让他喝牛奶，他越不喝。"

案例分析

我们可以发现一种有趣的现象,如果男孩们不理解其他孩子的行为,他们就会采取成年人典型的方式,对他人进行贬损批评。哈利并不明白为什么那个男生不喝牛奶,所以他称之为"愚蠢"。请注意教师是如何巧妙地提出了这个目标问题,而兰迪又是如何立即给出答案的。也许他在家里也做过类似的事,所以更能理解。

讨论进行到此时,我说:"我一直想告诉你们,我认为你们在这些讨论中表现得太棒了。你们展现了自己非常优秀的思考过程。我认为我们已经准备好,看看能否从这些讨论中收获些什么。你们都是聪明的孩子。你们一直想要得到关注,一直想向别人展示自己多么强大和成熟。你们自己也想出了一些小伎俩,且使用了很长时间;但这些伎俩会让自己陷入困境,因为它们给别人带来了麻烦。既然现在大家对自己一直做的事情有了更多了解,我想请大家完成一项任务,为我们下周的讨论做准备。下次讨论六天后进行。"

厄尼:"我们必须写点什么吗?""不是。我希望你们充分发挥自己的聪明才智,积极投入,看看你是否能实现自己一直希望达到的目标,但前提是,你需要找到一种别人可以接受而喜欢的方式,而非别人反感的方式。你们愿意尝试一下吗?"他们都同意了。但是,他们问:"我们该怎么做呢?"我继续说:"可以选择在家里或学校的一个地方开始,也许可以从一门课开始;不断展示出你获取关注的力量或能力,但无论怎样,都要以别人可以接受的方式进行。你们想从哪里开始?"

哈利说:"我想向D老师证明,我已经长大了。"兰迪想在M老师的课堂上试试:"我可以在这节课中表现得成熟。"厄尼也选择了M老师的课堂:"我会在课堂上好好学习。"雨果说,他会尽力在D老师的课堂上引起关注,"但我会以积极的方式得到关注"。而罗伊还不知道从哪里开始。

下课铃响了，我们结束了讨论，但并没有给孩子们足够的具体指导。我把罗伊多留了一分钟，因为他看起来有些气馁，我试着给他一些鼓励。

案例分析

对孩子们来说，教师建议他们以正确的方式实现自己的目标是相当大胆的做法，至少在这一阶段如此。但教师的决定是正确的；这时，男孩们开始了解自己。当然，教师呼吁孩子们动脑筋，想办法，通过有用的方式来表达并实现他们的目的，这一呼吁表现得相当强硬。尽管如此，还会有人质疑，这一过程是否早早地给孩子们带来压力。抛弃简单的破坏性方法，冒险采用有益的方式，需要教师相当大的勇气和自信。

第五次讨论——一周后：

罗伊没来上学，而哈利和厄尼因昨天从音乐课逃学而被学校暂时停课；而这不是第一次发生这种旷课的情况了。哈利到现在还没有返校。

我问孩子们，从上周讨论结束后，他们的任务完成得如何？有没有在一节课上得到改善？兰迪回答说，他上周没有上M老师的数学课，但在周五见到了M老师，她允许兰迪回来上课，而且连续两天，她都没有吼过兰迪。

雨果开始聊他曾用石头打中过一只松鼠。厄尼报告说，周五那天M老师和他谈了一次话，仅此而已。下课后，她告诉厄尼和哈利，那天他们俩在课堂上表现很好，她喜欢他们俩参与她的课堂。他补充道："我向M老师证明了，我已经长大了。"雨果开始和我们讲述他的经历，说到他和其他伙伴们藏在木柴堆里，他们"甚至有一张床垫"盖在头顶。现在，其他几个男孩发现了这个地方，所以雨果和伙伴们打算挖一个四英尺深的洞作为入口，"这样别的男孩就永远找不到我们了"。

我问雨果是否偷懒。他们都说："没有，雨果在挖洞时非常努力。""你们认为和他打交道以及聊天有趣吗？""是的，他很有趣。"

"嗯，雨果，你的作业做得怎么样了？""我忘记写了。""你为什么忘了呢？很容易忘记这些作业吗？"这时，兰迪走了进来，说："我知道原因。D老师用一本书打了雨果。"我让雨果告诉大家这件事情的来龙去脉。雨果说，他在铅笔橡皮擦里插了一枚别针，然后碰兰迪，只是觉得好玩，可是兰迪认为雨果用别针戳他。其实他并没有扎兰迪，只是用铅笔尖碰了他一下而已。兰迪尖叫起来，而雨果不肯交出别针，D老师就用书打了他。

"你为什么要用铅笔碰兰迪？""只是感觉好玩。"我又问了一遍这个问题，问雨果戳兰迪的目的是什么。这时，雨果低下头说："我想，是为了吸引别人的注意。""你成功了吗？你的这种小把戏有效吗？""成功了，因为兰迪尖叫了一下。""D小姐认为你像大人，还是像小孩子呢？"厄尼说："像小孩，因为她打了雨果。""你是说，有时我们会打孩子，但我们从不打大人？"雨果说："哦，是的，警察会用棍子打一个醉酒的人。""一个喝醉的家伙真的长大了吗？还是更像个孩子？"兰迪说："他会蹒跚走路，好像婴儿在学走路。甚至连话都说不清楚，就像个孩子。"

兰迪讲述了在露营时遇到的一个男生，那个男生的言行举止就像个小孩子。雨果问兰迪："你喜欢他吗？"当我问雨果当时兰迪是怎么回答这个问题的，雨果说："算了。为什么女生在十六岁看起来就相当成熟了，而男生却不是呢？十六岁的女生看起来甚至又高大又成熟。"

案例分析

到目前为止，我们已经可以分辨出这个小组中某些男孩的角色了。最初，哈利以一种建设性的方式起到主导作用。但后来不知怎的，逐渐淡出这个角色，不再起到主导性作用。兰迪现在能够正确回答问题了；对于教师来说，他几乎能很好地予以配合。毫无疑问，雨果是几个孩子中最难处理的。在第一次讨论中，他首先把话题转移到棺材里的死尸，之后用溜溜球逗大家开心，还在讨论中吃糖果，多次转移话题。他是在场的孩子中唯一没有采用有效群体讨论方法的人。相反，他会聊用石头打松鼠的话题。当大家正热火朝天地讨论雨果的小孩子行为时，他又把话题转移到了女孩身上。但在雨果转移话题之前，教师已经成功地澄清并阐释了他的行为，这令雨果印象深刻。我们可以想象，雨果从讨论中应该有所收获。雨果问兰迪是否喜欢露营里那个言行举止像小孩子的男生，这点至关重要。雨果当然知道答案，但他不想进一步谈论这个话题，因为他还没有做好准备接受现实。这就是他为何再次转换话题。值得注意的是，雨果在他这些破坏性努力中，仍然是非常活跃，且坚持不懈。他的争强好胜之心当然不亚于他的哥哥们。我们还看到，其他孩子对雨果的努力表示肯定和钦佩——他并不懒惰。不幸的是，雨果将所有努力都花在了无意义的事情上，就像他挖一个四英尺深的洞玩捉迷藏，不让别人发现自己，这些努力都是无关紧要的。雨果羡慕女孩比同龄男孩看起来要成熟得多，这一点表明他渴望长大。

我们又讨论了男孩和女孩不同的成长速度，以及男孩如何在十六岁之后超过女孩。他们还谈到一些高年级的男生现在又高又壮，但在过去十分矮小。兰迪说，他有时觉得自己很强壮，还进行了举例说明。

雨果再次打断了大家的讨论，他问道："当你独自一人玩积木，或者用小汽车敲出有趣的声音时，感觉怎么样？"我们谈到所有男孩，即使在他们长大后，有时也会有点儿孩子气，但如果不打扰到别人，那孩子气的行为也没什么危害。

之后，我们又讨论了雨果应该怎样在英语课上表现，才能以别人可以接受的方式获得关注。雨果提出他可以告诉D老师自己在学校一支重要棒球队的具体表现。"虽然我不是最厉害的球员，但是最优秀的球员之一。""还能做什么？""我可以完成作业。"

案例分析

当我们得知雨果多么想成为重要人物，他独自一人时不得不玩积木或者玩小车，看到这点我们还是为他感到遗憾。

我们继续讨论这件事，孩子们都认为，自己必须一直受到关注。我向他们解释说，即使没人关注他们来表现出这一点，他们仍然都是值得交往的好孩子。这时，雨果立即说："我可以做我自己。"我要求他进一步解释所讲的话，他说："我的意思是，既不像小孩子那么幼稚，也不像大人过于成熟。"

这个男孩理解问题的能力，真让人不可思议。虽然此时，雨果的语言陈述可能还没有反映出他对问题的深刻理解，但如果没有经过一些反思，雨果是不可能像现在这样充分表述他的基本问题，也就是说，他之前一直没有做真正的自己，但是他可以做到。到目前为止，雨果还是一个想要成为大人物的小孩子。

我让厄尼讲讲他逃掉音乐课时的感受，他回答说："感到很自由，也很高兴。"兰迪说："我很喜欢大人物的感觉。我差点和厄尼一起逃课了，但这次我没逃。经常会听到一些同学说他们总是逃掉数学课什么的，所以自己也想试试。"

"孩子们逃课的目的是什么呢？""证明没人能强迫你留在学校。"

我们又讨论了为什么有些男生不喜欢音乐课。"因为他们的声音很好笑，而且讨厌在全班同学面前唱歌。"兰迪评论道："他们认为这太娘娘腔了。"我们又谈到男歌手和男厨师往往比女性同行更优秀。雨果说自己特别喜欢烘焙。

案例分析

这个案例再次成功地表明，在探索孩子们行为目的时，教师可以如何应用心理动力学向孩子们做出阐释。这也证明了孩子们很容易抓住问题本质，进行深刻理解。随后，我们可以采用有益的方式探讨问题背后的内涵，引导孩子们用语言剖析自己的行为，并从中受益。

兰迪想起一件事。"我想告诉你们，昨晚我差点离家出走，但是我没有。"兰迪讲到自己一直想要一辆摩托车，但是需付100美元的定金，而他的母亲一直推脱。昨天，他突然发现自己还不到骑摩托车的法定年龄。他非常生气，就走出了家门，在外面徘徊了好久，但大约九点钟时，他还是回家了。我问兰迪是否决定以成年人的方式解决这个问题，兰迪认为他会的。

案例分析

兰迪的容忍度提高了，这很可能由于这些讨论起到了作用。在他四处走动时，兰迪有可能想要报复这个充满敌意的世界，但最终还是改变了主意，开始重新思考自己的计划。

我告诉孩子们明天是我们的最后一次讨论。"哦，不！"他们齐声喊道。兰迪建议我们再讨论一个星期，"我建议每周都讨论，一直讨论到明年。我喜欢讨论这些话题。"

"如果我们讨论有关你的事情，你会介意吗？""不介意。"兰迪回答说："也许我喜欢得到这种关注；当你说'现在让我们聊聊兰迪吧'，我感觉特别开心。"

第六次讨论——于次日举行：

罗伊仍然缺席。我让孩子们告诉哈利昨天讨论的内容。厄尼说我们检查了各自完成任务的情况。哈利报告说他没有完成相关任务。

兰迪对哈利说，我们还更多地谈论了成年人和孩子的话题。雨果补充说："是的，大家更多谈论了有关我的事情。"

我问雨果是否还记得我们给他的建议，他说按照建议自己表现得很好，还提到他第一次在英语课上展现出真实的自己。我问哈利能否给我们说一说，他是如何完成任务的。哈利从逃音乐课的故事开始，非常详细地讲述了整个过程。在哈利被停课后，他去告诉英语老师，自己被停课了，因此不能上英语课了，老师说："很好！"——至少哈利是这么理解老师的话的。似乎英语老师话深深地伤害了他。这就是为何他对英语老师很生气，因此也没有完成相关任务。他最后说："现在她应该先跟我说话。"

我问孩子们人们为何会这样讲话，兰迪回答说："为了把责任推给别人。"哈利说："为了展示你的强大。"但他不愿再就此讨论下去。

案例分析

现在，对学生的心理讨论达到了高潮。到目前为止，我们能发现，无论何时对一种确定的行为模式进行讨论时，教师都能及时提出问题，发掘其背后的目的和动机，这对孩子们具有突出的重要意义，能起到积极的作用。

在兰迪和哈利最后的对话中，可以明显地看到两者之间的相互影响。在之前的讨论中，兰迪表现出相当强烈的心理敏感度。哈利在小组讨论初期，起到了带头作用，能够对提问给出正确的答复，后来虽然他仍做出一些微薄的努力，可他意识到自己有点儿落后，于是不愿再继续积极参与。哈利把胜利拱手让给了兰迪。显然，教师在此没有意识到哈利的这点变化，否则她就会采取措施让哈利再次融入讨论。

兰迪坐在一把转椅上，他每次一动，都会发出吱吱声。我说："天啊，那把椅子太吵了。"兰迪立刻站起来，把椅子放回原来的地方，静静地坐回学生课桌前。我问道："你们有没有注意到这个小组中有谁呈现出进步的迹象？可能放在两周前，他根本不会有这样的表现？"

厄尼说："兰迪放弃了他原来想得到的东西。""为了谁的利益？""为了我们所有人的利益！"大家异口同声。这时，雨果又走到转椅前，把它推出来坐了上去。我们继续讨论，当大家像兰迪那样做对所有人有好处的事情，而不必先被责骂，这是多么愉快的体验。此时，雨果默默地又把转椅放了回去，静静坐回自己的椅子上。

案例分析

现在老师赢得了所有成员的配合。男孩们不仅想参与讨论，也得到了被人理解的感觉，同时希望理解他人。那些最配合教师的孩子不会与其他孩子为敌，而是去帮助他们。讨论中，孩子们之间没有公开竞争的迹象（兰迪和哈利之间有一些微妙的竞争关系，不幸的是，教师没有注意到。除此之外，没有别的竞争）。小组成员之间相互合作，渴望学习和成长，而教师以娴熟的技巧和敏感性处理了各种情况。

厄尼说："我不明白你为什么说逃课能证明你想要变得强大。"和昨天的讨论一样，我们讨论了这件事，并补充说，有些人这样做可能是为了得到别人的关注，或者是为了报复。哈利几乎没发表意见。

案例分析

这说明了教师的敏感性，她注意到并提起了哈利离家出走的事实，可是，显然她还没有意识到哈利离家出走的缘由。

我问孩子们，除了离家出走，还有没有其他有效的方法。厄尼提到"从思想上出逃"。其他人提到可以指责他人，或者改变话题，就像雨果昨天在讨论中做的那样，如果他遇到自己不喜欢的话题，就试着转移话题。

经过一番讨论，我们最终决定再开一次会议。我问他们是否想完成同样的任务。他们都同意了，只有哈利说："好吧，那就留着我的吧，我只是试一下，但不会太尽力。"哈利今天很难沟通，但雨果似乎特别乐意接受这个任务。

第七次讨论————周后：

我们首先检查了男孩们在自己选择的课堂中努力成长的具体情况。他们都说自己不必受到责骂了。雨果说："我向××老师寻求了帮助，但我的确没有打扰过任何人。"

因为这是我们的最后一次讨论，我问他们在讨论结束前，是否还有什么问题需要澄清。哈利说："我想问问有关我的问题可以吗？你们说我想证明我有多强大，可我不明白这一点。"于是，我问孩子们，大家认为是什么原因让我们认为哈利可能想向别人证明自己的强大。他们很快回答说："因为他是家里的老大，喜欢自由，还喜欢打斗和申辩。"哈利说："好吧，好吧，我会好好思考你们的说法。"我们一致认为这样做很好。

雨果想讨论一下毒品。"你们是怎样看待这个问题的？为什么警察总是问你是否吸毒？"哈利说："是的，他们逮住我，会问：'你有没有吸毒？'可我从来没听说过吸毒这回事儿。"我给孩子们讲了一些我读过的有关毒品的知识，以及毒品对人的危害。我们还讨论了目前媒体上有关抵制毒品的宣传。

兰迪问："为什么有些人似乎从不说脏话，而有些人经常说呢？"哈利说，他猜这就和吸毒是同一个道理，一旦开始，你就很难戒掉。

案例分析

当兰迪对有些事情不清楚时，哈利立刻插嘴发表看法，这是不是很有趣呢？那是哈利在抓住机会展示自己的优越性。作为讨论的负责人（教师）如果能注意到这一现象，给予正确引导，这不仅会给这些当事人，还会给小组其他成员留下深刻印象。无论是在这种人数少的小组讨论，还是在整个班级的讨论中，教师最需要培训的技能之一，**是在讨论时要对发生的微妙互动时刻保持敏感度。**

毒品和脏话的问题再次引发了孩子们对行为目的的讨论。有些孩子评论说，如果自己真的有能力做好某事，或能修好某东西，似乎无须说太多脏话。之后，我们谈到了为何知道如何修自行车会让人自我感觉良好，认为自己很强大。兰迪想知道，是否可以说，购买外国品牌摩托车是为了引起他人的关注。

之后，我们进一步讨论了为什么人们喜欢买汽车、摩托车、奇装异服等，但指出，如果仅仅了解某个人的某一个方面，并不足以让我们了解这个人到底是怎样一个人。

案例分析

最后的结论很重要。尽管教师成功地让孩子们意识到自己心理动态的某些方面，**但还必须控制住自己，不能对孩子们不了解的内容解释过多。**另一个必须向男孩们——同样也给研究心理动力学的教师和家长们——强调的保护措施是，他们需意识到随意使用心理动力学术语是危险的，在社会交往中尤为如此。如果没有接受过相关训练，人们在引导或组织讨论时采用这种心理学阐释就是有害的。

这段时间的群体讨论到此全部结束。孩子们都很开心，也很友好，哈利建议大家应该吃点冰淇淋或以其他特殊的方式来结束我们的"秘密俱乐部"。哈利问："明年我们还会继续这个活动吗？"然后他又接着说："我希望下次能带内德参加我们的会议。"（内德是哈利班上的一个男孩，十分活跃。）当我问哈利为什么时，他回答说："我想内德也需要参加我们的会议。他有时也表现得像个大人物。"

（哈利是否在想，如果他改变了自己的行为，其他人有可能会取代他，成为这个团队的领导者呢？）

案例分析

教师的分析是对的，哈利似乎从内德身上也发现了自己存在的一些问题。他最后的发言表明，在讨论开始时，大家对他提出的想要表现强大的论断是不无道理的。

本学期的最后一天，哈利、兰迪和厄尼三人过来找我，祝我假期愉快。兰迪说："如果明年我还有离家出走的想法，我会先来和您谈谈。"哈利又说道："我仍然认为，我不是一直想当老大。"说完他咧嘴大笑起来。

案例分析

这位教师仅仅在七次讨论中就取得了如此卓越的成就，真是令人惊异。最后，男孩们似乎都能滔滔不绝地提出心中的疑惑，吐露心声。这位教师本人也得出以下结论：

1. 这些讨论显然满足了这些男孩的需求，即讨论他们自己的行为问题。
2. 尽管这些男孩在学习上接受很慢，对各个科目不感兴趣，但在讨论中，他们似乎很快就能理解人类行为背后的心理动力机制，并对这些讨论内容表现出浓厚的兴趣。

3. 尽管辅导老师也是他们的任课老师，但他们似乎愿意畅所欲言，坦率讨论。

4. 如果这些讨论会议能在今年早些时候举行，也许孩子们会受益更多，也更容易确定这些讨论的益处。那么，这些讨论可能会持续更长时间，孩们会得到更具体的帮助。

5. 在这些男孩中，罗伊的个人问题根深蒂固，似乎是唯一一个很少被讨论的人，也没有从中受到太多影响。（第二年10月，这位教师又在此添加了一些注释：今年罗伊是我班上的学生。他所有科目表现都很优秀，并且证明他能帮助班上新来的男孩更好融入班级。）

6. 在这些群体讨论之前和之后，我与孩子们的家人进行了联系，有可能对此讨论有所帮助。

案例分析

我们认同教师的这些结论。在普通课堂上，也可以进行这种类型和性质的群体讨论，因为事实证明，该方式在普通课堂同样有效。

有些人可能会反对训练教师们采用这种心理动力学步骤。如果教师没有接受充分的训练，就不建议冒险组织此类讨论，因为这样似乎比较危险，会对孩子产生负面影响。产生这种怀疑是基于这样一种假设，即还未训练有素的教师有可能造成很大的伤害，也就是一知半解往往比一无所知更糟糕。但是，与完全不懂的教师相比，缺乏心理学方法充分训练的教师真的会对孩子产生更有害的影响吗？我们是否可以假设，这种性质的心理学讨论，即便组织方式不正确，也可能不会比目前许多教室里那些充斥着师生之间的指责、威胁和说教的讨论造成更大的伤害呢？掌握一点心理学知识，似乎比一无所知更可取。

然而，对这种心理学讨论方式感兴趣的教师可能会注意采取一些保护措施。只要教师能够运用常识，只要她引导孩子们自由表达，只要她在心理学解读中考虑的是可能的行为目的而非原因，那她的课堂讨论就是安全的。有些心理学解释可能是错误的，但不会对孩子造成太多伤害。利用心理学知识探讨会产生更多有益的影响，例如鼓舞孩子的士气，让孩子产生集体责任感，给孩子们提供被尊重的感觉，保证他们的发言权等，这些有益影响远远超过了任何可能的伤害。

因此，可以放心地鼓励普通教师尝试这种群体讨论。以专业的方式充分进行此类讨论需要经过大量的培训和长时间的经验积累。但是我们完全没有必要达到这样的高标准。在报告中，进行实验的教师讲到自己犯了许多错误，而受过培训的团体心理治疗师可能会避免这些错误。尽管如此，这位教师还是取得了令人钦佩的成绩，并为孩子们提供了相当大的帮助。

案例54

这里是与青少年学生进行群体讨论的一个案例，里面有四个女孩和六个男孩，给正在接受培训的心理辅导教师做示范。

辅导教师：大家是怀着怎样的心情来这里参加讨论的？

（教师通常会问这样一个问题来热身暖场）

男生：我喜欢这类讨论，但我很紧张。

（然后大家会讨论为什么来这里参加讨论？）

另一个男生：因为我们都是普通的青少年。

辅导教师：周围这些人在这里做什么呢？

男生：他们是观察者吧。

辅导教师：他们的工作内容与青少年有关。你们觉得他们认不认识像你们这样的普通青少年呢？

男生：他们应该会认识。

辅导教师：到目前为止，女孩们还什么都没说。你们怎么想的？

女生：我们来这里是做示范的。

辅导教师：来示范什么？

女生：你。（大家大笑起来）

辅导教师：你们想示范有关我的什么内容？

女生：你组织群体讨论的技巧。

辅导教师：没错，这就是我们来这里的目的。你们愿意帮我吗？

（大家都回答愿意）

辅导教师：你们想讨论什么样的话题？

女生：讨论课外活动怎么样？

辅导教师：那在这方面，你们有什么问题？

女生：我们没时间参与课外活动。努力保持学习成绩不下滑，这点对我们大多数人来说都很重要。在某些方面，我们也喜欢参与社交活动，结果我们当中的一些人参与其中，却没有足够时间完成功课了。

辅导教师：现在，你们有什么样的建议来改变现状呢？

女生：减少上课的时间。（笑声）

辅导教师：其他人怎么看待这个问题？你们也遇到过同样的问题吗？

男生：也许每个人都会遇到同样的问题，但女生的问题可能更多，因为女生参与的课外活动更多。男生更喜欢参与体育运动，在对待学校活动方面，通常与女生不太一致，我们男生不会参与很多学校的课外活动。

辅导教师：那你们想花更多时间去做运动或开汽车之类的吗？

男生：我不会一直以玩为主。因此，现在我最好将大部分时间花在学业上，等以后年龄大一些，会从中受益。

辅导教师：（叫了另一个男生的名字）我想你对参与更多体育运动会缩短学习时间，有一些同感。

另一个男生：我并不完全认同这种想法，我觉得应该注意平衡好两者的时间。

辅导教师：那应该以哪种方式来使两者之间更为平衡？

男生：学校应该合理做出安排，以便留出时间参与其他活动。

辅导教师：你们认为年轻人们大都这样想吗？（大家都赞同）

女生：老师们在课堂上布置作业，而学生们会花整个晚上来完成所有的作业。我认识的一个女生，她会熬夜来完成作业，做作业就是她放学后做的唯一一件事情。我认为同学们应该花更多的时间在课堂上做作业，这样就可以及时发现自己所犯的错误。

辅导教师：很多同学都会这样想吗？

女生：是的。

辅导教师：你们有学生会吗？

男生们：有啊。

辅导教师：你们有没有向学生会提出过这个问题？

男生：我想，每个人都认为跟学生会提出这个问题不会有用。因此，提出来没有多大意义，索性就不提了。

辅导教师：为什么不提呢？

女生：学生会不管这些事。

辅导教师：为什么不会呢？

女生：他们会做一些事情，但不可能会改变学校的运转方式。

辅导教师：如果这是学生们都想要实现的，为什么不可能呢？

女生：因为这是学生们想要的，但并不意味着这样做对学生们好。

男生：对。

辅导教师：如果能缩短上课时间，好不好呢？

女生：很多时候我们的作业任务太多了。

辅导教师：学生们喜欢做作业吗？

（大多数人喊"不"）

辅导教师：你们认为布置作业有好处吗？

女生：我认为老师应该布置少量作业，因为我们在课堂上无法完成所有作业，也无法涵盖所有的内容；在课堂上，我们可以完成部分任务，这样在课后就可以留出一些时间参与其他课外活动了。

辅导教师：其他人是怎么看待作业的？你们同意这种说法吗？

男生：我不同意。我认为做作业非常必要，因为现在我们的主要任务便是学习，我们正在努力完成学业，取得好成绩，学到很多知识。我认为通过完成更多作业，才能学到更多。

辅导教师：你为什么要取得好成绩？

男生：取得好成绩才能考上大学。

辅导教师：你为什么想上大学？

男生：考上大学就能找到好工作。

辅导教师：告诉我，你们当中有多少人真正喜欢学习？有谁因为兴趣而学，而不管成绩如何？

男生：要说出具体科目吗？

辅导教师：你有没有一门喜欢的科目，而不是为了取得好成绩？

女生：有啊。

辅导教师：哪一科？

女生：数学。我喜欢用代数公式做计算。

辅导教师：那你呢？

另一个女生：我真的什么都想不到。

辅导教师：你呢？（其他学生分别给出几个不同的答案——英语、西班牙语、数学、生物、绘图）

男生：我什么都不喜欢学习。(大家笑了起来)我可以找到更有意思的事情做。

辅导教师：你怎么看这个问题？你认为学习的正确动机真的是为了取得好成绩、上大学、过上更好的生活吗？这就是大家来上学的原因吗？

女生：我想我们来学校接受教育是为了学习如何思考，真的是如此。

辅导教师：如何思考——你认为你学会了如何思考了吗？

女生：我希望自己学会了。

辅导教师：你们之前有没有就分数和学习动机进行过这样的讨论？

女生：我和一些朋友讨论过。

辅导教师：让我们换个话题。你们为什么对某些科目感兴趣？

男生：只是因为它对我来说最有趣。

辅导教师：为什么你觉得最有趣呢？我很想知道。

男生：您难住我了，我也想知道原因。

辅导教师：(对另一个男生)你说你对数学和英语感兴趣，为什么？

男生：因为我能把这两门科目学得很好，而且很有趣。

（几个男生和女生喜欢某个科目是因为这个科目很容易掌握，能够理解它，而他们不喜欢某些科目，是因为这些科目往往很无聊，总是出现重复的内容。）

辅导教师：对于学生为什么擅长某些科目，并且喜欢它们，我现在有自己的想法了。(对观察者说)你们猜到了吗？

观察者：学生们喜欢那门课的老师。

女生：是的，有这方面原因，但不一定全是。

辅导教师：那同学们为什么喜欢这位任课老师？

观察者：因为学生们在学习此门科目时获得了成功。

辅导教师：是的，当一个学生喜欢一门科目时，尤其是他不喜欢其他所有科目，通常都会有过强的好胜心，他只会学自己喜欢的科目。我想你们其中有人提过，你们喜欢那个科目是因为你们擅长。如果你不擅长，也就不在乎这门课了。你们擅长自己喜欢的科目吗？

男生：不是特别擅长，但我其他科目的成绩也都很差。（笑声）

指导教师：在这科中，你的成绩是不是班里最好的学生之一？

男生：上次在数学考试中，我取得了很棒的成绩。（大多数学生承认，他们在自己最喜欢的科目上都非常擅长，虽然并非每次均取得好成绩。一个女生持反对意见，我们对此进行了讨论。结果是，她实际上只喜欢她擅长的科目，但她喜欢另一科目的任课老师，而并不一定是自己最喜欢的科目。）

辅导教师：你喜欢西班牙语老师；但因为你的西班牙语不太好，你就不喜欢西班牙语课。

女生：我想是的。（几个孩子提出了关于成绩差的问题）

辅导教师：你们为什么成绩不好？你有能力取得好成绩吗？

男生：是因为缺乏自我应用？

辅导教师：你这是什么意思？

男生：没有尽全力去学，而是把作业拖到第二天，最后永远也做不完。开始没有完成，之后也没有弥补，结果成绩就很差了。

另一个女生：你总是拖延。

辅导教师：那现在你为什么不做作业呢？

男生：因为我还有其他事情要做。（笑声）

辅导教师：你觉得你对什么更感兴趣？

男生：除了作业，我几乎对所有事情都感兴趣。

辅导教师：你为什么更喜欢做其他事情，而不写作业呢？

女生：别的事情更有趣。

辅导教师：为什么这么多孩子都选择做有趣的事，即使这对他们不好呢？

女生：因为做有趣的事情更容易啊，而作业是任务，你必须完成。

辅导教师：你不喜欢做你必须做的事情，因为它很无趣，于是你就屈服了。这一点可不好玩。许多人认为生活中最重要的事情，是寻求快乐。

男生：但你必须花时间去工作挣钱。

辅导教师：而你挣钱的目的又是什么？

男生：你可以玩得更开心。（笑声）

辅导教师：许多年轻人不去做他们应该做的事情，因为他们感到无聊。他们认为自己有权利选择只做他们喜欢的，也就是有趣的事情。而那些总是要玩得开心的人，大部分时间都很无聊。你们每个人是这样吗？（学生们都赞同他们经常感到无聊）

男生：我几乎从不感到无聊，因为我总是寻找有趣的事做。

辅导教师：学生们不想学习，不想竭尽全力，还有其他原因吗？

女生：压力。你身边的人总说，你必须完成作业，你必须取得好成绩。

辅导教师：压力的结果是什么？

女生：大多数时候你反而不会努力学习了。

辅导教师：许多孩子拒绝做作业或学习，因为对他们来说，学习就意味着屈服于大人。可是谁想做出妥协呢？（一个女生表现出了再认反射）现在，你们当中有谁属于这一类——我才不会妥协呢？（大家都笑了）

辅导教师：（对观察者）这些是我们必须和学生一起解决的问题。我们必须理解他们的个人逻辑。你们不做作业的其他原因还有什么呢？

女生：有时候，你不得不照顾弟弟妹妹，或者在家里做家务。当干完这些活时，你已经筋疲力尽了，不再觉得有精力去学习了，也无法全神贯注思考了。

辅导教师：你们对她说的有什么看法？

观察者：也许她很生气，报复心理很强？

辅导教师：对。由于不得不做家务，她非常生气，因此她以不学习的方式报复父母。那你父母是怎么看的？

女生：他们不愿意看到我的成绩下滑。

辅导教师：所以，如果父母在家里要你做很多家务时，你的成绩下滑就是对他们的报复。

女生：我必须要控制我自己。

辅导教师：你们很多人都在谈论控制；但是没一个人能控制自己，因为我们总是只做自己想做的事。你想要做一个好女孩，所以你很难承认自己想报复父母。于是你把不想学习归咎于缺乏自控能力。

女生：是的，我以前就是这种感觉。

辅导教师：你现在还是这样做的。

女生：但是没有以前那么多了。（笑声）

辅导教师：刚才这位女孩并没意识到自己这些问题，我们的任务是帮助她了解自己的行为，然后做出改变。她想要控制自己，她不喜欢自己不能控制自己的事实；但其实她不知道，自己不想学习的这种做法，是为了惩罚父母。

另一个女生：我认识一个女生，她成绩很好，曾有一段时间她和父母关系并不好，后来这个女生的成绩突然下降了。是不是也可能是同样的报复心理导致的呢？

辅导教师：其实这种现象经常发生，只有当孩子们做过这些事情后，才意识到自己心存报复心理。我们现在进行的这场小讨论，是否会帮助你们意识到自己在做的事情，从而改变你们当中的一些人呢？是不是还有其他原因导致你们当中一些人不学习呢？

女生：当我拿到发给我的作业，看到上面的错误时，我感到非常沮丧，以至于好久我都懒得做作业。如果我做得都不对，那写作业又有什么用呢？

辅导教师：是的，这正是我们忽略的另一点。孩子们不努力学习的另一个原因是因为气馁，他们不相信自己能取得任何成就，那么学习还有什么意义呢？

男生：很多时候我只是有些疲劳了，于是就拖延作业了。

辅导教师：你说你经常感到疲劳。如果在这种时候有人给你打电话，建议你一起去做一件有趣的事，你会做什么呢？

男生：那我可能就不累了。（笑声）

辅导教师：（对观察者）这里大家基本看到了这些后进生行为背后的动机了。因为事实就是这样。如果孩子不想学习，不想付出努力，那么他们也不能充分发挥自己的潜能。

辅导教师：（对学生们）我认为，你们都可以成为更好的学生。你们学习都是因为必须学习，为了考上大学，之后能挣钱，但没有人因为热爱学习才去学。只有热爱学习，并享受学习，学习才能更有效果。通常情况下，我们的孩子对自由和独立有着错误的理解。孩子们有权做自己想做的事，但当不得不做自己不喜欢的事情时，就会佯作不知。这让你的学业更为困难，你会因此而痛苦。你知道吗，如果你不再排斥学习，学习对你来说会更有趣。你将学习变得更加困难，只会让自己更痛苦。如果你不再思考你能从学习中得到什么好处，而只是心甘情愿去做必须做的事情，你就不会排斥学习了。你们对此怎么看？

男生：我认为，我们必须对作业能带来什么好处有更多的洞见。

辅导教师：作业会给你们带来什么好处呢？

男生：我们必须考虑自己的未来，必须有一个目标。

辅导教师：我可以问你一个问题，当你强迫自己写作业时，你能从中学到很多知识吗？

男生：如果我不做作业，我会得到什么呢？

辅导教师：应该差不多。这就是大家对做作业产生的误解。人们认为，如果强迫他们做作业，就会学到更多知识。于是他们最终会完成作业，但由于带着内心的不情愿，最后还是没有取得更好的成绩。那么，谁才能真正从作业中受益呢？

女生：那些热爱学习的人，享受做作业的人。

男生：嗯，我觉得根本没有这种人。

辅导教师：哦，如果你真正喜欢一门科目，你就喜欢做这个科目的作业。

男生：的确有这样的科目，但我们谈论的是所有的科目。我认为没有人喜欢坐下来安心写作业。

辅导教师：你们都是从这种环境中长大的，即你们不愿意做自己不喜欢的事。然后又得勉强去做作业，即使你做了，也是带着内心的挣扎，不情愿地完成。

辅导教师：我想问问你们对这次讨论感觉如何？

女生：我觉得很有趣，我今天学到了很多东西。我想这次讨论对我很有帮助，我今晚就要做作业。（笑声）

另一个女生：每个人都应该有机会参与这样的讨论。

另一个女生：我想我从中收获了很多。我知道我不喜欢做作业，我知道其他人也不喜欢。但我以前并不知道不喜欢写作业有这么多原因。

男生：我觉得我做错了一些事情，但没有意识到原来我可以纠正这些错误。

辅导教师：（对一个男生）你觉得这次讨论怎么样？

男生：我觉得这次讨论很有意义。我认为其他孩子也应该参加同样的讨论；那么我们身边就会有更多聪明的孩子了。

辅导教师：你认为应该在学校进行这样的讨论吗？

孩子们：应该。

男生：我想那会很有好处。

辅导教师：由谁来组织讨论呢，是任课老师还是心理辅导老师呢？

（大家出现了不一致的意见。有些孩子认为应该由心理辅导老师组织，而有的孩子认为是任课老师，因为任课老师更了解他们。主要看谁对学生的了解更多。）

辅导教师：如果大家有任何问题，请积极提出来。如果没有问题，我们的讨论到此为止，谢谢大家。

案例分析

本案例不是典型的群体讨论，因为此例作为示范，它涉及了更宽泛的讨论主题，而在课堂上进行的单次讨论或心理辅导教师单独组织的讨论中，涉及的主题较少。在群体讨论中，我们通常会深入探讨每个主题，尤其会涉及心理学的某些视角。本案例中，教师试图为讨论成员和观察者提供具体化的学习环境，群体讨论较少，而实际讨论中，群体成员之间的讨论应该更多。

通常情况下，参与讨论的学生会被问及他们对本次讨论的感想以及从中学到了什么；同时还会在下一次讨论中，被提问回顾上一次讨论的内容。这种讨论是学习过程的一部分，会让孩子们学会了解自己、了解他人、了解生活。讨论结束时，对要点进行的总结概括，以及下次讨论时的回顾，能加深孩子们对讨论内容的理解。

很多这类案例都充分展示了"引导式提问"的教学技巧，希腊哲学家苏格拉底就是有效地利用这种提问方式影响了一代又一代人。

本章要点回顾（最触动您的文字有）：

第十章　群体状况

教师不仅单独与每个孩子打交道，还总会面对与所有孩子交流的场景。因此，教师不仅必须了解孩子之间的互动行为，而且要有效地影响这种互动。即便教师不熟悉错综复杂的社会测量学理论知识，也能敏锐地觉察出学生们之间紧张的人际关系和群体情况。掌握人际关系以及个人的行为动机，有助于教师了解每个孩子言行举止的总体状况，即孩子在群体中的具体状况。

所有优秀的群体领导者——包括教师在内，都需要具备一种能力，即能够在任何时刻看到群体中发生的一切。这需要教师具备开阔的观察能力。我们在快速阅读中已经认识到这种开阔观察力的重要性。读者接受训练后一眼读到的信息越多，他的阅读速度就越快，理解得也就越好。这在某种程度上也适用于群体的领导者，即教师。教师越能注意到眼前所发生的一切，就越能更好地应对群体的全局，也就越能有效地处理好班级的问题。教师必须接受培训，才能具备总揽全局的观察力。每位教师的视野宽度不同，这便决定了教师能有效应对的班级规模。无论在任何时候，教师都不应该因为处理一个孩子的问题，而忽视整个班级的状况。教师接受过群体方法的训练，就可以在整个班级中处理每个孩子的问题，而不是孤立地解决单个孩子的问题。

一个简单的例子就是教师维持班级秩序的情形，让吵闹的学生们安静下来。如果教师向学生们大喊，只会在全班原本嘈杂的混乱状态基础上造成更大的噪音。但是，如果教师降低自己的声音，或者对孩子们说一两句话引起他们的兴趣，学生们会相互影响，最后班级就完全安静下来。自然结果通常意味着采取行动，而非口头命令或斥责。事实上，教师多做少说，反而更有效。说教和责骂不仅徒劳无功，还会打击学生，给他们带来伤害。教室里的秩序可以维持，不必多说话。在学年之初，教师可以设立一项规则，比如通过举手，全班就能安静下来，而不必说一句话。

我们建议，教师不要忽视任何学生的不当行为。即使在教室最偏僻的角落，任何学生的干扰行为都会成为传染不良影响的焦点，传递焦躁不安的情绪以及缺乏兴趣的感受，进而影响整个班级的气氛。由于不知道如何处理学生的干扰行为，或者希望避免学生之间产生进一步的摩擦，教师往往会忽视学生的这些干扰行为。然而，如果教师能利用群体压力，帮助烦躁不安的孩子回归班级，她就能克服孩子们注意力不集中、大声吵闹及其他可能扰乱课堂活动的违规行为。

孩子们之间经常出现打架斗殴的问题。以下是几份有关这类情况的报告，讲述教师如何解决这类冲突。

案例55

罗纳德，七岁，在家里排行老二。有一天他来找我，抱怨说莫娜和蒂姆不让他最先拿到外套。我问他，如果有人比他早半分钟拿到外套，他是否真的介意。正如我预料的那样，罗纳德十分介意。

我把三个孩子都叫到我的办公室；莫娜和蒂姆也都是怨声载道。我让三个孩子坐在一起，讨论一下该如何处理这些问题。

他们讨论之后来找我，罗纳德说他们最终决定轮流取外套，第一周是罗纳德，之后是莫娜，最后是蒂姆。

案例分析

教师指出罗纳德是家里的老二这条重要的信息，这是正确的做法。这能帮助我们解释为何他讨厌任何人排在他的前面。她同时选择了一种普遍有效的方法，即**让孩子们自己解决冲突，从而找到解决办法**。教师非但没有插手，也没帮他们解决问题，这种做法值得称道。

然而，孩子们从这次讨论中找到的解决办法并非完全可取，因为这种方法没能消除孩子们争做第一的令人不安的需求。如果其他两个孩子不向罗纳德妥协，不让罗纳德在第一周第一个去取外套，那么协议就不可能达成。接下来几周会发生什么，仍然是一个悬而未决的问题。

教师的最初反应，即质疑罗纳德争做第一是否重要，这种做法近乎正确。教师可以在课堂上就此话题进行几次班级讨论，这样会比孩子们临时讨论的解决方案更有效，也更有助于消除孩子们的类似冲突。

案例56

哈尔走进教室，把外套挂在挂钩上，然后拿起一支铅笔和一张纸，走到自己的座位。卢走进衣帽间，从衣钩上取下哈尔的外套，挂到另一个衣钩上，并拿起铅笔和纸坐到自己的座位上。哈尔来到我的办公室，告诉我卢的所作所为。我还没来得及说什么，卢就跑来告诉我，他没有挪动哈尔的外套。我有些怀疑，哈尔还没讲完，卢这么快就过来解释了，卢怎么知道我们在说他呢？我带着两个男孩一起来到衣帽间。我让他们穿上外套，下楼自己去解决争端，并告诉他们只有两人都准备好挂上外套回教室开始学习时，才可以回来。后来两人都回来了，挂上了外套，静静地回到自己的座位上开始学习。

案例分析

上述片段具有重大的意义。教师很清楚他们当中谁做错了，但她没有就此发表任何评论。有些人可能会质疑这种做法是否明智，认为教师有义务去斥责犯错的孩子。但她本应该做些什么呢？告诉卢他做错了，显然是多余的，卢知道自己的行为不对。教师的说教并不能阻止他再次犯同样的错误。因此，教师必须找到一种行之有效的办法——看起来教师似乎找到了正确的处理办法。

持怀疑态度的人可能仍然认为，教师在"惩罚"犯错孩子的同时，也惩罚了无辜的孩子，这种方式不对。哈尔实际并没有做错什么，为什么要让他和卢一起下楼出去？这是我们在此需要澄清的基本问题。本部分并没讨论道德问题，而是一个人际关系问题。没错，在这个案例中，卢确实做得不对，冤枉了哈尔；但是教师并不知道哈尔在此之前是否做过什么激怒了卢。即使哈尔从未招惹过卢，教师去惩罚卢也不会改善两个男孩之间的关系。**教师不介入孩子们的冲突，而是让孩子们自己去解决，这肯定会在一定程度上改善他们的关系**。这才是本案例的主要问题，教师意识到两个孩子的问题所在，并采取了正确的解决方式。

案例57

内德和山姆都是八岁大，是我特殊班级中的两个学生。山姆在打字，内德也想试试，因此一直缠着山姆。内德一般通过哭闹的方式得到自己想要的东西。可是，内德越是吵着想要轮到自己，山姆就越不想让给他。我告诉他们：山姆可以随心所欲地打字，想打多久就打多久；而当轮到内德打字时，他也可以这样做。但是，内德还是决定用哭闹的方式表示不满，一边哭一边用眼角的余光瞟着我。一开始，我没有理会他，之后我对他说："内德，我能看到你是多么努力地把眼泪挤出来。但是，既然哭不哭对你是否能够打字没有任何意义，那为什么你不做件令自己感兴趣的事呢？"令我惊讶的是，内德竟然停止了哭泣，开始做别的事情。当内德对打字机不再有兴趣时，山姆也站起来说："现在轮到你了，内德。"

案例分析

教师不去评判谁先使用打字机，这种做法是明智的。她成功地避免了让自己也陷入两个孩子的冲突中；但教师对内德的哭泣给予了过度关注。我们之所以在此展示本案例，是因为它表明了一个孩子的行为在多大程度上能够对另一个孩子的行为产生复杂的影响。

案例58

最近有一天，我的办公室外发生了一场打架斗殴事件。两个当事人都不知道我在窗前看着他们，他们先是大喊大叫，之后互相推搡，最后孩子们摘下眼镜，把书交给旁人拿着，准备打起来。我觉得是时候该采取行动了。就在两个孩子即将扭打在一起时，我走到他们身边，说："我很抱歉，小伙子们。我认为你们不知道如何解决纷争，其实完全可以不通过打架解决。"其中一个男孩抬起头，咧着嘴笑了起来。另一个男孩仍然瞪着双眼，显然很不高兴。我对他说："我想你一定经常被人欺负吧？"他惊讶地抬起头问："您为什么这么说？"我告诉他因为他看起来很生气。"我想一定是有人欺负了你，惹得你这么生气。"这个男孩笑着说："没有人欺负我。"两个男孩问我，他们是否可以回去上课。我说："当然了！"然后，两个人都走向了教室。

上述教师对这一事件发表了评论：

如果放在以前，我可能会过早介入孩子们的打斗中，这种做法可能是多数人通常采取的典型做法。

我可能会走向这两个男孩，愤怒地命令他们："马上停下来，不要打了！"也许接下来，我会问他们的名字，他们一会儿要上什么课，还会问（我肯定会问）这一切是怎么回事。我的这种做法，很可能使两个孩子更大声地争吵，双方都会试图说服我对方有错。到那时，我就有必要提高嗓音，盖过他俩的声音，让他们闭嘴，并让他们轮流解释。然后，我必须要判定他俩的行为，决定谁应该先发言，谁应该受到指责。接着，我会言简意赅地开始对孩子们说教，说说他们这样做的坏处，最后很可能还会把两个男孩都送到校长办公室。在那里他们很可能在校长的批评中，一起经历与刚才同样的斥责，最终校长会让这两个"角斗士"握手言和，并要求他们以后要像绅士一样行事。于是，他们也许会迟20分钟到教室，还必须向任课教师解释他们为何迟到。

案例分析

教师目前的做法，毫不费力地化解了孩子之间的这场打斗，也没引起过多骚乱和摩擦。这位教师不仅仅结束了这场争斗，还取得了显著的效果。教师只是对孩子表达同情，而不是采用道德谴责的方式说教，因此，基本上消除了产生双方摩擦的深层动机。教师此次的处理方式不仅仅是抑制孩子内心的不满和怒火，而是将怒火熄灭，至少在这一次完成得很好。这种方法很可能让孩子们明白，通过打架来解决分歧是不对的，这远比教师的批评和说教产生的效果更佳。但最重要的是，教师以朋友的身份与孩子沟通，拉近了彼此之间的距离，因此会有很好的效果。

案例59

本案例中，一位教师邀请三年级和四年级的学生——在课间休息时——写下喜欢教师哪些方面以及不喜欢哪些方面。在许多情况下，孩子们会抱怨一些无法改变的事实——他们只是不喜欢某部分的日常惯例。但是，即使改变这种惯例的可能性很小，孩子们能有机会公开表达自己的抱怨和想法，这也能大大减少孩子内心的不满。

老师组织我们考试；老师让我们读那些"绿皮书"；老师占用我们的"自由时间"；当男生们纷纷举手想回答问题时，老师不停地叫女生们回答；老师因为两个人"犯错"而惩罚全班同学；老师不允许我们写诗；老师不允许我们在租借的配套练习册上写字；老师下午上课时没涂口红，但早上却涂了；老师让我们坐下来，或让我们大声朗读，或学习词汇；我们的老师生病了，有新的老师代课；我们上写作课；我不得不阅读《斯科蒂和他的朋友们》；我不喜欢写字；我不喜欢在教室里一连待上两个小时；老师让其他班级的学生（四年级学生）做一些事，但不让我们做这些事情。

案例分析

从这些抱怨的性质，可以表明教师与学生之间的关系。其实这些抱怨中，并没有表达真正的敌意。其中有些抱怨表达出些许的不公平之感——或者至少流露出被忽视的感觉（只让女生回答问题；让其他班级的学生做一些事；只在上午涂口红），但大多数抱怨都针对学校活动和课堂任务，而不是对教师的抱怨。根据我们对这位教师的了解，她可能就孩子提出的每一个问题都进行了班级讨论。

教师在班里营造出了友好氛围，这明显体现在孩子们在以下列举的有关"喜欢老师的"更长的清单中：

老师留给我们足够的时间完成作业；老师会帮助每个人——而不是只帮助一个人；老师和全班同学讨论课堂所学的内容；老师给我们讲名人的故事；老师允许我们把学校的书带回家；老师不要求我们读完整本书；如果老师认为我们尽了最大努力，就会给我们打高分；老师给我们读《玩伴》中的"开心一笑"部分，还给我们讲笑话，出谜语；老师将我们的作品展示在住宅区和学校以及其他班级；老师让我们制作小手工或小册子，带回家送给父母；老师让我们观赏各种好玩的东西，并互相传阅；老师让我们做有趣的事；老师让我们在自由活动时间收集邮票，以便之后互相交换；老师让我们创作自己的诗歌；老师把笔友的姓名和地址写在黑板上，让我们能够和笔友写信联系；老师让我们把自己的诗作贴在黑板上，并让我们在诗歌周围作画装饰；老师几乎让我们做所有自己喜欢做的事情——让我们做美好的事情；老师在下课前为我们读书；老师为我们读了《杜立德医生》(*Dr. Doolittle*)①，还让我们自己读《读者周刊》(*The Weekly Reader*)；老师给我们播放与正在学习内容相关的电影；老师同意我们在休息时间玩喜欢的游戏；老师让我们就感兴趣的话题给全班同学做汇报；老师让我们玩大型复杂的拼图，并帮助我们；老师让我们帮她清洗糨糊罐和壁橱等；老师让我们协助她检查试卷，尤其是得分为"D"的同学的算术试卷；老师让我们选择自己的座位；老师让班长选择由谁来接替他的位置，而不是老师自己选择的班干部；老师让我们使用大型黑板擦擦黑板；老师允许我们用大张清洁纸擦桌子；老师让我们自己挑选喜欢的课外读物；老师允许我们用她的书；老师允许我们坐在教室

---

① 赫夫·罗弗庭的作品，主角杜立德是一位心地善良，能和各种动物讲话的科学家。书中有一系列妙趣横生的探险故事。

后面一个星期；老师让我们每月制作一份报纸带回家给父母看；老师允许我们查字典；老师允许我们走消防通道；当我带东西给全班同学展示时，老师会传给大家观看，而不仅是看一眼后归还给我；老师送给我们短铅笔，还能带回家。

案例分析

这些是孩子们自发写下的部分反馈。鼓励孩子们将这种愉快体验表达出来，会唤起孩子们对这些美好体验的意识，并增强感激之心。让孩子们公开表达自己的不满，有利于减少愤怒；让孩子们表达自己的愉悦之感，还会增加愉悦的感受，分享会产生有益的效果；这些都会唤起孩子们之间的相互关心，产生归属感。因此，**将孩子们的情绪感受带到课堂讨论中，可以加强孩子们和教师之间的团结，并营造和谐的班级氛围。**

案例60

我在一个班上遇到了困难。这个班纪律很差，学生们总是吵闹，有时甚至无法布置作业。这种情况持续了大约四周，之后我完全绝望了。因此，我告诉孩子们必须要采取一些措施，我一直在思考这个班的问题，想出了一个解决方案。但那天，我们还在课堂上花了几分钟讨论还有什么其他可能的解决方案。大家都参与了这个问题的讨论，但最终我决定还是使用我之前想好的办法——结果成功了。

案例分析

即使教师的方法真的奏效了，她处理这个问题的总体方案并不理想。

首先，为什么要等四周才采取行动？只要班级秩序开始出现混乱并继续时，教师就应该组织班级讨论，这样教师就不必陷入绝望的境地了。这位教师组织班级讨论的形式也没有建设性意义。她已经找到了一个解决办法，但仍然和学生们讨论了一番，最后还是决定采用自己原来的计划。这个计划可能很好，也可能有效，但这一做法并没赢得全班学生的合作，无法在班级建立一种民主程序，让人人承担责任并各尽所能。

我的解决方案如下：我向孩子们保证，如果他们能在前15分钟保持安静，让我解释本节课的内容，并分发美术材料，我会留给他们美术课的后25分钟时间，也就是在画画时自由交谈。孩子们都赞同这个方案。在我们达成的协议中还规定，如果我想开始讲课或停止讲课，我只需举手示意。

现在，当我走进教室举起手时，教室里一下就变得鸦雀无声。孩子们让我顺利讲完了15分钟，中间没有打断，甚至没有一个人讲话，而在孩子们画画的整个过程中，我也不打扰他们。这种方法真的很有效。

案例分析

我们可以理解这种解决方案为何有效了。首先，这个协议显示了师生之间的相互尊重和理解。其次，通过举手来要求学生们保持安静的机制是行之有效的。更好的做法是，教师举起手后，也让孩子跟着举起手来保持安静。这样，那些反应缓慢的学生就会受到其他孩子的影响，也跟着安静起来。这一做法激发了孩子们更大的责任感，而不仅仅是服从教师的指示。

尽管教师采取了一些专制的方法，但她显然还是赢得了孩子们的合作。本案例中，教师在惯例行为中做出了恰当的让步，这样便赢得了学生们的普遍认同。

案例61

本案例出现在课堂情境中,由一名师范学员提供,作为她学习项目的基础。她首先陈述了自己所观察到的问题,然后分析问题的原因,最后概括出可能的解决方案。我们在培训课堂上对此方案进行了探讨,这位师范学员根据讨论进行了跟进。

在我一年级的基础阅读课上,总会时不时出现打架的情况。这些打斗中,既有常见的多样化的"一局两胜",也有孩子们之间的互相挑衅。一般来讲,打架中总有一两个孩子成为焦点人物,凸显出来,只是这些焦点人物会随着时间的变化而变化。打架主要集中在课间休息时,出现在排队过程中、衣帽间和卫生间里。我的课具有流动性,当一个孩子的阅读水平提高后,就可以升入其他班级,同时另一个阅读后进生再进入我的班级。

分析和诊断:

在此过程中,我发现孩子之间的打斗有不同的类型。在不同的孩子身上,似乎有着不同的目的。

1.友好的打斗。这种打斗属于友好型,只要不演变成更暴力的冲突,都不会造成什么伤害。这种类型主要是为了引起关注,想给老师或朋友留下深刻印象。孩子们的打架行为是一场试探,一种斗智斗勇。例如,排队的时候会轻微地触碰一下旁边的同学,在操场上抢走别人的帽子戏弄他人,或者站在老师旁边,假装"牛仔"之间的打斗。汤米的父亲总是以这种粗暴的方式陪他玩耍,他不知道还有什么其他的玩耍方式。还有丹尼,他的母亲每次都会跑出来从打斗中"解救"他。所以,这两个孩子总是用这种粗鲁的方式闹着玩，从来没有真正伤害过对方，他们以此获得关注。

2.会有人受伤的打斗。他们通常表示想伤害教室里的某个孩子。这种孩子存在报复心理，他们从不在乎自己在打斗中是否会受伤。这些孩子的主要目的是伤害他人。即便被殴打，他们也能从中得到乐趣，因为这样他们就像戴上了光荣的勋章，以展现自己能反抗这个残酷的世界。这类孩子是被班级"排除在外"的人，他们试图惩罚那些"进入班级圈子"的人。我注意到，有些孩子的类似行为比较明显，他们会选择一些比自己更强壮的同学作为对手。这些类型的打斗会反复发生，均是遵循同样的规则。比如，现在我的班上新来了一名男生，叫唐纳德，就是这种类型的孩子。唐纳德很不合群，也很少与他人合作；事实上，他总是与全班同学作对。他从不遵守班级规则，总是扰乱课堂秩序，回答问题时总是大喊大叫。唐纳德总是挑起最糟糕的打斗，他故意挑衅某个孩子，如果对方不反击，他会更加愤怒。而如果他受伤了，就会跑出操场，回家找他的妈妈。

3.为了当首领而非交朋友的打斗。这类孩子想控制自己所有朋友的行动。他们沉迷于权力。莱蒂西亚就是这样一个孩子。她通常会紧紧控制别的孩子让其觉得窒息，或是无限制地戏弄别人，因此，没有人喜欢和她交朋友。当孩子们试图逃走时，莱蒂西亚就会打他们。质问她时，她总认为自己是对的，而把过错推到别人身上，认为别人在伤害她、打扰她。最近，莱蒂西亚发现在她的打斗中，我没有站在她的一边，于是，就慢慢开始想象如何"赢回"朋友，但她仍然想成为老大。

4.自卫的打斗。有些孩子可能会被上述任何一种行为激怒，于是开始反击。例如，莱蒂西亚挑衅玛吉时，玛吉会多次还击。还击是面对挑衅的适当行为和自然反应。

案例分析

我们在培训课堂上对教师的这一分析进行了讨论，大家一致认为，这四种打斗类型很可能是正确的。要准确判断孩子的行为属于哪种类型可能并不总是那么简单——做出这样的"诊断"需要教师具备相当纯熟的技巧和丰富的经验，但我们能看到，这位教师通过了解孩子打架行为背后的心理动力机制，正在朝着正确的方向前进。然后，这位教师提出了自己的行动计划。

群体讨论法：

我曾尝试借助群体之力，通过几种不同的方法来解决相应情况的问题。例如，在孩子们排队时，我只允许那些可以做"好邻居"的遵守规则的孩子排队。我让孩子们自己下楼排队，看看他们能否做到，我还让那些爱惹麻烦的孩子做领队。这种方法通常是很有效的。

案例分析

以上表明这位教师发挥了一些想象力，要求所有孩子都参与进来。她没有责骂，而是为孩子们树立了一个做"好邻居"的理想目标；她赋予群体维护自身利益的意识，以培养其集体责任感，这实际上就需要孩子们关心彼此。最后，通过让惹麻烦的孩子成为领队，他们就能够寻求到自己在班级中的地位，或者至少被大家接受；因此，教师把孩子们的行为目的转向了有用的方面。

教师继续说：我们召开班级会议，讨论了打架这个问题，以及如何将可能的打斗转化为友好的游戏。讨论中通常涉及的问题有"孩子们为什么会打架？""孩子们怎样看待那些爱打架的孩子？"等等。我们还组织了一次话剧表演，其中一个孩子表演了如何将打架转化为友谊的过程。这种方法看起来能取得最持久的良好效果。

在操场上，我们尝试通过玩游戏建立班级集体感，将孩子们的注意力从个人怨恨中转移出去，培养孩子们的体育运动精神，并在此运动过程中，在体力上发泄自己与别人较量的欲望。

案例分析

在操场上进行这种性质的活动并不少见；然而，值得注意的是，这位教师有意利用操场运动来化解孩子们之间的冲突，并从根源上消除孩子们的孤立和对立行为。然而，这种对孩子的行为目的进行探索和解释的群体讨论法尚未得到广泛应用。

个别指导法：

对于那些试图寻求关注的孩子，当他们试图吸引我的注意力时，我一般会忽视他们的行为，当他们想要吸引其他孩子的关注时，我会说："你的朋友想让你看看他。"而孩子们通常会一笑而过。

我也试图帮助那些被班级排斥在外的孩子们建立互助联盟——我重新调整孩子们的座位以帮助孩子找到同盟伙伴，并呼吁孩子们帮助有问题的孩子。

有时，我还鼓励孩子们让一些总是捣乱的孩子"自己去解决吧"。在我看来，这是采用了自然结果法。我会提前告知捣乱的孩子，当一个孩子前来抱怨这个捣乱分子时，我会让他以这种方式听到我的回答。在这种情况下，我有时只是告诉孩子们，我不会试图制止他们的打斗。

案例分析

　　教师最后一种方法在培训课堂上引起了大家激烈的讨论。正如这位教师之前所说的那样，有时打架是对挑衅的正当反击行为。我们都同意，孩子在受到攻击时可以进行反击，但我们质疑是否应该通过"打回去"的方式解决任何冲突。我们尤其质疑教师鼓励通过这种打架来回击挑衅行为。我们认为，这位教师在有关群体讨论的报告中，讨论了还有什么其他恰当方式来应对挑衅，这与她让孩子们通过打架回击挑衅的态度相矛盾。另一方面，前面内容还强调了有些打斗不一定需要像通常情况那样予以过多警惕。大家大可对打斗采取更轻松的态度，它们只是开玩笑而已，即使频繁发生，但通常不会有太大伤害。这看起来是一种文化行为模式，人们不赞成公开表现出来的敌意，但是对间接和微妙的敌意则通常可以容忍。

　　我们鼓励和请求这位教师继续报告接下来的发展态势。在学期末，她汇报了以下结果。

　　我们班里几乎没有打架现象了，我认为这是源于几个因素。其中一个因素是操场游戏，在游戏中，我们建立了如何共同进行友好玩耍的绅士协议。另一个因素是，我们讨论通过打架试图达到的三个目的，即：寻求关注、获取权力和伤害他人以作报复，还通过一些话剧表演将以上目的展现出来。

　　当我们讨论试图寻求关注者时，让全班同学都参与讨论并不容易。然而，孩子们似乎充分意识到，可以通过"好"的行为或"坏"的行为来获得关注，并明白人们可以通过这种欲望做对他人有益的事情。他们具有了一定敏感度，能区分出寻求关注行为是建设性的，还是破坏性的。

　　我对孩子们有关报复的讨论十分满意。我们当中有很多孩子毫不避讳地坦诚了真实的自己。一个男孩甚至承认他曾想过烧毁学校来伤害所有人。

我们把这一段表演出来，大家获得了很多乐趣。一开始，必须由我来扮演这位试图报复的孩子，从而将这一点明显表现出来。

孩子们很容易辨认出那个总想当老大的孩子。他们举出不少例子，并意识到这类孩子是多么不受欢迎。现在，如果一个想当老大的孩子与某人发生冲突，并跑来向我抱怨时，我们会给他几种解决方案，而几乎毫无例外地，这个孩子会选择对他人最有益的方式。

案例分析

遗憾的是，尽管这位教师已经提交了一些报告（例如案例16），但我们还是没有得到更多有关这几点的详细案例。

本章要点回顾（最触动您的文字有）：

第十一章　有效的方式

本章中呈现的案例表明，即使教师接受的训练相对较少，在相对较短的时间内也能解决孩子的问题。每位提交报告的师范学员至少采用这种方法达到一个学期的时间，每份提交的报告中都包含一份供师范学员讨论的大纲，这份大纲描述了师范学员目前在学校遇到的问题。大纲还包含对所涉及学生的心理动态因素进行的初步评估和行动计划。之后师范学员还会时不时地向整个培训班级提交进度报告，大家再在课堂上进行讨论。本章介绍的报告是此类项目的最终版，并添加了笔者的评论和解释，以供广大读者更好地理解。

案例62

肯，八岁，上三年级。他无法融入班级，这成了他的主要问题。即使是在操场上玩耍，他也不愿意加入他的同班同学中。他非常安静，面无表情，显得没有生机和活力，完全不像一个八岁的孩子应有的样子。在大教室里，他很容易被人遗忘。他活像一尊雕像坐在座位上，表情茫然，不被人注意。他的学习成绩很差。

他正在接受语言治疗师的医治，因为根据记录，他患有严重的发音和发声障碍——舌头不受控制。为了避免说话，他只用摇头或点头的方式表示否定或肯定。摇头时，仍然一脸茫然。

肯的学习成绩排在全班中下等，在阅读、语言表达和体育运动方面都很差。他没有形成良好的学习习惯。学习效率低，方法笨拙。

背景：肯有两个哥哥，大哥皮特二十岁，二哥迪克十八岁。肯在幼儿园的记录显示，他在晚上会尿床。肯在一年级的老师记录道："肯身体健全，但他在社交和心理状态方面低于他这个年龄段的孩子的平均水平。他的班级角色意识很差。"

体育老师一直很关注他，建议将肯作为个案研究。体操老师多次尝试让肯参加同学们的操场游戏，但肯总是站在边线之外，双手插在裤兜里或不停地啃指甲。

评估：为了找出肯不适应的原因，我计划和他进行一次简短的沟通，以便更清楚地了解他在家中的角色。他是家里的宝宝，显然他一直在扮演宝宝的角色以获得特殊服务。

肯不仅在学校里问题严重，他自己的发展也是个大问题。他在学校的幼稚行为，很可能是在家里被过度溺爱和纵容的结果。他的行为表明，他试图以一种消极—破坏性的行为方式获得老师的关注和服务，正如他在家里得到的那样。

案例分析

教师的分析可能是对的，但从目前的信息来看，肯可能已经不只是在要求得到关注的阶段了，他实际上正在证明自己完全无能，从而达到被人遗忘的目的。一个"很容易被人遗忘"的孩子需要的不是别人的关注，而是得到他想要的反应：没人对他抱有任何期望。教师的判断很正确，在他之前有两个比他大很多的哥哥，这促成了他在家中宝宝角色的确立，使他出现相应的行为。

行动计划：在我单独与肯进行简短沟通时，我将尽力了解他对学校、伙伴的感受，以及他和家人的关系。始终如一的鼓励对培养他的自信至关重要。这个男孩需要朋友，需要有人帮他体会到自我价值感，并把他当作一个特别的朋友，而不是一个问题孩子。

事实证明，帮助肯"走出自己的狭小世界"并使他找到归属感，融入班级的力量是很有效的。在他最可能做好准备时点名请他表现一下，让他通过这种为班级贡献力量的方式感到自己是班级的一员，并找到属于自己的位置。当他为班级做出一些贡献时，需要几句表扬，以帮他获得"我能做到"的自信，还可以在他完成任务或取得一些成就时，偶尔拍拍他的肩膀或摸摸他的头以示鼓励。

为了建立与肯的友谊，并帮他建立自尊，绝不能让他感到受威胁，且应避免所有冲突。他不努力或不愿背诵时，不必去唠叨和责骂他，因为这样只会加剧他的消极抵抗态度。

案例分析

以上行动计划的大纲虽有些笼统，但很正确。它强调这个孩子受到了明显的打击而很沮丧，要避免对孩子造成进一步打击，并需激发他的自尊心。

跟进：

9月份开学第一周，一位新的语言治疗师来到班上筛查孩子们的语言表达问题，肯不愿意离开座位去接受筛查。

案例分析

我们在培训课上，对这一情况进行了详细讨论。这是权力之争的迹象吗？这位教师报告里讲，语言治疗师要求孩子们必须走到教室前面接受检查；一些师范学员表示，如果当时要求肯走到教室后面去接受测评，他可能不会那么不情愿离开自己的座位。他可能更愿意在人群中"消失"，而不是引人注目。

开学前两周，肯没有完成过任何背诵任务，只完成了练习册中的书面作业；当我点名叫他回答问题时，他只是茫然地看着我。

9月22日——开学第三周。今天，肯穿着一件崭新的彩色法兰绒衬衫来上学。当他走到我的讲桌前拿起他的铅笔和纸张时，我对他说："我喜欢你的衬衫，肯。多漂亮的颜色啊！"他看着我，好像突然不认识我了，并朝他的课桌走去，然后他转过身对我说："谢谢。"他似乎对我刚刚和他讲的话极为诧异。

案例分析

教师的方法十分巧妙。使男孩吃惊的不是老师跟他讲话了，而是指出他很引人注目，而且态度积极、愉快。这使他意识到，自己可以不必遭受痛苦也能被人注意。这个惊喜使得肯明确地感谢了老师，即便是迟到的谢意。

9月23日。我试图看看有多少孩子能在规定时间内完成一页加减法习题。我表扬了其中一个叫拉尔夫的男生，因为他从开学以来做题一直"慢吞吞"的，但这次很快完成了练习。肯站在他的旁边。我问肯是否也可以完成。他没有说话，而是点了点头，表示"可以"。

9月28日。我坐在讲桌旁看着孩子们拿起他们的文件和铅笔，肯俯身让我看了看自己缠着绷带的手臂。我问他怎么回事，问了他两次，之后他才回答我。（我知道，我应该只问一次。）

案例分析

这位教师的做法非常正确！在她一问完肯问题后，就立刻意识到，自己已经落入了肯的圈套。肯在回答问题之前，他想要老师为他做更多事情。这种行为，对于那些想要得到关注却不愿意做任何事的孩子来说，十分典型。

学生在全班同学面前背诵时，如果有同学没有认真听他的背诵，我会提醒背诵的孩子站在黑板前。接下来轮到肯背诵了，他走到黑板前，但为了引起全班同学的注意，他在黑板前一直等着。这次，他至少不再被动行事了；他用一把尺子指向那个没有全神贯注听他的同学。肯的这个手势终于有了"生命"！

然后，他真的背诵起来。在他背完后，我问全班同学："肯背诵时是否犯了什么错误呢？"大家都认为他没有背错。然后我问："有多少人认为肯在解决问题和背诵方面做得很好呢？"肯看着同学们举起的手，对他们的反应表现出极大的兴趣。

案例分析

报告中没有说明为什么肯突然愿意背诵了。但重要的是，这位教师不仅表扬肯的进步，还要让全班同学表达对肯的认可。这样，肯会觉得自己能被这个班级所接受。

今天，我们学校新转来了一个来自另一个州的男生，名叫谢利。我把他安排在肯对面，问肯是否愿意今天带着谢利在教学楼周围转转，并在教室里帮助他。肯点头同意了，但并没有让谢利看他的作业，也没有告知他我们正在学习的内容。然而，后来，我看到肯和谢利坐在一起，向谢利展示如何将一张纸折叠成八列，即使显得有些笨拙。

但是，肯在操场上没有有效地帮助谢利。体育老师发现谢利站在操场边上，没站进队列。但肯告诉了谢利洗手间在哪里，以及在哪里排队去上下一节课。

案例分析

我们与这位师范学员就此事件进行了一番探讨，认为这位新来的男生是让肯愿意在全班同学面前背诵的关键因素。因为通过与新来的男生交往，肯觉得自己比他懂得多一些，这给了他树立自信的机会。这位教师报告说，当她看到肯没有做到足够尽责时，她几乎要去帮助谢利了，还好没有犯这种错误，她在最后一刻忍住了，让肯尽可能多地帮助谢利。

9月29日。我尝试让肯更多地来到黑板前完成作业，这样肯就有机会在全班同学面前背诵，借此贡献出自己的一分力量。我发现肯并没有严重的语言缺陷。虽然他的背诵显得些许慵懒、单调，但我倾向于认为这是缺乏口语训练导致的。

今天，我开始评选十月份的班干部，要求希望担任班干部的同学举手示意。当我看到肯也举手时，我问他想担任什么职务。他说想当纸条管理员。这对他来说是个不错的职务。他需要负责将队长纸条带给不同的任课教师，并在一天结束时将之收回交至校长办公室。第二天早上，他再把纸条还给另一位登记老师。

肯总是不能写好"M"这个字母，前后总是写得不一致。有时他将M写成两个拱形，有时写成三个。显然，肯不尊重规则；他相信时而可以这样做事，时而还可以换种方式。

案例分析

　　这是拼写和书写能力较差的孩子的典型特征。除此之外，这个孩子在其他事情上也都不愿意采取任何行动。

　　肯希望让我注意到他走在大厅里。他设法离我站的地方近一点儿。我通常冲他点点头，向他眨眨眼，而他没什么反应，只是看了看我。

　　9月30日。今天，我得到了生活中的一个惊喜。像往常一样，我仍站在大厅里同来往行走的孩子们打招呼。肯也走过大厅，看见我正盯着他，他突然停了下来——冲着我眨了眨眼。这个孩子挤眼的滑稽动作，让我感到这是他长这么大第一次尝试向别人眨眼睛。

案例分析

　　上述案例充分表明了这位教师的心理洞察力，她意识到肯为了引起她的关注而可以做任何事，这件事意义重大。无论这个行为看起来多么细小和微不足道，这都代表了肯从被动到主动的转变。

　　今天，语言治疗师来到我们教学楼进行诊疗，我让肯来到她的办公室。治疗师认为，肯并没有太多的语言障碍，只是表现得像个"婴儿"，是他自己不想说话。他确实在一些字母的发音上有些困难，但问题并不严重。如果肯很配合，治疗师会帮助他，但治疗师认为肯这个男孩反应很迟钝，她宁愿花时间在愿意配合的普通孩子身上。

案例分析

　　此处的发现，与第一位语言治疗师的诊断截然相反，这一发现证实了教师的判断。有没有可能自从第一位语言治疗师做出诊断后，肯的语言障碍就已发生了改变？

10月1日。今天排队时，我注意到肯从洗手间出来后，他的拉链只拉了一半，我知道肯通过这种方式等着他人为自己服务！我悄悄叫他回洗手间把自己的拉链拉好。

案例分析

在教师这种值得称赞的方法中，她没有说"拉好你的拉链"，这可能是肯所想要的反应；也没有在其他孩子面前说任何会羞辱他的话，而是让他负责照顾好自己。

现在在课上组织背诵时，我会让肯尝试着背诵。有几次，他甚至主动举手。他今天开始担任纸条管理员，他做得很好。他在我面前挥舞着纸条，让我看到他没有忘记把纸条带给另一位老师。

案例分析

他仍然表现出他还需要一些关注，但他的行为正在从被动转向主动，从无用的方式转向有用的方式。

10月5日——开学第五周。肯在全班第一个完成了算术作业，我让他把答案写到黑板上，而此时其他人还都在计算中。

案例分析

现在，我们越来越明显地看到这个男孩的好胜心有多强了。谁会想到，以前曾经这样一个完全消极、不愿表现的男孩竟然会有这样的动力去争第一？我们再次注意到这位教师的敏感度。她能够立即抓住机会，强调肯是第一个完成作业的人。

今天早上，一名女生纸条管理员忘记取纸条了。肯替她带来了纸条，还特意告诉我他帮这个女生取来了她忘记拿的纸条。到目前为止，他已经成为一名优秀的纸条管理员了。

案例分析

这是另一个表现肯好胜心的例子。他正试图超越其他人，并确保让老师关注到这一点。

上周我在肯的拼写本上给他评了"优秀"，还画了一张笑脸，因为他得了100分。肯和我说，他要把这件事告诉妈妈。今天，他告诉我说，他把本子给妈妈看了，妈妈又给了爸爸，后来两个哥哥也看了一眼。

案例分析

肯对关注的渴望是显而易见的，而肯也有能力得到关注。这可能是他第一次受到表扬。

10月6日。在算术课上我们发放作业时，我第一次看到肯捣乱。他趴在书桌上，纠缠着前面的男生，这个男生反过来又用铅笔打肯的脑袋。这是我看到的肯第一次有"生命"活力的行为。

案例分析

可能很少有教师看到男生捣乱会像这位教师那样如此欢喜。但这位教师的态度毫无问题：对肯来说，这就是进步。他可以坚持自己的主张，开始主动行动，尽管这种行为并不总是具有积极的建设意义。

10月11日。肯连续好几天什么都没做。他不说话，只是通过摇头或点头来回答是与不是。我回顾了自己所做的事情。这几天，我没有让肯到黑板前做作业，因此他没有机会背诵。我故意没点他的名，而是希望他主动举手——但结果他并没有主动举手。

看来，肯并不想自己争取机会去得到他想要的额外关注。这表明他仍无法依靠自己，而必须依赖他人。

案例分析

至关重要的是，教师在男孩表现不好时审视了自己的行为。这可能不是她的过错，因为男孩还会受到其他方面的影响，其中很多影响还可能是有害的和令人气馁的。但分析自己的无意识行为是值得的。从这个例子中，教师通过回顾和反思，找到了问题所在。

教师已经决定不再给予肯特别的关注，而是等他自己去争取，因为教师担心肯过于依赖她的表扬，担心自己让肯得第一可能过度刺激他的好胜心。毫无疑问，这种危险是存在的。但她发现自己的节奏太快。在教师停止对肯的特殊对待之前，他仍然需要相当多的特别关注。当然，这种关注需通过建设性的方式获得。教师过早"退出"也可能是肯上述恶作剧行为产生的根源。然而，肯甚至没有足够的勇气继续他的恶作剧，以获得特别关注，反而再次陷入被动的状态中。

10月13日。孩子们背诵了一首万圣节诗歌。肯举手被点名要求背诵。虽然他背诵的语音很单调、呆板，但完全背了下来。背完之后，他走到教室后面找我，而不是走回他的座位。显然他想让我进一步认可他，或者也许他是在故意违反课堂秩序？

案例分析

我们可以推断，正是这种想要找老师的想法促使肯走向老师，而不是回到自己的座位上。但教师明智的做法是没有下定论，而是打开思路，同时考虑其他可能性。在这点上，她没有说肯违反课程纪律；她只是记在心里，继续观察事态发展，看看自己的猜测是否正确。

10月14日。肯作为男生管理员不仅取来自己要拿的纸条，还替女生管理员取来了纸条。并且，他再次告诉我这个女孩忘记取纸条了。这是肯如何寻求认可的另一个例子。

10月15日。今天我没有等肯主动举手就点名提问了他。当他意识到我点了他的名字背诵时，他目瞪口呆地看着我：他坐着一动不动，张着嘴，不知所措，看起来傻乎乎的。我等着他开始背，但久久没有反应，全班同学都不耐烦了，开始指着自己的书要背。肯最后终于意识到他要背诵了。他后来背诵得完全正确。他知道我对他的期待是什么，但只想得到额外提醒，我却没提醒他，只是等着他做出回应。

案例分析

这次教师还是没再次陷入肯的"傻乎乎表情"圈套，并忍住不去发表评论或给他施加压力。当时全班同学的压力已经足够大。当肯意识到老师不会再给他任何提醒时，他便屈服了，按照老师的要求去做。

10月20日。我检查了肯的算术本。我发现，他不喜欢做的题，他就完全不做。他没有仔细读题。例如，当题目是计算2的倍数，他却算成5或1的倍数。当题目中涉及书写时，他的书面也很潦草。这似乎表明他在试图违反秩序，为所欲为。

案例分析

教师一直在观察以确认之前的假设是否正确。她应该是朝着正确的方向前进的。随着肯在学校变得越来越勇敢，很可能他在家里也开始以更开放的方式反抗自己的不利地位。我们必须注意到这一点。

今天，我和校办公室的女同事看到肯站在操场边上咬指甲，偶尔也跑进操场与同学们玩一下游戏，但很快又退了出来。办公室女同事说道："他似乎不知道怎么和别人玩。"

在我看来，肯想成为一名真正的男孩，但他觉得自己不能做到。在我印象中，肯觉得自己被两个哥哥打败了。他的一个哥哥经营着一个加油站，另一个哥哥在加油站旁边的汽车修理厂为人修汽车。他的父亲也在汽车修理厂工作。他们做的都是男人的工作。

案例分析

这点很好地证明，未经心理学训练的观察者和受过训练的观察者之间有一定差距。办公室女同事所能看到的只是肯不知道怎么和别人玩。这必然没错。但这位教师立即寻找这种行为背后可能的原因。也许肯没有自信，觉得自己不是个真正的男人。教师立刻想到了在肯家里的另外三个男人：自己的父亲和两个比他大得多的哥哥。他自己也是男性，但无法与他们相比。

11月3日。肯昨天没来上学，当我问他原因时，他说："我昨晚一直不停地叫醒妈妈，因为我生病了。"

案例分析

这句话十分有意义。显然，对肯来说，他生病没有能把妈妈叫醒更重要。这是他在家中获得自己位置的方式，即示弱、无助或生病。

11月4日。在全班同学都上课时，我和肯简单地聊了一会儿。我问他放学后做了什么。"我去商店为我妈妈买东西。"我问他是否和邻居家男孩一起踢足球或玩其他游戏。"没有。"他说，他会看着哥哥们工作。我问他和哥哥们相处得怎么样。他说自己会和哥哥们打架。我问他为什么，他也不知道。打架的原因是什么？他说不出来。接下来到背诵时间了，而这次我只得到了这些信息。

在接下来的一个小时，我很早就来到大厅等着孩子们从体育课回来。肯从体育课上早早地回来洗手了。我要他和我坐在长凳上一起聊一会儿。"你一个小时前就告诉我，你和哥哥们吵架了，我一直想知道你们吵架的缘由。"他看着我，什么也没说。然后我问他的哥哥们做什么工作（我当然很清楚），他给我详细讲了有关哥哥们在加油站和修车厂的工作。然后，他主动说："我的哥哥们都叫我傻瓜。"

案例分析

我们可以想象肯纠缠着哥哥们而他们把肯推开的场景。他宁愿看哥哥们工作，也不愿和邻居的孩子们玩耍。尽管他和哥哥们的关系不融洽，但他已经接受了这种关系，把它作为自己生活的一部分。

教育周：

肯的母亲来参加我们学校举办的家长—教师会，我终于有机会和她交谈了。她说话很少。当被问及肯放学后都做什么时，她说街区内没有能和肯一起玩的孩子。她对我们校报上列出的"童子军"活动很感兴趣，希望我帮她找个能让肯对童子军活动感兴趣的男生，来感染肯，同时让他也加入。如果有可能，她还希望我能让这个男生去肯的家里接他，然后一起去参加"童子军"集会。（显然这位母亲对肯保护过度，而且希望我用她的方式为肯服务。）

我问她肯和哥哥们之间的关系。她抱怨这几个男孩年龄上的巨大差距。当我提到这些哥哥们都叫肯傻瓜时，她脸上流露出一副怨恨的表情。"他们只是开玩笑。"但之后她接着说，她已经和哥哥们谈过这件事情。我们就谈论了这些话题。

有关肯在学校的功课，她最不满意的就是肯的书写潦草。我向她解释，之前我们练习的是书写印刷体，现在是英文手写体，所以，两者之间转换有一定难度。

案例分析

这就是教师有关她和肯的母亲谈话的全部内容。有趣的是，教师的这次谈话和与肯的谈话一样，都没有得到什么有效信息。但她观察出肯的母亲过度保护的态度。她发现肯的母亲和哥哥们之间存在一些冲突，但没有继续追究这个问题。她本可以继续执着地追问，但也许母亲的态度太过生硬，进一步追问不太可行。

11月16日。今天，肯给我看了他的新手表。他只是伸出手臂展示，什么也没说。我喜欢这块手表，也想给我的儿子买一块，于是问他是在哪买的。他回答："一家商店。"我问了他好几次，他才讲清是哪家商店。我要求他随时告诉我手表准不准，因为我也想给我儿子买一块类似的手表。

案例分析

给肯布置这种任务非常合理，但逼他回答却不太明智。当他第一次回答"一家商店"时，教师原本可以对他的回答给出一些解释性评论，这比催促肯回答出更多细节更可取。到目前为止，还没有证据表明教师向肯做过一些为何他回答得如此简洁的解释。

当肯仅仅伸出手臂让教师看他的手表时，教师是否应该说些什么，这也值得怀疑。**如果教师也用手势回应，效果可能会更好**。这些动作原本可以变成一种乐趣，而非谴责，还可以让肯意识到自己的行为。

今天下午，肯穿着夹克，用胳膊碰了碰我。他什么也没说，只是用行动表示他想让我看看他的夹克。这是一件新夹克。我并没有和他讨论新夹克，当时我正在和一位老师谈话，只是点点头，表示我看到了。

案例分析

这个回应更好。

几周前肯买了一辆新自行车。今天，我问他为什么最近得到这么多新东西，是不是生日礼物？他说不是，接着说："我不知道她（妈妈）为什么要给我买这些东西。我猜她只是想买这些。"我猜想，是否因为肯最近一直在进步，因此他母亲用这么多礼物来奖励他。

案例分析

还有另一种可能，就是母亲对肯被哥哥们对待的方式心怀怨恨，现在她可能比以前更清楚了，于是试图弥补。还有一种可能是，她和肯联合起来对抗家里另外三个强大的男人，并像对待婴儿一样把肯紧紧留在自己身边，认为肯仍然需要她。

11月17日。我请一个年龄大一些的"童子军"队员带肯去参加"童子军"的集会。我给肯带来一本"童子军"手册，他饶有兴趣地翻看起来。

案例分析

虽然教师在为肯做事情，但没有迹象表明她对肯进行了过度保护。

11月19日。下课时，我们用面粉、盐和水在玻璃上制作地图。肯非常感兴趣。他总是走到教室后面，看着其他人和面，并用食用色素给面团着色。他问我，能否再加一些面粉搅拌，使面团更光滑。即使肯坐在自己的座位上忙碌，他也会时常"偷偷"溜到教室后面，看看别的同学进展如何，而其他人则原地不动坐在自己的位置上制作手工。

虽然他表现出明显的兴趣，但我不知道他是否会主动向同学索要一块玻璃、一些面粉或盐来制作自己的地图。他好几天都没有任何行动。直到后来，我建议"童子军"成员可以拿着做好的地图来换取箭头积分时，肯最终才说，他也要买一块玻璃做地图。他也想获取箭头积分。

案例分析

我们可以看出，教师在激发肯的行为上很感兴趣，同时，她耐心等待肯的积极行动。即使肯很感兴趣，他仍然在等待教师的刺激和奖励，之后才付诸行动。很明显，他相信其他同学有能力做事情，而他所能做的就是从别人的成就中来间接体验满足感。

体育老师问肯，他都得到了一块新手表、一件新夹克和一辆新自行车了，为什么还没有买双新运动鞋。他回答说，家里有新运动鞋，只是没有穿到学校。看来肯仍在试图逃避体育活动，因为这会显得他不是一个真正的男孩。

11月底。肯加入了"童子军"，他带来两个雪茄盒为妈妈做了一个展示箱。他在箱子表面涂了色，并打算将它带到下一次"童子军"集会上赢取积分，然后再送给妈妈作为圣诞礼物。他涂色并不出色，但我很高兴看到他不辞辛劳地四处寻找雪茄盒，还把它们带到学校来参与活动。然而，到目前为止，他还没有带一块玻璃来制作地图。

案例分析

在这里，教师非常细心，她没有批评肯涂色不好，也没有质疑他为何没带玻璃片制作地图而是带雪茄盒做展示箱。通过这种做法，教师避免任何可能给肯带来的打击。

肯在前十周的成绩表明，他在算术、拼写、阅读和手工美术方面的表现均令人满意。他需要改进的有自我表达、社交、音乐、科学、公众演讲和体育运动方面。

12月1日。九月份开学时，肯进教室十分拖拉。现在，他通常是第一个进教室。他变得更友好，经常趴在桌子边，和我聊他自己和家人的事情。

他非常愿意帮我布置教室后面的"项目桌"。而且，他不是通过帮助我做事来逃避自己的功课，而是真心喜欢做这些事情。

昨天，有四个孩子正在项目桌前剪着绉纸，并加上盐、面粉和水制作绉纸黏土。四个人做得非常尽力，在告一段落后，我请他们选择班里其他人接替他们继续制作。肯高高举起手来，并被其中一个男孩选中。

肯十分擅长算术。他和另外一些计算快的学生被选中，去做四年级算数书中一些简单的题目（肯当时在读三年级）。

案例分析

三个月内，肯发生了巨大的变化，他从一个完全沉默寡言、不愿参与的男孩转变成算术方面的佼佼者。人们再也不会认为肯很笨了。

校长偶尔会进教室看看，她注意到肯在教室后面正和一群同学一起学习。她希望肯能全天在这个班上课，但肯还需要去其他科目的班级上课（他每天会在我的班上花三个小时做功课）。

12月9日。教学楼里的其他老师注意到肯能越来越多地参与班级活动了。事实上，今天他在体育课上与一个男孩打了一架，就是那种男孩子之间常见的斗殴。上周，他制作好玻璃地图，并打算在圣诞节送给大哥作为礼物。他和我讲过三次，要把地图送给大哥。显然，肯在联合他的大哥一起对抗他的二哥。

案例分析

教师推断，肯与大哥结盟的解释是可信的，如果教师还能联系到肯的大哥，并帮助肯成长进步，那这条推断就十分重要。

12月17日。今天很冷。肯兴奋地来到教室，充满活力。另外四个男孩同时走进教室。肯大声说："我们班上现在只有我们五个男生。"这是自9月份开学以来，我听到肯说出的最大声的话。

案例分析

孩子的语言表达和说话声音通常意义重大，表达了孩子的自我认知和他对生活的态度。

肯在做一些需要读题的算术题，其中有个单词不认识，便来向我求助。我让他自己解决。他向自己的座位走去，又停在另一个男孩的书桌前，问他那个词是什么意思，他仍然想要别人为他服务。我没有告诉他，是因为我知道他来找我，只是为了让我为他服务。在阅读课上，他其实很轻松就能查出单词的意思。

案例分析

当肯去问另一个男孩问题时，教师没有说她做了什么，也没有说她是否采取了什么行动。我们可以推断，教师没有发表什么评论，因为小题大做只会于事无补，肯反而真的会得到他想要的关注。然而，最好也不能对这件事完全置之不理，尤其是在肯处于进步上升期，可以与肯进行私下谈话，谈谈他课堂上的所作所为以及这种行为背后的原因。

12月18日。肯再次来向我求助，请我帮他解决一个书面问题，我让他把题目读给我听；他读了，一读完就立即给出了答案。这次与上次一样，他也不需要帮助——他只是想要别人为他提供服务。

案例分析

在本案例中，这似乎是个常见模式：每当教师克制住不提供帮助，肯就能自己解决了。

今天，肯完成作业后，开始找一本书读。我给他推荐了一本诗集，我经常从中选诗读给全班同学听。当他把诗集还给我时，他要求我给他读一首他喜欢的诗。我没有立即回应，而是在全班同学背诵结束并收好材料后，告诉全班同学，肯找到了一首他喜欢的好诗，并让我读给全班同学听。我问他们是否想听。他们表示很愿意，并且非常喜欢这首诗；事实上，他们要求我读更多诗。

案例分析

这是个很好的方法，可以让肯更好地融入班级中，而且首先是他自己激发起的兴趣。

肯希望在圣诞节期间把这本诗集带回家。他还送给我一份圣诞礼物，是他自己包装的，上面包裹的全是透明胶带。与包裹一起的还有一张肯写好的卡片，但他的笔迹被另一张卡片覆盖了，上面是成年人的笔迹。他的母亲可能认为肯写得不够工整，所以她把肯的字盖住，自己又写了一遍。

案例分析

这展示了肯在家中接受的教育。他所做的一切在家人眼里都不够好。母亲也没有任何改变。这将是教师面临的需要解决的难题。

现在是12月份，肯在教学楼大厅从一个教室换到另一个教室，他的行为与9月份相比，大不相同。他走过大厅，头上挂着外套来回挥舞，迈着大大的但很笨拙的步子，而且不严格遵守所有在大厅中的行走规则。为了保证学生们在大厅行走顺畅，我们在地板上画了许多标记线。肯曾试图踩在标记线的上面——或稍微走到正确标记线相反的一侧。在经过大厅时，他还会聊天，他以前从未这么做过。只要不大声喧哗，并且在课间，这都是允许的。

1月5日。肯又一次找我要一本诗集，等他把诗集还回来时，再次想让我把其中一首诗读给全班同学听。他要求把诗集带回家，我给了他一本以前没读过的诗集。

在"童子军"集会中，肯的母亲告诉我，肯喜欢参加"童子军"的集会，还成了集会的好帮手。有一天，肯的母亲来教室观摩授课，肯也走了过来，站在我和他的母亲旁边。他母亲在我们面前夸耀肯，说他是她家里最棒的小帮手之一。肯喜欢母亲这样讲。她拍了拍肯的头，告诉我她也曾"强烈推荐"（强迫）肯参加这些活动。

案例分析

这位教师十分敏感——也很正确——感受到其他成年人对肯施加的不必要的压力。这对肯很不利，因为这种施压不仅妨碍男孩独立自主能力的提升，还可能把肯推向更多的反抗和叛逆。

由于学期即将结束，教师总结了这个案例发展的全部经过。

肯在班级群体中找到了自己的位置。他学会了微笑，学会了积极参加班级活动。他不再"像个傻瓜一样"坐着。他还经常"插嘴"，并随时准备帮助他人。

他不再等着别人为他做事——只是偶尔会故态重生，即便如此，他也是通过更加积极的方式争取到别人的帮助。如果情况允许，他还愿意在必要时给别人提供帮助。一天，他帮助同学们选书，为他们提供服务。他还咨询是否可以帮忙分发材料。

他对功课表现出极大的兴趣，总是热切地查看黑板上布置的作业是什么。他也能快速而高质量地完成作业。他喜欢阅读故事和朗读诗歌，并乐于与同学们分享。

他不再害怕在课堂上与我或朋友们交谈。他交到一些真正的朋友，比如说，朋友们选择他接任班干部职务。去年12月，他当选为图书管理员，大家阅读讨论一结束，他就立即前往那里收集图书，并整体好，十分尽职。

"童子军"对肯产生了很大影响。

肯的书写仍然较差，但已实现了巨大的进步。他的阅读和算术成绩很好，而且很明显能看出他非常想超越别人。

体育老师也报告说，肯在体育课上的表现与以往完全不同——甚至与同学开始真正的打斗。

语言治疗师告诉我，肯改变很大，他会毫不犹豫地来到诊所接受治疗，并且很配合。"肯简直变了一个人，不再是今年9月我遇到的那个男孩。"语言治疗师说。显然，她不再认为肯反应很迟钝了。

我本身从肯的这个案例研究中也获得了宝贵的经验——当一连好几个星期都没有从肯身上看到任何起色时，我简直要把这个案例像个烫手山芋一样抛掉了。刚开始的两周，我完全灰心丧气，几乎一点儿也不知道如何能帮上这个孩子。

现在我们俩成为真正的朋友，而且我们的友谊也促使学校和他的父母之间的关系更为密切。

案例分析

这个案例表明，如果教师了解孩子行为背后的动机，并知道纠正孩子错误目的的方法，那么教师就能在很大程度上帮助孩子改进。

虽然本案的结果令人满意，但仍有更多有待改进的地方。从案例中，我们获得的印象是，肯仍然过于频繁地设法让老师为他服务。

案例63

问题：

贝蒂，十六岁，高中生，是一个聪明、有抱负的女孩。四年来，她一直难以与同学们友好相处。虽然她担心同学们不喜欢她，但还总是做一些让同学们反感的事情，给人高高在上的感觉。许多老师试图帮助她，但结果都说这个女孩的问题很难解决，无法让她知道自己错在了哪里。由于贝蒂是我赞助的荣誉协会的一员，我多次被要求和她进行沟通，因为她总是迟到，在大厅里闲逛，还乱发脾气。我希望帮助她学会解决问题，因为贝蒂对教学很感兴趣，按照这种情况，今后她在大学可能会遇到困难，还可能阻碍她继续接受教育。

背景：

贝蒂是家里的老二，她还有个哥哥，名叫汤姆，比她大两岁，去年高中毕业去读了大学，还拿到了体育奖学金。贝蒂的成绩一直比哥哥要好得多，是一个循规蹈矩的人——老师的宠儿。在她读高二的时候，我和她沟通过一次，贝蒂抱怨说她不得不遵守规则，比如练习钢琴，要必须在固定时间内回家，而哥哥则"可以通过一些理由应付过去"。去年，贝蒂每次得不到"A"时，就会受到责备，而且母亲并不会给予她任何安慰，第二天到家后，表现得好像什么事都没发生过。她母亲过去似乎在迫使贝蒂遵守规则方面总能取得胜利，但现在就很棘手了，每当贝蒂遇到了"不知道该怎么办"的麻烦时，母亲就会非常沮丧。

低年级时，贝蒂总是主动帮助老师们做事，而同学们很反感她这种经常为老师在办公室打下手、批改试卷等行为。今年的情人节，作为老师的宠儿，她第一次没有受到老师的赞许和表扬。去年，我和她谈过很多次，她似乎开始和同学们相处得更融洽一些了。事实上，去年年底，她还被推选为啦啦队队长。然而，她并不满意，还希望在俱乐部里担任其他几个职务。荣誉协会选举干部委员，她没能参加，之后她非常失落。她告诉一些同学，这次选举本应推迟的。后来，我们组建了一个商业俱乐部，她非常渴望当选干部，甚至为自己提名。女同学们都嘲笑她，接着推选了另一个人。

评价：

贝蒂的目的似乎是寻求人们的关注，并且在某些领域，她甚至与成年人争夺权力。一些教师认为，贝蒂把成年人想得太过理想化了，无法理解高中生活也可能很有趣。她持有这样一种观念：要想成为重要人物，必须始终处于领先地位。在人际关系中的竞争中，她总会输得很惨。她经常通过嚣张、愚蠢的行为来引起他人的注意。她经常想转到其他学校，觉得这样就会让朋友们高兴。但她的父亲坚持要她留下来。

案例分析

报告中，描述更多的是问题，而非评估。关于贝蒂，尽管我们已经知道很多与她相关的信息，但还有许多情况需要我们继续了解。她的学业成绩优于她的哥哥，但社会适应能力却很差，这主要是因为她过于争强好胜，想在智力甚至道德上拥有优越感。我们想知道，如果她的哥哥不像她那样被高标准和好胜心所驱使，是否会具有更好的社会适应力、更受欢迎、更受人喜爱，如果是这样，这反过来可能会打击贝蒂，使她对自己的社会适应能力丧失信心。了解她与父母之间的关系也很重要，要知道她站在父母哪一方，以及是谁激发了她的好胜心。到目前为止，我们还没有获取明确的证据，表明她与成年人之间存在权力竞争，尽管她的成功和失败可能不仅仅是为了获取关注那么简单。

行动计划：
1. 赢得她的配合。
2. 鼓励她。
3. 试着让她明白，一直处于领先地位没有必要，也是不可能的。
4. 自然结果。

案例分析

这是一个很好的概述，但除了第三点之外，其他还不够具体。这个女孩似乎不确定自己在群体中的位置；否则她就不会这么渴望获得教师的关注和自己的优越感。究竟是什么原因？为什么她如此受打击，尤其是在社交方面？

2月5日。在贝蒂上缝纫课的时候，我看到她在大厅里和篮球队的一个男生聊天。后来，我在教学楼里碰到她，问她怎么回事。她说上楼去找辅导员老师。我发现她说的并非实情，于是决定和她谈谈，因为许多老师一直抱怨贝蒂为所欲为，还总是假装没做错什么。通过交谈，我发现在过去的一周里有几件事令她十分烦恼。有几个男生逃学被学校抓住了。有传言说贝蒂举报了他们，当全班开始指责她时，她大发脾气，还在钢琴上乱弹乱拍。

贝蒂哭着向我讲了这件事。她说现在没人愿意跟她说话了。她身上似乎一切都是错的，她越努力，同学们就越不喜欢她。她说甚至老师也都误解她。我告诉她，也许她努力得过于刻意和偏激，可以试着先停下来，分析一下她给同学们造成这种"错误印象"的原因，这样可能会有所帮助。我告诉她，如果她愿意的话，我很乐意和她讨论这件事，帮助她渡过难关。

那天晚上，她很沮丧，告诉父母所有老师都针对她。第二天的第一节课，她没有来上课。

案例分析

这是一个良好的开端——恰到好处。这位教师没有说教，也没有责骂，而是向她提供了一个帮助计划。那是教师当时所能做的一切；即使这个女孩不喜欢这种对私人"直觉"的揭露，也必须说出来和做出来。

2月8日。贝蒂很早就来到了学校。这两天，她在参加一个与奖学金有关的考试，我问她考试难不难，她点了点头。后来她来拿作业，并停下来看了看我办公桌上的一些图片，并对此评论了一番，这似乎才打破了刚刚的僵局。我向全班同学发回了他们的抄写作业，我知道这次贝蒂抄写得很棒，于是点名表扬了这次抄写作业表现最好的女孩，包括贝蒂。因此，其他女孩练习抄写时，她们能做听写。贝蒂很高兴，在接下来的几天里，她继续改进了作业。

案例分析

就建立良好的人际关系而言，教师做得很好，但到目前为止，教师没有跟进第一次交谈的后续行动。也许是老师感觉到了贝蒂的不情愿。

2月13日。贝蒂迟到了。她边跑边解释说："这是最后一次迟到。"

案例分析

虽然有些迹象表明，这个女孩的态度开始变得友好，但进展仍然缓慢。自最初的谈话以来已经过去半个月。显然，教师在等待女孩主动来找她沟通。

2月25日。今天发布了上次考试的班级排名。贝蒂是第五名。代表毕业生致辞的理应是获得此次考试第三名的学生，她通过暑期的额外实习获得了足够的学分以毕业。有的学生开始议论这不公平，但成绩排名第三的女生似乎并没抱怨。贝蒂自告奋勇地为排名第三的女生进行申辩，有传言说学校正在申请重新审议。最终，我们召开了班会，解释了排名规则，这才阻止了学生们的议论。贝蒂通过这件事结识了一些新朋友。

案例分析

这个例子告诉我们，与"不公平"做斗争，不会带来敌人，而会赢得朋友，有时充当审判员也不那么具有挑衅性。但对贝蒂来说，这件事可能并没有给她带来益处。教师没有向她指出不能被良好的结果所误导，这是太糟糕了。

3月1日。贝蒂在大厅里拦住我，问我是否愿意和简谈谈，她认为是简散布有关她告发那些男生们的谣言。我问她是否担心别人会相信这个谣言。她说，不，她不在乎别人的想法。但她与简已经相互竞争有一段时间了。关于这件事，她也没向我透露过多。

案例分析

这个女孩几乎是主动要求和教师说话的，但显然教师仍仅仅停留在她行动计划的第一点上，即努力赢得贝蒂的配合。

3月5日。在上缝纫课时，我把贝蒂叫了出来，为她安排另一次与奖学金有关的考试。她走出教室，露出怀疑的神色，微笑着说："这是好消息还是坏消息？"我笑了笑，她似乎这才松了一口气。

案例分析

我们可以看到这位教师的策略和担忧：要克服贝蒂对所有教师的怀疑。这位教师当然成功地和贝蒂建立了友好的关系，但到目前为止，还未有效利用这种关系。

3月13日。贝蒂很早就来上学，以弥补上次缺席的时间。她和我核对学时的时候，我说我俩之间现在已经互不相欠了。她开玩笑地补充说："如果我明天不迟到的话，就没问题了。"然后，她问这个学期是否有机会得"A"。她说，她想向母亲证明她仍然可以做到全部功课都得"A"。

案例分析

教师现在已经成功地赢得了女孩的合作，但女孩并没有试图改变自己的认知。然而，我们不应忽视，贝蒂在这一段时间受到了鼓励，以及由此增强了自信心。

4月2日。我们将此案例在教学培训课上提出来进行讨论。这位师范学员因为打破了贝蒂与其他教师之间的传统关系模式，并指出贝蒂的错误而受到了赞许和表扬。我们就案例中涉及的心理动力因素进行了探讨。贝蒂成功超越了她的哥哥，进而她想超越任何人，并为此而付出了代价。她似乎很羡慕哥哥能随心所欲。如果她不能做到最好，就不能因此得到认可，可以明显地看出，她非常希望自己也能随心所欲地做事。

她蔑视自己的同学，甚至包括老师。她幻想成为一名完美的教师，就表明了她对自己的老师充满批判。竞选干部时，她为自己提名的行为表明，她显然相信自己是最好的，如果没人知道这一点，她就会向人们表现出来。她对成为佼佼者极为感兴趣，甚至超越了她去评判他人的欲望。而这两点都可以通过成为一名教师来实现。

这位教师已经成功地赢得了贝蒂的合作。她应该继续与贝蒂讨论。在第一次与贝蒂谈话后的那个晚上，贝蒂表现得异常沮丧和失落，这位教师确认自己的态度，即如果贝蒂不主动请求来找她，她就不愿意和贝蒂继续沟通。有人指出，贝蒂实际上取得了一些进步，只是尚未获得教师的认可；这位教师现在可以放心地和贝蒂继续沟通，帮助贝蒂意识到，没有必要永远都正确。贝蒂好胜心过强，反而导致了她的失败。因为贝蒂认为，如果自己没有做到完全正确，就会感到彻底失败。因此，她必须学会拥有变得不完美的勇气。这位教师最好告诉贝蒂，她还没有完全了解老师的意思，对于因迟到而进行的补课，也许完全没有必要。最重要的是，教师必须让贝蒂体会到，即使她做错了，仍然会被人喜欢，也仍然会在班级内拥有自己的位置。教师必须帮助贝蒂明白，即使是受到批评，也不意味着人们不喜欢她。

4月16日。我早上到学校时，贝蒂跑来和我说她，她十分钟前就到教室了。她在向我表明，自己在弥补迟到和缺席的时间。

那天上午第二节课上，我去了贝蒂上的簿记课班里。当我和她的簿记课老师交谈时，她过来打断了我们，问了我一个有关簿记的问题。我假装认为她在和簿记课老师说话，于是没有回应，只是等着；但她一直看着我，等我给她答案。贝蒂离开后，簿记课老师告诉我，他以前已经给贝蒂解释过这个问题，但她似乎并不接受。他是第一次教簿记课，以前我教过这门课。现在贝蒂总是挑剔这位老师缺乏经验。后来，我与贝蒂谈论这件事时，她似乎意识到了簿记课老师面临的困境，但并没意识到她在上述事件中伤害了簿记课老师的感情。

那天下午，我决定再次和贝蒂谈谈。我问她是否思考过我们之前讨论过的事情——为什么她在与朋友和老师相处时有困难。她迟迟没有回复。然后她说，现在一切似乎都进展得更好。她给我举了个例子，来解释她为何这样认为。现在，她和简不再是朋友了，自从她们不再来往，甚至她的母亲也注意到了。

案例分析

有可能简对贝蒂产生了负面影响，但我们没有证据表明这一点。然而，贝蒂与教师关系得到了改善，这更有可能是促进她进步的主要原因；但贝蒂并不知道这一点，也可能会不愿承认这一点。如果她承认了这些，就意味着她承认之前和教师及同学发生了争斗，她的困难源于自己的错误。

我提到，我担心贝蒂会一再迟到，即使她会把时间弥补上，但我觉得这种弥补方式并没效果。她回答说："哦，我觉得有效果。我现在起得很早，已经形成这个习惯了。上次，我很早就醒了，但妈妈去上班了，我又睡着了。"我告诉她，在我看来，我们只是在玩一场互相较量的游戏，看看谁最终会赢。听到这些，她笑了。我向她解释，迟到这种事情不只是偶然，这背后总是有原因的，我想知道她是否能看到这些原因。她没有回答。我说，这些原因可能与她做让朋友们反感的事情的原因是一样的，因此，值得我们一探究竟。

"你一直想成为一名教师。我相信你对教学有一些想法——我在读高中的时候也对教学有自己的想法。可能在你的头脑中，你明白教师做什么是对的，做什么是错的。"她笑着说："但我没有把想法都说出来。"我接着说：

"我以前也这么想，现在回想起来，我确实避免了我自己老师的一些错误；但我也会犯他们没有犯过的错误。一个人是不可能做到完美的。"我告诉她，虽然她没有明确说出自己的观点，但这些观点就像她表达过一样显而易见。如果她希望教师们完美，同学们完美，那她永远不会对他们感到满意，因而他们会觉得贝蒂自命清高。一个人的态度会影响一个人的行为。她说："哦，但我不认为我自命清高。"我说："我知道你不这么想，但这就是你给别人的印象。"

我提到簿记课老师那个问题，作为一个例子和她来谈。我们就此聊了一些，但我觉得谈话没有达到成效。只是在结束谈话时，我们得出结论：即完美是不可能的，也没有必要，我们必须接受自己和他人的不完美。我还提到，我很高兴看到她在结交新朋友方面取得了如此大的进步，她也变得更加快乐了。我向她保证，她有很大的发展潜力，等到她上大学会获得很多乐趣。

案例分析

这次讨论处理得很好。或许在讨论中教师有一些说教，没有给女孩足够的机会表达自己的观点，即使给了贝蒂这个机会，当时她也可能不会利用这个机会充分表达自己的想法。因为，她仍然带有防御心理。这就是为什么教师认为她没有真正说服贝蒂的原因所在。

这里有一个重要的时刻，教师没能抓住要点。那就是当贝蒂不认为自己自命清高时，教师反驳她，认为她给人的印象的确如此。这种做法没有错误，但教师应该进一步解释，为什么她自己看不出她表现得有多高高在上。此时，教师可以告诉她，这是由于她自己也无法达到她设定的完美的要求。由于她从来都不确定自己是否足够优秀，她并没有真正感受到自己的优越性，而只是通过贬低别人来抬高自己。换句话说，贝蒂必须认识到自己的自卑感以及对自己能力的怀疑。如果不指出问题的根源，即她对自己的挑剔和怀疑，就无法消除她这种错误的补偿措施。

因此，此次谈话结束的方式非常好，里面暗含着教师对这个女孩的鼓励和信任。对女孩采取的补救措施应该首先着力于提高孩子的自信心，而不是消除不良行为。正是教师的这种努力找到了有效的纠正方法，这是她与女孩打交道的主要行为特征。

4月22日。在安排荣誉协会典礼彩排时，我和贝蒂就该计划产生了意见分歧。贝蒂想去告诉另一位教师他在哪些方面出现了失误。"我们事先制定了计划，他也知道我们的计划；但他的行动总是偏离正轨。我要去提醒他一下。"我说这样做并不明智。通过这次事件，我知道她仍然"瞧不起"别人。

案例分析

教师的做法是对的。既然她已经意识到贝蒂在做什么，因此，她也可能把这个信息传达给了贝蒂。有时候，只要两个人相互很了解，即便很小的迹象或细微的暗示，都能与谈话一样，传达出同样多的信息。这位教师和贝蒂无疑都十分了解对方。

5月7日——成绩单汇报日。贝蒂迟到了。她进来时，对我说："是的，我知道，我怎么能在今天这么特殊的日子迟到呢！但您必须承认，我在过去的四五个星期里都没有迟到过啊。"（后来，我查看了出勤记录，她的确没有说谎。）我没有回答，只是笑了笑。

5月8日。我们正检查着昨天的成绩单，我发现有份试卷没有打分。贝蒂说："老师，您开始犯错了。""开始？"我回复到。我们继续谈论了一些其他的事情。我试图让她学会接受一个道理，即每个人都会犯错的。

5月12日。贝蒂在国家奖学金考试中，成绩处于第三等级（中下水平）。我和她说起这件事，她说："好吧，还有很多人没有我的成绩好呢。"她似乎并不太失望。

5月13日。贝蒂的态度似乎有所改变了。她对别人表现出更多的尊重。我不能给出具体的某个例子或事件，但她给人一种温暖而热情的感觉，笑得比以前更多了。

5月19日。贝蒂今天到校比较早，我们讨论了早些时候我跟她提到的一个学习任务。她问我是否可以用我的名字获取参考资料。

5月28日——总结：我对贝蒂的进步感到非常满意。她仍然还有很多东西要学，但似乎正在朝着正确的方向前进。现在很多同学，无论男生还是女生，都喜欢她，而她几乎不想寻求特殊关注。她现在也能按时到校。贝蒂给自己制定了暑假上大学的计划，但不像今年年初第一次有这个想法时那样，会到处宣扬。我认为，我和她的讨论在某些层面上是"大有成效"的。

案例分析

与最开始对贝蒂的描述相比，上述报告内容表明了贝蒂所取得的进步。毫无疑问，正是教师始终如一的坚持和努力为贝蒂带来了这种变化。根据她最初的行动计划，她既成功地赢得了贝蒂，又鼓励了她。我们可以推断，这位教师也成功地实现了计划中的第三个目标，即帮助贝蒂认识到自己不必一直处于领先地位。后来贝蒂对奖学金考试成绩的反应，正表明了这一点。但在报告中，几乎没有教师采用自然结果法的内容。但另一方面，这位教师成功地帮助贝蒂克服了认为自己社交能力差的心理障碍，后来的情况表明，她结交的朋友越来越多，与朋友们的关系也越来越好。对教青少年学生的教师来说，掌握更好的面谈技巧至关重要，这些技能可以进一步提高教师的工作效率。

案例64

这个英语班由25名二年级学生组成，上课时间是每天最后一小时，那时，老师和学生们都已经很疲惫了。只有少数学生提前预习，并在上课时认真听讲，绝大部分学生很吵闹，老师上课的压力十分大。

与普通班级相比，这个班级的学生学习能力水平参差不齐，有些学生能力极强，而有些学生几乎还不识字，尤其是那些智力迟钝的学生，表现出消极—破坏的行为模式。例如，伯尼是个高大的男生，他会通过大声的、无关紧要的讲话来寻求他人的关注。他的父亲给他设定了不现实的学习目标，而他一再证明自己完全做不到（他并不是故意表现出无能，事实上他也存在智力障碍）。另一个行为不端的焦点人物是聪明但存在严重情绪问题的爱丽丝。她在家里并不幸福，来到学校后还经常陷入白日梦境，回过神来的时候会惊讶地喊出一声"嗯？"或突然狂笑起来。她似乎并不怨恨其他同学贬损她或笑话她，因为得到关注总比没有任何关注要好。

对于爱丽丝想寻求关注的问题，我给她提供了一些建设性的方法，例如，她的字写得很好，我就请她把作业写在黑板上（她在课间休息时曾在黑板写了"玛丽爱约翰"等字，我就产生了这个主意）。她似乎很可怜地渴望讨好我，但她仍然是干扰班级秩序的主要分子。

我们这里上英语课的学生和老师都很疲惫而沮丧，双方都需要成功的喜悦。毫无疑问，应该为班里灰心沮丧的学生布置他们能完成的作业，并在出色完成时给予表扬。要制定一套合理的作业布置规则，限定可以完成作业的最小量，并根据学生水平布置相应的可选作业，这样才会对整个班级起作用。

案例分析

这是一份向教师培训班所有师范学员宣读的报告。大家从各个方面对此进行了讨论。报告中，用"无关紧要"一词来描述伯尼的言论，大家首先对此进行了批评。这些言论从逻辑上讲，或许无关紧要，但从心理学角度来看，肯定就有不同意义了。伯尼胡乱讲话似乎想要表明他要打败老师，从而表现出自己的优越感。他很可能在班里还继续着他与父亲在家里的权力之争。伯尼表现出自己能力不足，进而击败了父亲和老师这两个对手，从而避免在他无法获得成功的领域碰壁。他可能争强好胜，但只是通过无用的方式展现。因此，大家建议这位教师为伯尼布置一项他能胜任的任务，并可能让他获得成就感。布置英语作业就是一个不错的选择。

然后，我们讨论了教师的作业布置方案。他们认为，这种作业布置方法将很难让学生产生集体归属感。学生能力的参差不齐确实是另一个巨大的障碍。但如果没有集体归属感，就不可能产生令人满意的课堂效果。在班级这些不利条件下，普通方法可能不再适用；这种情况需要教师发挥想象力。教师的首要任务是找到一种整合班级凝聚力同时赢得孩子们的兴趣和合作的方法。

这位教师表示她想放弃。她认为，在这个班级赢得孩子们的配合的可能性不大，更不用说激发他们的热情了。这个班的学生之间几乎没有什么共同之处。

这些学生之间真的没有共同点吗？当师范学员们拿到这个问题时，他们开始认真思考，最终找到了答案。这个班当然有一些重要的共同点，刚刚这位教师已经提到了，却没有意识到她话语中的真正内涵。这节课是当天的最后一堂课，孩子们的兴趣和能力极为不同，几乎无法共同学习。但这也表明，他们都在同一条船上，这就是他们的共同点。因此，他们也面临着共同问题，就是如何让所有同学都尽可能愉快地上好这节课。这样的提议应该会引起他们的兴趣，唤醒他们，并激发他们的学习热情。因为如果他们不采取行动解决这个问题，对所有人来说都将会十分难受。

因此，大家建议这位师范学员与全班同学进行一次坦诚的商讨。她应该问孩子们是否愿意把这节课上得更加愉快有趣。如果他们的回答是肯定的，就必须一起找到解决方法。教师应该坦率地表达自己的沮丧情绪，同时也表达对孩子们沮丧之情的理解。

教师可以布置一项作业，让孩子们写下他们对这门课、教师和其他同学的看法。这会激发他们的兴趣，那些大受打击的学生可能不会做，这时可以邀请他们发表口头评论。

大家建议，爱丽丝的问题应该等待进一步讨论，教师首先应尝试创设富有成效的课堂活动，营造有利于学习的氛围。一周后，该师范学员提交了以下报告。

我让全班同学围坐成一个圈。我完全开诚布公，一直和孩子们强调"我们"和"我们的"字眼。我和他们讲，我对我们的课堂有种挫败感，我知道他们也会感到气馁。一小时前，班上的几个学生上了我的西班牙语课。他们一致认为西班牙语课上，同学们的学习热情很高，每个人所讲的话都与功课有关，"尽职尽责"。当我要求他们写下目前我们的问题时，有几个孩子问是否必须署名。我告诉他们，我无需给他们这次作业评分，因此写不写名字无关紧要；但重要的是要书写清楚，拼写正确，以便能让人理解（我看到一个不习惯使用字典的男生开始查字典。）。孩子们纷纷交上了比较出色的答案。我们同样围坐成一圈，我将同学们的建议读完之后，三位缺席的学生通过口头陈述表达了自己的看法。我们大家一致认为我们的问题是纪律太差。他们有人写道："同学们太吵闹了""我们总是大喊大叫""我和其他同学一样表现很差"。另一个人写的是："我们学习单词的时间足够长了。""您太宽容了"是频繁出现的评价，但也有人在这句话后面加上"但是我喜欢老师那样"。爱丽丝（我认出了她的笔迹）最有力地表达了采取惩罚措施的必要性。有几个男生对女生抱怨较多，其中一个男生试图把班级吵闹的全部责任推到女生身上；另一名男生说，由于女生人数更多，她们自然也会制造更多噪音。一名男生写到建议优等生应该帮助差生，比如他自己。

我尽力让全班同学看到惩罚是没有好处的，唯一有帮助的是大家相互合作。如果他们愿意，我所要做的就是在有人违反纪律时点名提示；然而，如果违反纪律的同学不接受，那我会采取进一步措施。

我说，同学们的建议让我充满了希望，并问他们是否与我有同感。只有伯尼觉得大家没有改善的希望。"如果每个人都愿意配合，那就会有效；但我认为大家都不会这样做，所以是没用的。"我们就此进行了一番讨论，让伯尼看到了一线希望。这次讨论让我们看到，大家是有可能做到自律的。

案例分析

虽然报告并未对这次讨论进行详细描述，而且给人们的印象是，大多数时间是教师在发言，但总体效果似乎还很好。孩子们有机会以书面形式自由表达自己的想法，后续行动也很有效。

为了寻找能让伯尼获得成功体验的任务，我去询问了另一位与他打过交道的老师。她告诉我："伯尼在去年的嘉年华活动中表现出色，有一定的管理能力。当时，我让他协助我管理鱼塘。"我说："前几天我注意到，伯尼和艾尔两人玩词语接龙的游戏时，他们都要选择游戏角色，伯尼选择得非常明智，游戏成绩自然不错。""伯尼这边玩得更棒啊。"一个学生路过他们时讲道，我无意中听到了这句话，他接下来嘲笑伯尼："虽然伯尼很笨，但在游戏中他能挑聪明的角色。"我和伯尼讲，一些总统之所以成功，是因为他们能够将权力下放给自己精心挑选的下属，而另一些总统之所以失败，是因为他们没有这种能力，因此，这种能力对一位高管来说如此重要。后来，伯尼承诺要协助"恐怖屋"的活动，于是，我问他是否愿意为我挑选一位真正可靠的男生。他为我选了一名男生，这个男生的确不错，于是我称赞了伯尼的推选。

案例分析

教师对培训课上大家的提议进行了出色的跟进。伯尼的确可以完成一些给他带来成就感的任务。此外，伯尼的回应也验证了我们之前的假设，即他的好胜心很强。

十天后，我打电话给伯尼的父亲，告诉他伯尼的态度与以前相比有了很大改善。他的父亲说他以前曾和伯尼谈过，告诉他要像个男人一样振作起来，他早就预料到伯尼会有这种改变。我读过一句话："生活始于你的行善，而不在乎谁最终获此殊荣。"于是，我没有和伯尼的父亲争辩我的角色。

案例分析

这位教师十分大度，让伯尼的父亲误认为是他促进了伯尼的进步。然而，谦逊也可能是种错误。这位父亲需要一些提醒：他需要明白，他给伯尼施加的压力会产生相反的作用。并且，他其实没有理由相信自己对儿子所讲的话会带来进步，甚至可能会带来退步。必须有人告诉他这种情况，否则，即使教师付出再大努力，伯尼也会因父亲持续的施压和羞辱而受到影响。

第二天，我们围坐成一圈讨论阅读。爱丽丝是唯一扰乱课堂秩序的人。我两次调整了她的座位。她递给另一个女孩一张纸条，我让她把纸条上交。我把纸条压在正在读的这本书的下面。后来我读了那张纸条，发现上面几乎都是与同性恋有关的内容。因此，我比较担心，决定必须与学校的心理辅导员讨论这件事，这位心理辅导员还曾与爱丽丝和她的家人打过交道。他建议我与D医生讨论一下这个问题。那天晚些时候，爱丽丝问我是否已经读了"请你不要读的那张纸条"。"什么纸条？"我问，假装不记得了。因为在得到D医生的意见之前，我不想就此采取什么行动或者发表任何意见。

案例分析

第二天，这位教师在培训课上汇报了D医生和心理辅导员对此事件的看法。他们都认为爱丽丝希望教师看这张纸条。培训课的师范学员们建议她和爱丽丝谈一谈；建议她避免以教师的权威角色去处理这件事，而是以善解人意的好友身份和爱丽丝交谈；要避免说教，避免任何出于好奇心的试探，也不要采取任何可能损害她们关系的方法。教师应该承认，她找到并读了那张纸条；她还应该承认，从纸条中她学到了很多她以前一无所知的东西。她要认可爱丽丝在班中的重要性，并问她是否想成为重要人物，如果的确如此，她就可以充分发挥自己的能力。爱丽丝是一个有能力的女孩，不需要获得这种形式的重视。最后，教师还应该咨询她对班级的看法。

两天后，我和爱丽丝谈了一次话。我告诉她，我找到了那张纸条，对她了解的知识印象深刻；对于她使用的一些专业名词，我不得不查询一下相关的含义。我还说，我已经注意到她有多少朋友，并且她在其中扮演了多么重要的角色。我想知道她是否想通过这张纸条给我留下深刻印象，以及成为优秀的人对她来讲是否十分重要。爱丽丝认为情况并非如此。

我们的谈话中提到了许多她很讨厌的人。校长、家访者、心理辅导员（也是一门课的任课教师），她的母亲以及她的弟弟。她说，她和父亲相处得很好；但后来与她的谈话似乎推翻了这一点。她激动地讲："我父亲认为他会让我去上大学，但他不会做到的！我才不会去的。"她谈到心理辅导员老师时说："我讨厌她，她认为把我调到教室后面去坐就能让我停止说话、好好学习。但她做不到！她绝对强迫不了我。"

我认为她似乎不喜欢有权威的人。如果我们两人之间出现意见的冲突，恐怕她也会怨恨我。我说："也许你喜欢当老板。"我指出，在英语课上，当我们大家都围坐成一圈时，只有她一人不顺从。她似乎没有意识到自己有想当老板的这种倾向，但当我说我也有想当老板的意愿时，她似乎很感兴趣。我们谈到了有意识和无意识的态度，以及某些心理概念对我有多么大的启示。爱丽丝似乎对这些内容很感兴趣。

案例分析

教师认同与爱丽丝有共同的意图，这是一个非常有利的转折点。我们可以质疑，爱丽丝是否真的没有理解教师的观点，还是她只是不想承认教师解释的正确性。通过拿自己的经历作为例证，这位教师消除了爱丽丝在认识到自己这种动机时的自负感和优越感等心理障碍。

我建议爱丽丝把自己出色的写作能力转移到有用的地方。"我们大家都要参加美国退伍军人协会组织的征文比赛，主题是'美国，机遇之邦'。你参加的话，很可能会赢呢。"她愤怒地回答说："没人能让我写作文的。"

案例分析

这个女孩很聪明，能觉察出教师设定的陷阱。这可能就是她不想"理解"的原因。她害怕受到影响。因此，教师之前关于她想当老板的讨论就正中要害。

我了解到爱丽丝在班级中属于年纪较小的学生，因为她曾两次跳级。她讨厌孩子，希望永远没有孩子。她有个弟弟，是弟弟让她认识到"小孩子有多可恶"。她从来不想结婚。对未来没有任何规划，只希望高中毕业后离家出走。我建议她从权力的角度思考一下，并告诉她过些天我们再讨论。

案例分析

无论这次讨论是否给爱丽丝带来好处，最重要的是教师打开了爱丽丝的心扉，允许她表达自己的不满。这是建立师生友谊关系的第一步。很明显，这个女孩处于各种斗争中，先是在家里，然后在学校，最后在社会上。爱丽丝主要的敌人似乎是她的母亲，她显然更偏袒弟弟。尽管她与父亲结成了同盟关系，但她也反抗父亲。父亲和弟弟都是男人，而她只是个女孩。她不愿意扮演女性角色，这一点表明了爱丽丝对男性的强烈反抗。

在当天的西班牙语课上，爱丽丝表现突出，甚至超过了其他同学。她僵硬笔直地坐着，整整一个小时都在全神贯注地听我讲课，唯恐不遵守纪律的坏习惯会使她胡乱说话。接下来是英语课。那天助教没有来，爱丽丝迫切地问我能否让她检查出勤情况。当她检查时，我和全班同学讲了征文比赛的事情。"我们班中至少有一名同学知道这次比赛，但不愿意参加。我特别想知道，你们是怎么看这次征文比赛的。"我和同学们说，虽然退伍军人协会给出的题目是"美国，机遇之邦"，但是就这次课堂项目而言，他们也可以根据自己的意愿在作文中表达反对意见。并强调即使他们在作文中发表了谴责和评论，也会获得学分，但是我不会把这样的作文提交给大赛主委会。我询问了班上每个同学的意见（爱丽丝当时忙于检查出勤，我没有问她），所有同学都表示愿意配合，有人说"我一定会努力写出来的"，还有人说"我会写点什么"等。

后半节课，我请爱丽丝在黑板上写一个通知，她急切地答应了，她写写擦擦至少三次，才对自己的书写完全满意。

案例分析

整个过程展示了这位教师的敏感性和想象力。不管教师是否真的认同爱丽丝，但至少她通过语言表达出对爱丽丝的同理心，并能感受到女孩的需求，同时满足了她的这些需求。她让爱丽丝检查出勤，并指出她是唯一对征文比赛有所了解的人，从而赋予她一种特殊感，她承认爱丽丝不想参加这个征文比赛，但没有因此批评她；她没有强迫爱丽丝回答她，还允许学生们在作文中发表负面评论，这与爱丽丝普遍谴责一切的态度一致——换句话说，教师为爱丽丝打开了所有的大门。而爱丽丝对此也有了相应的回应。

在征文提交截止日期之前，爱丽丝交上了她这篇"美国，机遇之邦"的作文。她的文章内容传统，没有偏激的语言。对此，我没有询问她任何相关的问题。

案例分析

这里显然是一个转折点。教师没有对爱丽丝施加任何压力，结果，爱丽丝不仅按时提交了作文，而且在内容上都做到了中规中矩。

我时不时地对全班同学说："现在的改变真棒！"他们看起来都很高兴。我私下和伯尼谈了谈，告诉他我对全班同学和他本人的变化感到极为惊喜。

顺便说一句，尽管伯尼缺课一周，但他返校后，在补考中仍然通过了，得了"C-"的成绩。

案例分析

教师的热情——如果真诚的话——是会传染的。我们十分确信，在这里教师所展现的真诚以及班上学生们所产生的巨大改变，虽然她没有在报告中提供太多有关这方面的细节。

大约一周后，我又发现了爱丽丝的另一张纸条，上面表达出她对同性恋和异性恋的兴趣，但只是语言表达，并非行动。

案例分析

教师对此事件就进行了以上陈述。我们想知道她是否就此发表了任何评论，还是只对其置之不理。有些人可能认为，这样的事件需要采取严肃的态度对待，采取更严格的措施，并时刻关注，但爱丽丝的问题在本质上并不主要是性取向；因此，明智的做法是，不要过多强调纸条上有关性取向的问题，而是帮助爱丽丝进行全方位的调整，就像这位教师正在努力做的这样。

成绩单显示同学们的学习成绩普遍有所进步。其中两名学生——不是指那两名有特殊问题的学生——仍存在拖延或拖欠作业的问题；但他们的作业质量总体也比以前好。还有两名学生意识到自己的进步，但他们对自己得到"C"并不满意，尽管之前他们一直得"D"和"F"。我努力向他们表明，他们取得的"C"表示他们已经获得了巨大的进步。

案例分析

学生们成绩的提高，以及他们对成绩的明显关注，都是进步的表现。有趣的是，那些以前得"D"和"F"成绩的学生对分数并不在乎，否则他们早就采取行动改进了，但在这次得到"C"后反而不满意了。这再次表明，学业失败的学生往往过度自信和好强，这也可能是导致他们失败的一个因素。

到目前为止，这位教师的所有报告内容均在培训课上讨论过了。这位师范学员出色地掌握并运用了我们之前所讨论过的原理和技巧，受到了大家的广泛称赞。我们建议她就某些情况和处理方式做进一步更详细的汇报。我们又得到了以下实例：

每次考试后，我都组织学生分成两人一组的小组，每组中都包括一名对该科目掌握更好的学生（设定为"教师"角色）和一名比较差的学生（设定为"学生"角色）。我为学习较好的学生举行了一次"小教师"会议，向他们提出一些建议：强调他们需要尊重自己的"学生"，并通过评论"学生"们哪里做得好，以此鼓励他们。这种方法促使学生们取得了相当大的进步。

案例分析

这是这位教师处理这个班级问题的一个关键特征，在此之前的报告中没有进行清晰的阐述。她曾表示，她已经放弃了根据学生不同的水平来完成不同作业任务的计划。以上细节阐明了她将优生和差生整合到一个组中的具体做法。这种方法的重要性怎么强调都不为过，因为它能取得各种有益的结果。首先，一个班内存在学习能力和学习成绩的巨大差异，往往出现优生和差生、学习能力较强者和学习能力迟钝者的对抗，结果导致班级的分裂。但在本案例中，教师充分利用这些特点，使之不再是障碍，而成为一个优势。

学生们互帮互助，不再相互竞争。领先不再意味着光荣，而意味着责任。教师要求好学生帮助差学生，这就同时向双方传递了良好人际关系中的一些基本要素：尊重同学，即使其中一方在学业上有所落后；懂得鼓励的必要性以及如何实施鼓励；两人是平等的面对面的横向关系，而不是其中一人领先于另外一人的纵向关系。所有这些积极的影响显然都是教师正确方法产生的。教师的这种互助方法在普通但不利的课堂情境下实施，所有这些都有助于营造愉快的课堂氛围，并在学业指导的细节上起到了积极作用。

我把标点符号练习中必须掌握的句子数量从每组21句减少到每组14句。这样同学们就有机会获得成就感，并受到鼓舞。以前的要求过于苛刻，对许多学生来说几乎不可能完成。

案例分析

这位教师为所有学生提供了体验成就的机会，这是我们必须考虑的一个重要因素。

我要求学生们写一篇有关家庭问题的作文，题目可以是《我家庭中的一个问题》《我令人讨厌的哥哥》，或《我最头痛的人》。班里只有一个学生说他没有什么家庭问题，于是写了另一个话题。其他所有的孩子都在作文里倾诉了他们的矛盾和仇恨的情绪。爱丽丝在作文中充分表达了对弟弟的怨恨和牢骚；伯尼的问题主要是家里的汽车以及因使用汽车与姐姐产生的冲突。一个性格温和的孩子（至少我认为她是这样的）哀叹法律的不公，讲到法律把她的心上人关进了监狱，现在她不得不等他出狱，然后两人结婚，并远走高飞。

这些作文似乎起到了宣泄作用。通过这些作文，我理解了为何这些学生总会出现一些不端行为。

案例分析

受过心理学训练的教师可以利用书面作业来理解每个孩子的行为。他们不仅可以通过这种方式发现和评估孩子的问题，还可以了解孩子的个性特征以及生活方式。关于"早期回忆""家庭结构"等类似的主题也可以为教师提供有价值的信息。获得信息后，教师可以通过小组讨论和简短的私人谈话进行跟进。在这里，我们无须再强调谨慎的必要性了，因为保护每个学生的隐私是每位教师的义务。

伯尼在辨认复合词形式上遇到了困难。我单独对他进行了辅导。在做了一些解释之后，我写出五个例子，并说："这些都是很难的复合词，如果你能从其中两个句子中辨认出复合词，你就已经很厉害了。"

他竟然完成了四个句子，然后笑着说："我没那么笨，是吧？"

"一点儿也不笨"，我回答，"但你把你自己和我都愚弄了一段时间。"他也笑了。

案例分析

这是一个有趣的例子，说明了鼓励的巧妙性。它展示了这位教师如何将答对五道题中的四道的经过转化为一次成功的体验。但是，只有教师充分意识到自信和勇气的重要意义，才会把不完美的答案转化为"成功"的可能。在现在这个阶段，与伯尼知道所有题目的答案相比，学会相信自己更重要。

爱丽丝非常迫切想要帮助我检查作业。她想检查拼写。我告诉她，我发现即使拼写很出色的学生在改正拼写错误时也经常遗漏。但我问她是否认为自己能精确地帮我检查出来。她认为她可以，于是，我给了她这次机会。

她在这类检查工作中做得非常准确细致，所以，我已请她明年当我的助教。她似乎对这一前景十分满意。

案例分析

请不要忘记，这个女孩曾是一个扰乱课堂秩序的问题学生，她总会陷入白日梦中，并通过破坏性的方式炫耀自己，以获取关注。这位教师成功地为她提供了班中的位置，而不是把她排除在外，将她融入社交群体，而不是推离出去。这位教师得出以下结论：

伯尼现在正积极表现，因为他知道自己可以做到。爱丽丝成为班中积极配合的一员。我们的班级现在十分快乐，班里的学生都信任我——我也是一个快乐的教师。

虽然我们最重要的成就是拥有了更好的精神面貌，但我认为成绩单显示，学生们的总体成绩也得到了更大的进步。

然后，这位教师给出每个学生的成绩，并对比了第一学期和第二学期的显著差异，其中第二学期还剩三周。

有趣的是，班里三个最优秀的学生成绩略有下降，分别从"A"降到"A-"，从"A-"降到"B+"，从"B+"降到"B"。只有一个学生从"B"提高到"A-"，两个学生从"B"提高到"B+"，三个学生保持在"B"。

而在成绩单的最下面，情况则截然不同。第一学期得到"D"的六名学生都通过了考试；其中一名学生从"D"提高到"B–"。上学期得"C"的六名学生中有三个得了"B"或"B+"。这是在学习成绩方面学生们获取进步的重要部分。

这个案例表明，即使在最不利的课堂环境中，并且面对远远低于平均水平的学生时，教师能做些什么。这位教师展示了利用群体动力学和个体激励机制，能够促进每位学生以及整个班级的进步。

本章要点回顾（最触动您的文字有）：

后 记

在收集本书材料时，我们发现，处理青少年问题方面的不足变得越来越凸显。我们正见证着如今教育方法出现的危机，如果不进行重大的教育改革，就无法解决这一危机。如今，我们在学校所遵循的基本准则方面尚未做出调整，它们已无法满足当代年轻人的需要。因此，我们对年轻人的影响已经逐渐减弱，而由此引发的危机正在逐年增加。

青少年犯罪的数量在增加，犯罪的严重程度也在加大。尽管青少年犯罪问题已引起了公众的注意，且远远超过我们对目前任何其他问题的关注，然而，这只是问题现状的冰山一角。我们更需注意的是，大部分孩子都十分"脆弱"。孩子的情绪障碍已成为过于普遍的问题，然而他们往往难以自知。相对而言，几乎没有孩子是完美无瑕的，都需要某种程度的纠正。根据临床观察，精神病病例及疑似病例的数量在过去几年有所增长。所有这些不端行为和表现都是孩子们适应失调症状的一部分，反映了孩子们对社会、权威、秩序以及社会需求的反抗。

教师如何应对这些问题呢？让我们坦率地讲：他们不能也不会做到这一点，因为教师们并没有做好充分的准备。我们都期望教师应该知道如何影响孩子。然而，对许多教师来说，面对个别孩子行为不当或失败时，她们并不知道该怎么办，这对很多人来讲都是一种猝然而痛苦的觉醒。

随之而来的是对教师的大肆批判，这又不断地打击着教师群体和学校管理者，致使他们对大众的批判极为敏感。大多批评都是毫无根据的，但并非所有的抨击都没有道理。人们可以很好地理解为何教育工作者对这些抨击出现如此反应，以及他们为何否认并忽视所有的指控，但理解这些并无法帮助教育工作者们认识到教育中存在的问题，也无法帮助他们对问题进行改正。

这一点经常引起争议，但有明确的迹象表明，越来越多的孩子无法正确地阅读和书写。教师不能解决课堂纪律问题，而这往往完全阻碍孩子们学习的进程。教师们竭尽全力努力工作，充满热情，坚持不懈，但他们在教学中往往遇到无法克服的困难，这时候，他们肯定会认为这种对学校的指责是不公平的，且是无礼的。

虽然义务教育要求每个孩子必须上学，但许多孩子因为制造麻烦和难以管理而被学校开除。他们通常是智力正常甚至更高的孩子，他们绝没有生病或处于病态状况，可是，他们表现得躁动不安、不服管教和公然挑衅。学校必须履行自己的职责，去保护这些孩子，并采取适当的方法处理他们的问题。

学校管理者是如何看待这种困境的？一些管理者反对人们对学校施加这种难以承受的负担，因为家长、教会和社区组织都已经将自己的职责推给了学校。他们认为，人们要求学校做的事情太多了，教师们肩负起家长本应履行却推给他们的职责。有位学校管理者这样讲："我们都在期望着教师能像心理学家那样，在课堂上就处理好孩子的情绪障碍问题。学校不应该是一个收容所，也不应该包揽别人不愿意做的所有事务。学校应该专注于自己的本职工作——给孩子们教授家长不能教授的知识。学校不是诊所、幼儿园，也不是性格培养的专门机构。"这位学校管理者的观点也得到了另一位管理者的赞同，他说："因为学校在努力为所有人做所有事情，结果人们只是敷衍了事，所有他们自己该做的事情都做得很差。"还有一位管理者也同样抱怨了家长们将责任推卸给学校："他们认为，把孩子送到学校后，孩子就不会遇到困难，而自己可以置身事外，孩子们接受教育，能学到他们需要掌握的一切。"另一位教育管理者认为："学校不应该承担孩子的一切责任。如果学校真这样做，他们注定会失败。"

  本书所持观点实则与上述观点相左。诚然，家长们往往一开始就犯了教育上的错误，而教师要面临家长失职所带来的后果。最终，在当今的社会文化氛围中，家长们努力抚养孩子，但发现传统养育方式已经过时，他们必须学习新技能，才能培养在社交和情感上适应良好的孩子。但教师和学校不能等着家长实现这一思想转变后才去行动。他们必须承担起责任，因为如果他们不了解孩子的全部，也不能帮助孩子进行调整适应的话，他们就无法履行传道授业解惑的职责。为此，教师需要接受培训。他们无须成为心理治疗师，也可以在课堂上熟练运用心理学知识解决问题。

  无论是"回归传统"还是恢复以往的教育管理模式，都无法产生有效的结果。我们的孩子不再顺从这种专制的管理方式。我们必须继续努力，积极探索有效的教育手段，赢得孩子们的配合，激发他们的责任感，并最终促进孩子们的健康成长。做到这些，教师必须能在课堂中有效地应用心理动力学以及群体动力学的理论知识。本书中所概述的原则有可能改善教育的氛围，并为所有的孩子开辟新的途径，让教师和孩子们在教学相长中共同享受愉快的校园生活，并有所获益。